航空技术与经济丛书·智库报告

中国航空经济发展指数报告
(2019)

Development Index Report on China's Civil Aviation (2019)

国家发改委综合运输研究所
航空经济发展河南省协同创新中心
中国航空国际建设投资有限公司
中国城市临空经济研究中心

郝爱民　等／著

本研究得到 2020 年河南省高等学校哲学社会科学应用研究重大项目"我国临空经济区竞争力评价比较及郑州航空港经济综合实验区经济高质量发展路径选择"(2020 - YYZD - 14)及"河南省高等学校哲学社会科学创新团队支持计划"(2018 - CXTD - 06)资助。

指导委员会

主　任：张大卫
副主任：汪　鸣　马　剑　王　红　康省桢　郭　祺
　　　　耿明斋　张占仓　李广慧
委　员：程少华　郝爱民　金　真　李新国　吴振坤
　　　　张安民　张　宁　赵　巍　钟志平

摘　要

党的十九大报告指出,"我国经济已由高速增长阶段转向高质量发展阶段,正处在转变发展方式、优化经济结构、转换增长动力的攻关期"。新旧动能转换是实现创新驱动、推动经济由高速度增长向高质量发展转变的重大战略举措。习近平总书记关于"新机场是国家发展一个新的动力源"的强调,将机场对经济发展的战略贡献作用提到全新高度。

改革开放40余年以来,随着我国社会经济的飞速增长,围绕机场以及航空运输形成的航空经济也获得了极大的发展,已经成长为一种新的经济形态,不仅在产业经济层面也在区域经济层面,成为我国当前社会经济高质量发展和新旧动能转换的重要推动力。开展航空经济研究,量化分析我国航空经济发展现状以及存在的问题,对于促进我国航空经济乃至整个社会经济的高质量发展意义重大。

中国航空经济发展指数以促进经济高质量发展和经济发展新动能的形成为评价核心,包括枢纽带动指数、腹地经济及空间带动指数、新动能指数、国际开放指数、体制机制创新指数、协调性发展指数、绿色发展指数、民生发展指数8个二级指数,由18个三级指数、51个四级具体指标构成,力求对航空经济区进行多角度、全方位的剖析。指数评价涵盖2018年旅客吞吐量超过一千万人次的机场所在的36个航空经济示范区(包括14个国家级航空经济示范区),从不同的侧面对我国航空经济区的发展情况进行客观监测和评估,展示航空经济区创新发展的细节特征,有利于在各类航空经济区之间寻找差距、树立科学的发展目标导向,为社会各界了解和认识临空经济区提供一个开放的窗口,为相关部门的研究和管理工作提供一定的实践支撑。

从总指数得分看，位列第一集团的上海、北京、广州得分远高于排名第四的深圳，且各分项指数表现均衡，无明显短板。由于独特的双机场优势和较高的国际开放指数，上海总得分高于北京；北京体制机制创新指数表现抢眼；广州协调性发展指数高于北京和上海。这三个临空经济区的典型特征是机场发展动力强劲，腹地经济支撑有力，机场发展与腹地经济之间形成了良好的互动关系。位列其后的深圳、成都、杭州、重庆、南京、郑州、武汉等城市的枢纽带动指数表现不俗，腹地经济及空间带动指数、新动能指数等分项指数也有较好的表现。郑州航空港经济综合实验区作为国内最早获批的航空港经济综合实验区，经过几年的发展，排名进入前10。从总体上看，总指数得分高于平均分的仅有16个城市，其余20个城市的得分均低于平均分，说明这些航空经济区仍有较大的发展空间。在排名前19的城市中，有13个城市拥有国家临空经济示范区（北京2个），而深圳、武汉、天津、昆明、厦门、济南6个城市以强大的腹地经济支撑在"临空经济区国家队"中抢占了一席之地。

分项指数中枢纽带动指数排名前10的城市分别为上海、北京、广州、深圳、重庆、南京、武汉、杭州、青岛、成都。武汉机场数据虽排名都在第14~16名，但其强大的铁路、公路交通枢纽位置将其排名提升不少。发展腹地经济及空间带动指数排名前10的城市分别为上海、北京、广州、深圳、重庆、杭州、南京、厦门、长沙、武汉。重庆地区生产总值、固定资产投资等数值均较高。新动能指数排名前10的城市分别为上海、北京、广州、深圳、成都、杭州、南京、厦门、长沙、武汉。除北上广深之外，成都在相关指标上表现较为均衡，总得分高于其他城市。国际开放指数排名前10的城市分别为上海、深圳、北京、广州、天津、厦门、珠海、杭州、重庆、成都。天津对外开放支撑度和社会国际化程度均较高。体制机制创新指数排名前10的城市分别为北京、上海、广州、郑州、成都、西安、南京、杭州、重庆、青岛。郑州由于郑州航空港经济综合实验区为唯一获国务院批准成立的国家级航空港经济发展先行区，且郑州航空港经济综合实验区管委会为正厅级单位，得分较高。协调性发展指数排名前10的城市分别为广州、上海、杭州、北京、深圳、重庆、青岛、成都、武汉、天津。

绿色发展指数排名前10的城市分别为海口、厦门、三亚、深圳、福州、昆明、珠海、南宁、大连、青岛，多为沿海城市，中西部城市均排名靠后。民生发展指数排名前10的城市分别为上海、北京、杭州、广州、南京、珠海、深圳、宁波、厦门、温州。

最后，本书基于高质量发展的内在要求和航空经济区发展的特点，从发展动力、发展绩效、发展支撑、发展环境和发展路径等方面提出中国航空经济区高质量发展的思路，给出在新时代背景下中国航空经济区高质量发展的路径选择。

目 录

第一章　绪论／1
　　第一节　研究背景和意义／1
　　第二节　相关概念的界定／4
　　第三节　研究方法与技术路线／9
　　第四节　研究目标、内容及思路框架／11
　　第五节　研究可能的创新之处／13

第二章　中国航空经济区的发展概况及分类／15
　　第一节　中国航空运输业发展现状／16
　　第二节　中国航空经济区概况／33
　　第三节　中国航空经济区发展模式分类／43

第三章　中国航空经济发展指数体系／50
　　第一节　中国航空经济发展指数的构建思路与选取原则／50
　　第二节　中国航空经济发展指数评价指标体系／52
　　第三节　中国航空经济区发展指数评价体系构建过程／58

第四章　中国航空经济区发展指数分析／70
　　第一节　中国航空经济区发展总指数分析／70
　　第二节　中国航空经济区发展分项指数分析／85
　　第三节　中国航空经济区分地区及分类排名／94

第五章　中国航空经济区的发展特征及面临的问题分析 / 99
  第一节　中国航空经济区的发展特征 / 99
  第二节　中国航空经济区发展面临的挑战与问题分析 / 102

第六章　中国航空经济区高质量发展的路径选择 / 108
  第一节　中国航空经济区高质量发展的总体要求 / 108
  第二节　中国航空经济区高质量发展的思路 / 110
  第三节　新时代航空经济示范区高质量发展的政策建议 / 113

第七章　专题研究：郑州航空港经济综合实验区高质量发展的路径选择 / 121
  第一节　郑州航空港经济综合实验区发展的总体评价 / 121
  第二节　郑州航空港经济综合实验区高质量发展面临的挑战与问题 / 135
  第三节　新时代实验区高质量发展的政策建议 / 140

参考文献 / 152

附录　中国民航及航空经济发展大事记 / 159

后　记 / 257

第一章

绪　论

第一节　研究背景和意义

一　研究背景

党的十九大报告指出,"我国经济已由高速增长阶段转向高质量发展阶段,正处在转变发展方式、优化经济结构、转换增长动力的攻关期"。当前,我国已经进入中国特色社会主义新时代,经济发展已由高速增长型转变为高质量增长型,新时代经济增长方式的转变意味着社会经济发展的动能转换,需要重构经济增长动能,"质量效益优先"已成为国家发展战略的重要组成部分。新旧动能转换是实现创新驱动、推动经济由高速度增长向高质量发展转变的重大战略举措。而航空经济区[①]在推动地方经济发展和新旧动能转换过程中扮演着重要角色。推动中国航空经济发展,已成为新时代我国区域经济发展的一项战略任务。

"临空经济区是依托航空枢纽和现代综合交通运输体系,提供高时效、高质量、高附加值的产品和服务,集聚发展航空运输业、高端制造业和现

---

① 有关航空经济的研究,目前也有"临空经济"的概念,二者的内涵非常接近,目前大多数的研究认为,二者的区别在于航空经济注重产业特征,临空经济更注重区域特征。考虑到当前我国区域经济、产业经济高质量发展的国家战略以及本书研究的目的,本书研究对航空经济与临空经济不做特别区分,视二者为同一概念,一般统一表述为"航空经济"。但在涉及专有名称如"首都机场临空经济示范区"、所引文件资料中明确表述为"临空经济"的,仍表述为"临空经济"。后文不再赘述。

代服务业而形成的特殊经济区域,是民航业与区域经济相互融合、相互促进、相互提升的重要载体。"习近平总书记关于"新机场是国家发展一个新的动力源"的强调,将机场对经济发展的战略贡献作用提到全新高度。尤其是近两年国家层面高度关注"空中丝路"建设,这对中国航空经济区的建设提出了更高要求,寄予了更大期待。希望通过航空经济示范区的先行先试,在货运枢纽、体制机制、功能互补、资源共享等方面进行有益实践,力争为开放和发展探索出可行且有效的路径。

2018年7月18日,全国临空经济示范区建设工作座谈会暨首届临空经济示范区联席会议在郑州召开,国家发展改革委地区经济司和中国民航局发展计划司领导出席会议并讲话。郑州、北京、广州、上海、成都等12个国家级临空经济示范区所在地省(市)发展改革委及临空经济示范区管理机构的负责人参加会议。会议审议通过《全国临空经济示范区建设联席会议制度》,签署了《全国临空经济发展郑州倡议》。会议要求各示范区密切横向联系和交流,加强互利合作,促进全国航空经济区共同繁荣,打造具有较强国际竞争力的航空经济区集群。

如何促进各航空经济区的发展并形成具有较强国际竞争力的航空经济区集群?如何促进各航空经济区之间的有序竞争和协调发展?需要对各航空经济区的发展情况和趋势有全面、深入的了解,推动中国航空经济区发展不仅需要有明确的发展思路、精准的经济政策、灵活的宏观调控,更需要建立与中国航空经济区相配套的指标评估与监测体系,以科学、客观地评价我国航空经济区的发展质量和水平。

中国航空经济指数遵循从"高速度"向"高质量"、从"中低端"向"中高端"转变的经济发展理念,涉及产业升级、结构优化、动力转换、生态建设、区域协调、制度创新等方面的重大变革和战略调整,也是经济发展规律、发展导向、发展水平的最新体现和基本要求。推动中国航空经济发展,必须坚持"发展是第一要务,人才是第一资源,创新是第一动力"。本书通过编制中国航空经济发展指数,形成并发布中国航空经济发展指数报告,有助于全面掌握我国现有已批复和正在建设的航空经济区的发展现状,总结发展的经验和存在的不足,为相关政府部门和企事业单位做决策提供参考。

二 研究意义

建立一套科学合理、可量化的指标体系，可以全面掌握我国航空经济区的发展现状和未来的发展趋势，准确评价现阶段我国在建的各航空经济区的发展水平以及影响各临空经济区发展的因素，为各级政府部门制定精准有效的政策措施提供参考。因此，中国航空经济指数体系的研究，对推动中国航空经济区建设具有重要的理论价值和现实意义。

首先，在理论上丰富了有关航空经济区评价的研究内容。目前，关于产业集聚区的研究已成为区域经济学、产业经济学和经济地理学等学科的重要研究内容。与一般的产业集聚区相比，航空经济区具有不同的特点及形成、发展机制。航空经济区的实现依托于空港所在的城市与区域，即经济要素空间流动的势差；航空经济区在全球化与本土化的共同作用下，实现空间分工的层次性。本书运用融合区域经济学、产业经济学、新经济地理学、新制度经济学和经济统计学的相关理论和方法，在国内外对于航空经济区研究成果的基础上，采用多学科的综合研究视角，建立航空经济发展分项指数和综合指数，从实际出发综合评价我国在建的各航空经济区的发展现状，并依据综合评价结果总结我国航空经济区在建设发展过程中存在的问题，进一步拓展了当前关于航空经济区的研究内容，有助于推动区域经济学的理论发展和丰富航空经济的理论研究，尤其是对中国航空产业发展的理论解释与实证研究有重要的理论价值。

其次，在实践上有助于促进我国航空经济区的高质量发展。世界航空产业的快速发展趋势明显。近些年，随着国家对航空经济发展的重视，全国掀起发展不同类型空港经济的热潮，从 2013 年开始，国务院、国家发展改革委和民航局先后批复建设国家级航空经济示范区。截至 2019 年 7 月 1 日，全国共有郑州、北京、青岛、重庆、广州、上海、成都、长沙、贵阳、杭州、宁波、西安、南京共 13 个城市的 14 个国家级航空经济区，已经逐步形成了东、中、西部航空经济区的布局，并且以北京、上海、广州为中心，加快打造京津冀、长三角、珠三角三个临空产业集聚区。各地政府建设发展航空经济区的积极性很高，纷纷利用划地建园、优惠政策吸引的方式来加快建设航空经济区。与此同时，各地区在建设航空经济区的过程中，出现了模式趋同化、竞争无序化、建设重复化等诸多问题，导致航空经济区建设的无效率或低效率，难以对区内各生产要素进行综合把握从而发挥整体竞争优势，制约了航空经济区建设向更深层次推进，进而阻碍了航空经济的发展。本书从产业经济发展的视角出发，建立一套科学合理、可量化的指标评价体系，通过计算各航空经济区的总指数和分项指数，从实际出发综合评价我国在建的各航空经济区的发展现状，揭示我国航空经济区在发展过程中可能存在的问题和影响因素，进而寻求建设航空经济区的发展路径，对推动我国航空经济区的快速高质量发展具有重要的实践意义。

第二节　相关概念的界定

一　航空经济

航空经济是我国在经济全球化背景下，以航空枢纽为依托，以航空运输为纽带，以与铁路、公路高效衔接的现代综合交通运输体系为基础条件，以高时效、高技术、高附加值的空间集聚产业为标志，以参与国际市场分工与促进产业转型升级为支点，以宜居、生态、智能、土地集约化的航空大都市规划建设为载体，形成区域核心增长极的一种新的经济形态。交通枢纽、高新产业、大都市区、核心增长极是航空经济的主要内涵。

1. 交通枢纽是发展航空经济的前提

在经济全球化的背景下，我国要更好地对外开放、更多地承接世界产业的转移、更深入地与全球经济交融，必须要有发达的交通体系做支撑。加强航空、铁路、公路等交通系统的高效衔接，是发展航空经济的基础和条件。

2. 高新产业是航空经济发展的主要特征

发展航空经济，就要培育以临空经济为引领的现代和新兴产业集群，打造地区高端制造业和现代服务业基地。电子及信息通信、计算机制造、生物制药、电子机械、精密仪器和光学仪器、软件、医疗器械等高新产业对航空运输有较高的依赖性，高新产业集聚是航空经济发展的主要特征。

3. 大都市区是航空经济发展的产物和重要载体

随着全球化经济对航空运输的需求加大，越来越多的产业和企业开始在机场附近聚集，形成了以航空经济为特色的产业区，并逐步发展成为世界著名的航空城或国际门户城市。以枢纽机场为核心，打造一个集机场运营、通用航空制造、航空物流、航空旅游、国际生活、会展博览等为一体的国际航空大都市区是发展航空经济的重要载体。

4. 核心增长极是航空经济在区域经济发展中的作用

以国际机场为中心的航空经济区，已成为世界各国推进区域经济发展的重要增长极。当经济欠发达地区利用大机场资源，依托腹地强大的经济支撑力发展航空经济时，在产业转移的背景之下，原本在经济版图中处于发展"洼地"、缺少技术和资金的落后地区，通过发展航空经济，直接面对国际市场，融入全球产业分工体系，加速经济发展，逐步变成发展"高地"。因此，航空经济在区域经济发展中有着核心增长极的作用。

二 航空经济区

1. 航空经济区的概念

关于航空经济区的概念目前尚未有明确界定，大多数学者只是针对空港经济区的现象进行描述。一般认为，航空经济区是航空经济赖以存在与发展的地理空间，它以机场为中心，沿交通线向外扩展，形成一定的地理区域。航空型产业布局于该区域内。航空经济区的概念可以从以下两个角度来理解。

一是产业集聚的概念。航空经济区以机场的客货运业务为核心，依托机场对资本、技术、信息等生产要素的空间集聚效应和虹吸效应，发展具有航空经济特色的产业集群。航空运输业、航空服务业、航空指向性产业位于航空经济区内，一系列航空经济活动在该区域内进行。

二是空间地理概念。航空经济区作为开发区，有着区域经济"发动机"的作用。在地理空间上表现为以机场为中心向机场周边区域延伸，在机场周边地区形成以航空物流、人流所衍生的产业集群为主体的功能区，该区域正逐步演化成圈层分布的空港运营区、空港紧邻区、沿空港交通走廊地区和空港辐射区的综合性经济区域。从国内外的实践看，航空经济区大多集中在空港周围 5~75 公里，或在空港交通走廊沿线 60 分钟车程范围内。航空经济区以空港为核心，各圈层区域与空港形成相互关联、相关依存、相互促进的互动关系。

2. 航空经济区的特征

航空经济区作为航空产业集聚区，不同于传统的产业聚集区，它是一种新兴的产业聚集形态。综合来说具有以下五大特征。

(1) 交通立体性和全球易达性

世界高效快速以及网络化的发展，正在改变着行业竞争的规则和商业企业选址的规则，这些规则随着数字化、全球化、航空和以时间为基础竞争的发展而不断发生着变化，企业的产品只有快速到达市场才能赢得竞争优势。枢纽机场的全球航线网络，结合铁路尤其是高速铁路及高速公路组成立体交通，使得货物和人员能够在最短的时间到达世界上每一个重要的工业城市。为了满足全球高效快速的发展趋势，许多跨国公司在机场周边设立分公司或子公司，从而带动了航空港及其周边区域的经济发展。航空经济区正是具有了交通立体性和全球易达性，满足全球这种高效快速的发展趋势，为企业提供了发展的便利和竞争的砝码，才得到越来越多的重视。

(2) 航空经济区内产业具有航空指向性

航空经济区的核心就是机场，机场的影响涉及区域内部产业的各个方面，同时机场也是航空经济区形成产业聚集效应的根本依托。因此，位于区内的企业就具有了航空布局的偏好。区内的产业是否具有明显的航空指向性，主要取决于以下三个因素。第一，便捷的航线连接性。港区产业发展需要利用航空枢纽丰富的航线资源和方便到达多个目的地的优势。第二，运输的快速性和时效性。区内产业的从业人员和货物运输对于时间的要求高，需要利用航空运输的快速性优势。第三，所运输产品的高价值性。由于航空运输的高成本，港区内产业所提供的产品和服务的单位体积或者单位重量必须具有高价值。

(3) 航空经济区内产业聚集性

航空经济区内部机场核心区的聚集效应，使得关联产业在空间上集聚。同时，区内技术的优势又带动产业的升级，以至吸引更多的关联产业凝聚在机场周边。因此，区内产业具有产业聚集的特征。集聚式发展是现代制造业发展的一条基本规律。作为现代高科技产业的航空产业，是多个产业、技术与学科的交集，需要相当规模的配套产业的支撑，集聚式创新发展就成为其持续发展之路的必然选择。国外如美国的西雅图、芝加哥，法国的图卢兹，德国的汉堡，加拿大的蒙特利尔等为发挥产业的关联和外溢效应，均是以大型航空总装企业为核心，聚集了大量的航空配套企业和相关机构，注重资源整合,形成了结构完整、有上下游产业与外围产业支持、较为集中的航空产业集群,进而实现了航空产业的规模效益,并最终成为国际著名的航空工业城。

(4) 航空经济区内产业技术先导性

航空产业涵盖先进制造技术、喷气推进技术、自动控制技术、计算机集成技术、信息网络技术、仿真技术等大批高新技术,涉及千余种专有技术和制造工艺,是典型的技术密集型产业。同时,航空产品研发技术和制造工艺高度复杂,实践性、过程性非常强。航空经济区内积聚的其他相关产业也都是高附加值产业,其中大部分是高科技产业,拥有比较先进的技术,能够带动相关产业升级。故此,区内产业拥有技术上的先导优势,代表着技术发展和产业结构演进的方向,在国民经济体系中具有重要的战略地位,并在国民经济规划中先行发展以引导其他产业往某一战略目标方向发展,对于国民经济发展具有全局性和长远性影响。

(5) 航空经济区空间布局圈层性

空间布局圈层性是航空经济的空间特征。区内各个关联产业对机场的依赖程度不同,造成经济单元与机场联系的紧密程度也有区别。由于企业是按照经济收益原则进行布局的,这种联系紧密度的不同自然就影响到机场周边的用地布局,久而久之,使得机场周边区域显现出经济空间和物质形态空间的圈层性。

通常,与机场联系紧密度较高的产业布局于距离机场较近的区域时,能够获得较大收益;与机场联系紧密度较低的产业布局于距离机场较远的区域时能够获得较大收益。机场附近土地价值昂贵,距离机场越近,土地的价值越大。因此,企业若布局于距离机场较近的区域,其承担的成本也较大;企业若布局于距离机场较远的区域,其承担的成本也较小。企业在航空经济区内选址时,会根据成本收益原则进行,自然会造成不同位置具有不同净收益,企业当然会选址于其能够获得较大净收益的区域,结果形成了机场周边地区呈现为圈层空间布局结构。依据国际上机场空间结构模式,通常航空经济区以机场为核心形成四个圈层区域,即中心机场环、紧邻空港区商业服务环、空港相邻地区与空港交通走廊沿线地区的制造配送环、外围辐射区。

此外，除了航空经济区以外，还有空港经济、航空城和航空都市区这几个概念与航空经济较为接近。其中空港经济与航空经济是意思最接近也最容易混淆的一对概念，二者都是从空间概念的角度定义的。1965 年 Convay 在 *The Fly-in Concept* 一文中提出的空港综合体和 Weisbrod 等（1993）提出的临空港区概念，曹允春和踪家峰（1999）率先提出临空经济区的概念，他们认为航空运输以便捷性、时速性和安全性吸引较多企业的青睐，使其倾向于将企业选址在机场周围，导致机场周边区域集聚了生产、技术、资本、贸易等生产要素，进而形成具备生产和消费功能的临空经济区。包世泰等（2008）认为空港经济区的形成是基于机场的集聚效应和扩散效应，机场因其独特的地理位置，对周边的产业具有很强的吸引力，随着大量产业在机场周边集聚，机场的集聚效应和扩散效应随之增强，进而吸引更多的产业集聚，机场逐渐同周边的区域进行融合，并自发演变成具有自组织能力的经济区域，即所谓的空港经济区。与包世泰等（2008）的观点有所不同，张蕾等（2011）认为，空港经济区是利用机场的区位优势和便捷的交通资源，受机场的集聚效应和扩散效应的影响，加之各种外力推动而形成的以机场为中心连片建成的区域，而非机场周边区域自发形成的具有自组织能力的经济区。尽管也有学者——例如白劲宇（2006）从产业、曹江涛等（2007）从要素流动等角度对临空经济区进行定义，但曹允春和踪家峰（1999）的定义得到较为普遍的认同。与空港经济区相比，航空经济区也得到更为广泛的应用。至于刘武君（1998）提出的航空城概念、吕斌和彭立维（2007）提出的空港都市区概念以及 Kasarda（2010）提出的航空都市区概念都属于空港经济区更为高级复杂的表现形式，与本报告要分析的航空经济区相比，所需花费的时间更长，不确定性更大，这里就不再赘述。

空港经济区是指由于航空运输的巨大效应，促使航空港相邻地区及空港走廊沿线地区出现生产、技术、资本、贸易、人口的聚集，从而形成的多功能经济区域。依据其与经济社会的融合程度，主要涵盖枢纽机场、临空产业区和航空城三个层次。

综合国内外学者的认识和看法，并结合我国经济社会的实际情况以及课题的研究目的，我们认为，航空经济区是由于机场的区位优势带来航空运输的巨大效应促使机场周边区域出现生产、技术、资本、贸易、人口的聚集，从而形成的多功能经济区域。依据其与经济社会的融合程度，主要涵盖枢纽机场、临空产业区和航空城三个层次。航空经济区是航空经济赖以存在与发展的地理空间，它以机场为中心，沿交通线向外扩展，形成一定的地理区域，航空型产业布局于该区域内。这也可以从两个方面来理解：一是航空产业的载体，航空运输业、航空服务业、航空指向性产业位于航空经济区内，一系列航空经济活动在该区域内进行；二是空间地理，其包含以机场为核心、机场周边区域为外围的大片地区。

第三节 研究方法与技术路线

一 研究方法

本书在对中国航空经济区现状和分类进行分析的基础上，构建并计算了中国航空经济发展指数，进而分析我国航空经济区的发展特征和存在的问题，为我国各地政府发展航空经济提供理论指导和具有可操作性的政策建议。本书采用理论分析与实证研究相结合的方法，以实证研究为主。具体而言，主要采用以下研究方法。

1. 实证分析和规范分析相结合

实证分析主要回答"是什么"和"为什么"的问题，而规范分析主要回答"应该是什么"的问题，从系统分析的观点来看，规范分析是实证分析的基础，实证分析是规范分析的进一步深化。本书基于中国航空经济的发展数据，计算航空经济发展指数并据此对中国航空经济区进行排名，进一步分析我国航空经济区发展存在的主要问题，进而提出相应的路径选择和对策建议，体现了实证分析与规范分析相结合的方法。

2. 多种评价方法相结合

通过收集数据、建立模型来研究经济主体行为方式的方法，已成为现代经济学研究问题的主流方法。本书运用统计学收集、整理和分析数据的方法和现代计量经济学建立模型的方法，实证分析我国航空经济区发展的时空差异特征，构建并计算中国航空经济发展的总指数和分项指数，体现计量经济学方法和统计学方法相结合。

3. 综合分析与个案分析相结合

案例分析方法是近年来逐渐兴起的一种有效的经济学研究方法，被誉为研究真实世界经济学的研究方法。本书采用综合分析与个案分析相结合的方法，在全面分析我国航空经济区发展特征的基础上，具体分析某一类航空经济区发展存在的问题；在测算中国航空经济发展总指数的基础上，进一步测算中国航空经济发展的分项指数。最后以郑州航空港经济综合实验区为个案，以高质量发展各指标为依据对郑州航空港区的发展进行总体评价，并提出新时代背景下郑州航空港经济综合实验区实现高质量发展的对策建议。

4. 归纳法和演绎法相结合

归纳就是从众多相似性的事物中寻找共性、一般性。演绎就是将归纳而来的客观规律运用于现象的分析，以求从中发现新的规律。本书通过整理大量的不同航空经济区的资料，对其进行仔细的分析研究，归纳出其共性，形成航空经济发展变化的一般规律和共性。但是，不同航空经济区因经济基础、经济环境和所处的发展阶段不同等原因，不可能完全照搬航空经济发展演变的一般规律。因此，为了将航空经济的一般经济规律运用于不同地区的发展，必须运用演绎法，将航空经济的一般规律和不同地区的实际情况结合起来，探索符合不同地区航空经济发展的规律。

二 技术路线

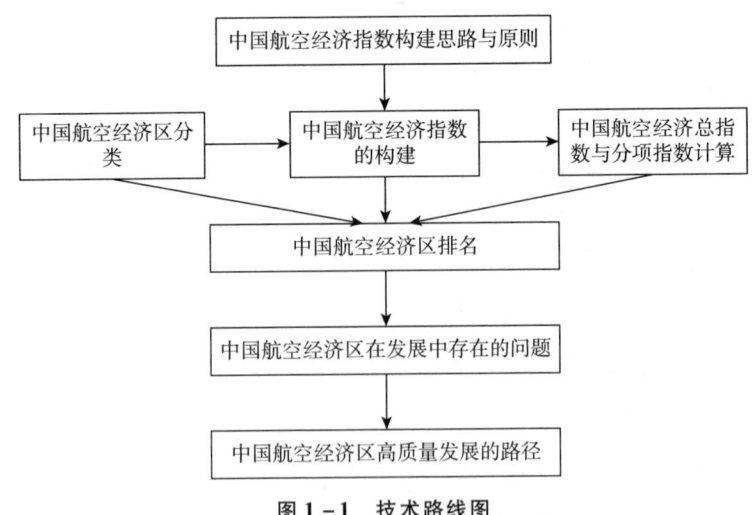

图1-1 技术路线图

第四节 研究目标、内容及思路框架

一 研究目标

本书的研究目标是在我国经济由高速发展向高质量发展转变的时空背景下,建立中国航空经济发展分项指数和总指数,并基于空间经济理论和新经济理论,在已有相关研究的基础上,运用产业集聚区评价的理论和实证分析方法,建立一套科学合理、可量化的指标体系,全面把握我国现有已批复和正在建设的航空经济区的发展状态、发展程度及发展趋势,准确评价中国各航空经济区的发展水平及影响其发展的因素,总结航空经济区发展的经验和存在的不足,为航空经济区的高质量发展提供精准有效的政策建议。

二 研究内容

基于上述研究目标,本书可分为七章,各章节的主要研究内容如下。

第一章,绪论。本章首先介绍本书的研究背景和研究意义,对本书涉及的相关概念进行界定;其次介绍本书的研究方法和技术路线,以及本书的研究目标和研究内容、研究思路;最后阐述了本书可能的创新之处。

第二章,中国航空经济区的发展概况及分类。本章首先介绍中国航空运输业的发展历程和发展现状;其次详细介绍中国航空经济区的发展历程、数量和地域分布概况;最后从综合枢纽导向型、航空物流型、商务贸易型、物流商贸型、航空制造业驱动型、区域资源环境导向型和旅游观光休闲型等发展模式对中国航空经济区进行分类。

第三章,中国航空经济区发展指数体系。本章首先介绍中国航空经济发展指数的构建思路与选取原则,在此基础上构建了枢纽带动指数、腹地经济及空间带动指数、新动能指数、国际开放指数、体制机制创新指数、协调性发展指数、绿色发展指数和民生发展指数共8个一级指标、18个二级指标和51个三级指标的中国航空经济发展指数指标体系;其次,详细介绍中国航空经济发展指数指标体系中各指标权重的确定方法和确定过程,以及中国航空经济发展指数样本选择和数据的来源。

第四章，中国航空经济区发展指数分析。本章首先对中国航空经济区发展总指数进行计算，并以此对中国航空经济区进行排名和分析；其次对中国航空经济区发展分项指数进行计算，并以此对中国航空经济区进行排名和分析；最后以东、中、西部地区和民用航空局对机场的分类为依据，对中国航空经济区的发展按照总指数进行排名和分析。

第五章，中国航空经济区的发展特征及面临的问题分析。本章首先依据中国航空经济区发展总指数和分项指数的排名对中国航空经济区的发展特征进行总结；其次，分析中国航空经济区发展过程中面临的挑战和存在的主要问题。

第六章，中国航空经济区高质量发展的路径选择。本章首先基于高质量发展的概念和航空经济区高质量发展的特点及体现提出航空经济区高质量发展的要求；其次从发展动力、发展绩效、发展支撑、发展环境和发展路径等方面提出中国航空经济区高质量发展的思路，最后给出在新时代背景下中国航空经济区高质量发展的路径选择。

第七章，专题研究——郑州航空港经济综合实验区高质量发展的路径选择。本章首先从高质量发展的基础动力、发展的经济基础、经济动力、开放发展、协调性发展、可持续发展和民生发展等高质量发展的各指标对郑州航空港经济综合实验区的发展进行总体评价；其次深度分析郑州航空港经济综合实验区高质量发展面临的外部环境及急需解决的问题；最后提出新时代背景下郑州航空港经济综合实验区实现高质量发展的对策建议。

三　研究思路与框架

依据以上研究目标和研究内容，本书的基本思路是以建立航空经济区发展指数为出发点，以中国航空经济区为研究对象，首先对中国航空经济区依据不同的标准进行分类，分别从发展历程、发展数量、地域分布和发展模式等方面进行分类。其次，对中国航空经济区发展指数进行构建并计算，包括中国航空经济区发展总指数和分项指数，并以此为依据对中国航空经济区进行排名。最后，分析总结中国航空经济区的发展特征和存在的主要问题，提出中国航空经济区高质量发展的发展思路和发展路径。

综上，本书的研究思路和框架如图1-2所示。

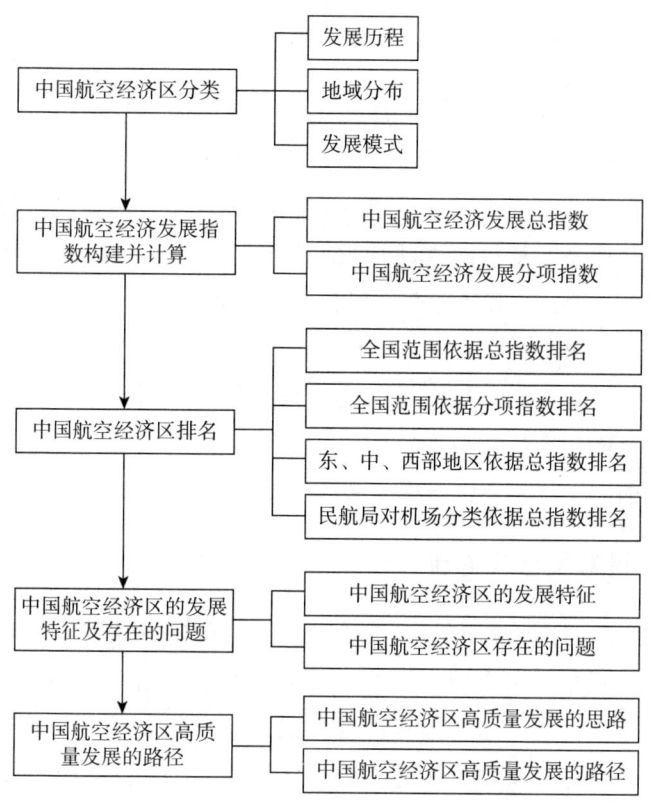

图 1-2 研究思路与框架

第五节 研究可能的创新之处

一 独特的研究范畴和研究视角

本书从如何构建中国航空经济发展指数这一视角展开研究，建立一套科学合理、可量化的指标体系，搭建了一个系统分析的框架，全面把握我国现有已批复和正在建设的航空经济区的发展状态、发展程度及发展趋势。准确评价中国各航空经济区的发展水平及影响其发展水平的因素，不仅能够评价当前中国航空经济区的发展，更是面向中国航空经济区未来的发展；不仅局限于航空经济区自身的发展，更是面向航空经济区所依托城市和区域经济的发展，对于评价中国航空经济的发展具有前瞻性和战略性意义。

二　研究内容创新

推动中国航空经济高质量发展不仅需要有明确的发展思路、精准的经济政策和灵活的宏观调控，更需要建立与中国航空经济发展相配套的指标统计与监测体系。本书遵循新发展理念和高质量发展的思路，构建了枢纽带动指数、腹地经济及空间带动指数、新动能指数、国际开放指数、体制机制创新指数、协调性发展指数、绿色发展指数和民生发展指数共8个一级指标、18个二级指标和51个三级指标的中国航空经济区发展指数指标体系，不仅突出了对生态环境、民生发展和体制机制创新等单个因素的考察分析，而且全面的指标体系对中国航空经济区的发展评价会更客观、更科学，对于当前航空经济评价指标体系的研究是一重大创新突破。

三　应用对策建议创新

明确的发展思路、精准的经济政策和灵活的宏观调控必须建立在对发展现状进行客观分析和全面掌握的基础上，本书根据中国航空经济发展总指数和分项指数对我国航空经济区的发展进行评价和排名，并从具体的数据中分析我国航空经济区发展过程中存在的主要问题，据此提出我国航空经济区高质量发展的思路和路径选择，使相应的对策建议更具可行性、针对性和创新性。

第二章

中国航空经济区的发展概况及分类

中国航空经济区的产生与发展是在我国民航业快速发展、经济社会实力不断增强的情况下，在国家规划和政策支持的基础上建设起来的。

2012年7月8日，国务院为促进民航业健康发展，发布《国务院关于促进民航业发展的若干意见》，该意见明确提出："大力推动航空经济发展。通过民航业科学发展促进产业结构调整升级，带动区域经济发展。鼓励各地区结合自身条件和特点，研究发展航空客货运输、通用航空、航空制造与维修、航空金融、航空旅游、航空物流和依托航空运输的高附加值产品制造业，打造航空经济产业链。选择部分地区开展航空经济示范区试点，加快形成珠三角、长三角、京津冀临空产业集聚区。"①

2013年1月25日，《国务院办公厅关于印发促进民航业发展重点工作分工方案的通知》（国办函〔2013〕4号）明确："大力推动航空经济发展"的部门分工："通过民航业科学发展促进产业结构调整升级，带动区域经济发展。鼓励各地区结合自身条件和特点，研究发展航空客货运输、通用航空、航空制造与维修、航空金融、航空旅游、航空物流和依托航空运输的高附加值产品制造业，打造航空经济产业链。（各省、自治区、直辖市人民政府，民航局、国家发展改革委、工业和信息化部、交通运输部、商务部、人民银行、银监会、旅游局）""选择部分地区开展航空经济示范区

---

① 《国务院关于促进民航业发展的若干意见》（国发〔2012〕24号）。

试点,加快形成珠三角、长三角、京津冀临空产业集聚区。(国家发展改革委、商务部、民航局)"①

为推动航空经济示范区的健康有序发展,2015年6月24日,国家发展和改革委员会和中国民用航空局发布《国家发展改革委、民航局关于临空经济示范区建设发展的指导意见》。该意见按照党中央、国务院决策部署,强调"重点依托大型航空枢纽,着力优化发展环境,不断深化开放合作和改革创新,遵循航空经济发展规律,引导和推进高端制造业、现代服务业集聚发展,构建以航空运输为基础、航空关联产业为支撑的产业体系,推动低污染、低环境风险产业与城市融合协调发展,把临空经济示范区建设成为现代产业基地、区域物流中心、科技创新引擎和开放合作平台,为促进区域经济社会发展和经济发展方式转变提供有力支撑"。该意见提出四大建设任务:"优化空间发展布局,促进区域协同发展;推进航空枢纽建设,构建立体交通系统;发展优势特色产业,构建高端产业体系;提升开放门户功能,辐射带动区域发展。"

在国家政策引导下,近年来我国城市纷纷依托机场规划建设航空港经济综合实验区、临空经济示范区、临空产业区和空港新城。一方面希望依托大型机场的吸引力和辐射力快速聚集高端产业发展所需的要素;另一方面高端产业又将航空经济区打造成为新的区域经济增长极,为区域经济社会发展提供新动能。本章主要介绍中国航空运输业的发展现状、中国航空经济区的概况和中国航空经济区的发展模式。

第一节 中国航空运输业发展现状

一个国家航空运输业的发展是该国社会、经济和技术发展的结果,同时又是航空经济区发展的基础,航空运输业与航空经济区的发展相辅相成。

一 中国航空运输业发展历程

中国航空运输业的发展是在世界航空运输的大环境下进行的,遵从国

---

① 《国务院办公厅关于印发促进民航业发展重点工作分工方案的通知》(国办函〔2013〕4号)。

际航空组织的标准和条例。

1. 世界航空运输业的产生和国际航空组织

1903年，美国莱特兄弟制造的载人飞机——"飞行者"1号试飞成功，标志着飞机的诞生；1939年9月14日，俄国人伊戈尔·西科斯基在美国研制的世界上第一架实用直升机VS-300升空，标志着直升机的诞生。根据飞机、直升机的发展简史，航空运输开始于20世纪初期。在第一次世界大战期间，飞机开始成为战争的工具。二战结束后，美国开始把运输机改装成为客机，世界民航运输业诞生。

世界民用航空运输的安全、有序发展，除了飞机和直升机等航空器的技术发展，国际航空组织制定的空运标准和条例起着尤为重要的作用。影响力最大的国际航空组织是国际民用航空组织（International Civil Aviation Organization，ICAO）、国际航空运输协会（International Air Transport Association，IATA）以及国际机场理事会（Airports Council International，ACI）。

（1）国际民用航空组织（ICAO）

在第一次世界大战期间，不论交战国还是中立国都禁止外国飞机不经允许飞越其国土上空。第一次世界大战后，1919年在巴黎缔结了国际上第一个关于空中立法的条约——《巴黎航空公约》，1922年开始生效。第二次世界大战对航空器技术发展起了巨大的推动作用，使世界上已经形成了一个包括客货运输在内的航线网络，但随之也引起了一系列急需国际社会协商解决的政治上和技术上的问题。为促进全世界民用航空安全、有序地发展，在美国政府的邀请下，52个国家于1944年在芝加哥召开国际会议，签订了《国际民用航空公约》（通称《芝加哥公约》）。1947年4月4日，《芝加哥公约》正式生效，替代了1919年的《巴黎航空公约》。国际民用航空组织作为联合国的一个专门机构，总部设在加拿大蒙特利尔，制订国际空运标准和条例，是缔约国（截至2011年为191个）在民航领域中开展合作的媒介。

（2）国际航空运输协会（IATA）

国际航空运输协会是一个由世界各国航空公司组成的大型国际组织，1945年成立，总部设在加拿大的蒙特利尔，执行机构设在日内瓦。其前身是1919年在海牙成立并在二战时解体的国际航空业务协会。和监管航空安全和航行规则的国际民航组织相比，国际航空运输协会更像是一个由承运人（航空公司）组成的国际协调组织，管理在民航运输中出现的诸如票价、危险品运输等问题，其主要作用是通过航空运输企业来协调和沟通政府间的政策，并解决实际运作的问题。凡国际民用航空组织成员国的任一经营定期航班的空运企业，经其政府许可都可成为该协会的会员。经营国际航班的航空运输企业为正式会员，只经营国内航班的航空运输企业为准会员。

（3）国际机场理事会（ACI）

国际机场理事会是全世界所有机场的行业协会，是一个非营利性的组织，其宗旨是加强各成员与全世界民航业各个组织和机构的合作，包括政府部门、航空公司和飞机制造商等，并通过这种合作促进建立一个安全、有效、环境和谐的航空运输体系。国际机场理事会，原名为国际机场联合协会（Airports Association Council International），于1991年1月成立，1993年1月1日改称国际机场理事会。国际机场理事会成立以前，世界机场行业有三个国际性组织：国际机场经营者协会（AOCI）、国际民航机场协会（ICAA）和西欧机场协会（WEAA）。为协调这三个机场协会之间的关系以及建立与各政府机构、航空公司、生产商和其他有关方面的正式联系，1970年机场协会协调委员会（AACC）成立。1985年，西欧机场协会解散。1991年1月，机场协会协调委员会、国际机场经营者协会和国际民航机场协会合并为国际机场联合协会，1993年1月正式更名为国际机场理事会。国际机场理事会总部原设在瑞士的日内瓦，于2011年夏天搬至加拿大的蒙特利尔。

2. 中国航空运输业的发展阶段

中国民用航空运输业是在中华人民共和国成立后开始起步的，其发展与民用航空业的制度变革息息相关。从我国民用航空管理的制度变革可以看出，中国航空运输业的发展经历了四个阶段：初创期、稳步发展期、扩张期和快速发展期。

（1）初创期（1949~1978年）

1949年11月2日，中共中央政治局会议决定设立民用航空局，受空军指导。这是中国民用航空运输业发展的起点。

1949年11月9日，著名的"两航起义"发生。中国航空公司、中央航空公司的员工在时任总经理刘敬宜、陈卓林的率领下在香港光荣起义，将

12架飞机飞回北京（1架）和天津（11架），为新中国民航建设提供了一定的物质和技术力量。加上后来修复的国民党遗留在大陆的17架飞机，这29架飞机组成了新中国民航运输的工具。

1958年2月27日，中国民用航空局（简称"民航局"）划归交通部领导。

1962年4月15日，中央决定将民航局由交通部部属局改为国务院直属局，归空军负责管理。

至1978年，航空旅客运输量仅为231万人，运输总周转量3亿吨公里。

（2）稳步发展期（1978~1987年）

1978年改革开放开始，邓小平同志指示"民航要用经济观点管理。民航一定要企业化"。

1980年3月5日，民航脱离军队建制，民航局从隶属于空军改为国务院直属机构，实行企业化管理。民航局下设北京、上海、广州、成都、兰州（后迁至西安）、沈阳6个地区管理局。当时中国民航局是政企合一，既是政府管理部门，又是直接经营航空运输、通用航空业务的全国性企业。

至1980年，全民航只有140架运输飞机，多为从苏联购买的苏式伊尔飞机，多数载客量仅20多人或40人，载客量100人以上的中大型飞机只有17架。全国民航机场仅79个，位列世界民航第35。

1980年至1983年，中国民航购置了一批在当时具有国际先进水平的飞机，如波音747SP型宽体客机、波音和麦道等多种型号的先进飞机，并同时淘汰大批老型号的飞机，以加快机型更新的速度（深泽羽，2017）。

（3）扩张期（1987~2002年）

1987年3月4日，中国民航管理体制改革方案出台，经国务院批准，全国成立北京的中国国际航空公司、上海的中国东方航空公司、广州的中国南方航空公司、成都的中国西南航空公司、西安的中国西北航空公司和沈阳的中国北方航空公司六大航空公司。这六个航空公司均以所在城市的航空管理为基础组建，实行总经理负责制，均享有同国外航空企业、旅行社、货运代理公司谈判和签订协议的权力，经济上实行独立核算。[①] 这意味

---

① 资料来源：国务院国有资产监督管理委员会网站，http://www.sasac.gov.cn/n2588025/n10248920/c10582614/content.html。

着中国民航开始实行政企分开。同时,对民航业开始进行以航空公司和机场分设为特征的体制改革。管理局在原有基础上组建了华北、华东、中南、西南、西北和东北六大地区管理局。

截至1990年年底,中国民航已拥有各型飞机421架,其中运输飞机206架,通用航空和教学校验飞机215架。随着大、中型客机的引进,中国建设了与之发展水平和配套设施相适应的民航机场。截至1990年年底,有民航航班运营的机场总数达到110个,其中可起降波音747型飞机的机场有7个。

1993年中国民用航空局改称中国民用航空总局(简称"民航总局"),为国务院直属机构,机构规格由副部级调整为正部级。

至2002年,我国民航旅客运输量8594万人,货物运输量202万吨;20年间,年均增长达16%,高出世界平均水平两倍多,国际排位进一步上升,成为令人瞩目的民航大国(深泽羽,2017)。

(4)快速发展期(2002年至今)

2002年3月,国务院批准新一轮民航体制改革,发布《国务院关于印发民航体制改革方案的通知》(国发〔2002〕6号),开启了以"政资分离""机场属地化"为主要内容的改革。

2002年10月,联合重组航空运输企业,对民航总局直属的9家航空公司进行联合重组,实行政企分开,成立中国航空集团公司、中国东方航空集团公司、中国南方航空集团公司三大航空集团公司;改组民航服务保障企业,成立中国民航信息集团公司、中国航空油料集团公司、中国航空器材进出口集团公司三大服务保障集团公司。成立后的集团公司与民航总局脱钩,交由国资委管理。

监管机构改革。2003年9月4日,《国务院关于省(区、市)民航机场管理体制和行政管理体制改革实施方案的批复》发布,将民航总局—地区管理局—省(区、市)局三级行政管理,改为民航总局—地区管理局两级行政管理。民航总局下设民航华北、华东、中南、西南、西北、东北、新疆7个地区管理局,撤销24个省(区、市)管理局,组建26个民用航空安全监督管理办公室,对民航事务实施监管。2009年3月,民航总局下发《关于民航安全监督管理办公室更名为民航安全监督管理局的通知》,

监管办陆续改为监管局（见表2-1）。

表2-1 2009年以来民航总局各地区管理局管辖的监管局

地区管理局	安全监督管理局								
华北地区管理局	北京	天津	河北	山西	内蒙古				
东北地区管理局	黑龙江	吉林	辽宁	大连					
华东地区管理局	上海	江苏	浙江	山东	安徽	福建	江西	厦门	青岛 温州
中南地区管理局	河南	湖北	湖南	广西	海南	广东	深圳	桂林	三亚
西南地区管理局	四川	重庆	贵州	云南	丽江	西藏自治区管理局（代管）			
西北地区管理局	陕西	甘肃	宁夏	青海					
新疆管理局	乌鲁木齐喀什（前身为阿克苏运行办）								

机场实行属地化管理。2003年，按照政企分开、属地管理的原则，对90个机场进行了属地化管理改革，机场下放所在省（区、市）管理。其中，首都机场、西藏自治区区内的民用机场继续由民航总局管理。2004年7月，甘肃民航机场移交地方，至此，机场属地化管理改革全面完成，也标志着第三轮民航体制改革全面完成。

2012年7月8日，《国务院关于促进民航业发展的若干意见》（国发〔2012〕24号）发布，提出十大主要任务：加强机场规划和建设、科学规划安排国内航线网络、大力发展通用航空、努力增强国际航空竞争力、持续提升运输服务质量、着力提高航空安全水平、加快建设现代空管系统、切实打造绿色低碳航空和大力推动航空经济发展。该意见奠定了新时期中国民航业发展的主旋律。

根据民航总局《2018年民航行业发展统计公报》，截至2018年年底，我国境内运输飞机达3722架，运输机场达236个，注册无人机达33.9万架，航班正常率达80.35%，全行业发展实力进一步增强。

二 中国航空运输业发展现状

经过近70年的发展，中国航空运输业从无到有、从小到大、从弱到强。中国目前已是国际航空运输大国。

根据民航总局《2018年民航机场生产统计公报》：截至2018年年底，我国民用航空（颁证）机场共有235个（不含香港、澳门和台湾地区，下同），从各机场来看，年旅客吞吐量1000万人次以上的机场达到37个，完成旅客吞吐量占全年机场旅客吞吐量的83.6%。从货邮吞吐量来看，各机场年货邮吞吐量1万吨以上的机场有53个，完成货邮吞吐量占境内全部机场货邮吞吐量的98.4%。其中，北京、上海和广州三大城市机场货邮吞吐量占境内全部机场货邮吞吐量的46.2%。

1. 机场

机场是航空经济发展的重要基础条件，机场的产生是航空经济发展的成果之一。2018年全国（不含香港、澳门和台湾地区，下同）共有235个民用航空（颁证）机场，其中定期航班通航机场233个，陕西安康机场和广西梧州西江（原梧州长洲岛）机场停航。表2-2是2018年年底我国各省（区、市）的民用航空机场，其中新疆和内蒙古的机场数量（见图2-1）最多。

表2-2 我国各省份民用航空机场

省份	机场	数量	排名
新疆	乌鲁木齐/地窝堡、喀什、库尔勒、阿克苏/温宿、伊宁、和田、克拉玛依、哈密、库车/龟兹、吐鲁番/交河、博乐/阿拉山口、布尔津/喀纳斯、阿勒泰、那拉提、石河子/花园、塔城、且末、莎车、富蕴/可可托海、若羌、图木舒克	21	1
内蒙古	呼和浩特/白塔、呼伦贝尔/东山、鄂尔多斯/伊金霍洛、包头、东河、赤峰/玉龙、通辽、乌兰浩特/义勒利特、锡林浩特、满洲里/西郊、乌海、乌兰察布/集宁、巴彦淖尔/天吉泰、二连浩特、赛乌素、阿尔山/伊尔施、阿拉善左旗/巴彦浩特、扎兰屯/成吉思汗、霍林河、额济纳旗/桃来、阿拉善右旗/巴丹吉林	19	2
云南	昆明/长水、丽江/三义、西双版纳/嘎洒、德宏/芒市、大理、腾冲/驼峰、保山/云瑞、普洱/思茅、迪庆/香格里拉、临沧、昭通、文山/普者黑、沧源/佤山、澜沧/景迈、宁蒗/泸沽湖	15	3
四川	成都/双流、绵阳/南郊、宜宾/菜坝、南充/高坪、西昌/青山、九寨/黄龙、达州/河市、泸州/云龙（2018年9月10日通航，代替原蓝田机场）、攀枝花/保安营、广元/盘龙、稻城/亚丁、甘孜/康定、阿坝/红原	13	4
黑龙江	哈尔滨/太平、牡丹江/海浪、佳木斯/东郊、齐齐哈尔/三家子、鸡西/兴凯湖、黑河、加格达奇、伊春/林都、漠河/古莲、抚远/东极、建三江/湿地、五大连池/德都	12	5
贵州	贵阳/龙洞堡、遵义/新舟、铜仁/凤凰、毕节/飞雄、兴义、凯里/黄平、安顺/黄果树、六盘水/月照、遵义/茅台、黔南州/荔波、黎平	11	6

续表

省份	机场	数量	排名
山东	青岛/流亭、济南/遥墙、烟台/蓬莱、威海/大水泊、临沂/沭埠岭、济宁/曲阜、日照/山字河、潍坊/南苑、东营/胜利	9	7
江苏	南京/禄口、无锡/硕放、常州/奔牛、南通/兴东、徐州/观音、扬州/泰州、盐城/南洋、淮安/涟水、连云港/白塔埠	9	7
辽宁	大连/周水子、沈阳/桃仙、大庆/萨尔图、锦州/锦州湾、营口/兰旗、鞍山/腾鳌、丹东/浪头、朝阳、长海/大长山岛	9	7
甘肃	兰州/中川、敦煌、嘉峪关、庆阳、天水、麦积山、金昌/金川、张掖/甘州、甘南/夏河、陇南	9	7
广东	广州/白云、深圳/宝安、珠海/金湾、揭阳/潮汕、湛江、惠州/平潭、佛山/沙堤、梅县/长岗岌	8	11
湖南	长沙/黄花、张家界/荷花、衡阳/南岳、常德/桃花源、怀化/芷江、永州/零陵、邵阳/武冈、岳阳/三荷	8	11
浙江	杭州/萧山、宁波/栎社、温州/龙湾、义乌、舟山/普陀山、台州/路桥、衢州	7	13
山西	太原/武宿、运城/张孝、大同/云冈、长治/王村、吕梁/大武、忻州/五台山、临汾/乔李	7	13
广西	南宁/吴圩、桂林/两江、北海/福成、柳州/白莲、百色/巴马、梧州/西江机场（长洲岛机场2019年1月关停）、河池/金城江	7	13
青海	西宁/曹家堡、玉树/巴塘、格尔木、海西/德令哈、果洛、海西/花土沟、海北/祁连	7	13
福建	厦门/高崎、福州/长乐、泉州/晋江、武夷山、三明/沙县、连城/冠豸山	6	17
湖北	武汉/天河、宜昌/三峡、襄阳/刘集、十堰/武当山、恩施/许家坪、神农架/红坪	6	17
江西	南昌/昌北、赣州/黄金、井冈山、景德镇/罗家、宜春/明月山、上饶/三清山	6	17
吉林	长春/龙嘉、延吉/朝阳川、白山/长白山、通化/三源浦、白城/长安、松原/查干湖	6	17
河北	石家庄/正定、邯郸、张家口/宁远、唐山/三女河、秦皇岛/北戴河、承德/普宁	6	17
安徽	合肥/新桥、黄山/屯溪、阜阳、池州/九华山、安庆	5	22
西藏	拉萨/贡嘎、林芝/米林、昌都/邦达、阿里/昆莎、日喀则	5	22

续表

省份	机场	数量	排名
陕西	西安/咸阳、榆林/榆阳、汉中/城固、延安/南泥湾、安康	5	22
河南	郑州/新郑、洛阳/北郊、南阳/姜营、信阳/明港	4	25
海南	海口/美兰、三亚/凤凰、琼海/博鳌、三沙/永兴	4	25
宁夏	银川/河东、中卫/沙坡头（2012年更名）、固原/六盘山	3	27
重庆	重庆/江北、万州/五桥、黔江/武陵山	3	27
北京	北京/首都、北京/南苑	2	29
上海	上海/浦东、上海/虹桥	2	29
天津	天津/滨海	1	31

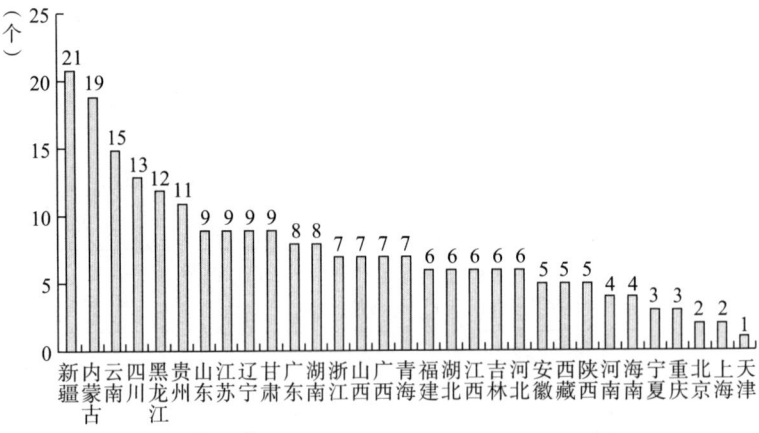

图 2-1 2018 年底我国各省（区、市）民用航空机场数量

颁证运输机场按飞行区指标分类：4F 级机场 12 个，4E 级机场 35 个，4D 级机场 40 个，4C 级机场 142 个，3C 级机场 5 个，3C 级以下机场 1 个。2018 年，全行业全年新开工、续建机场项目 174 个，新增跑道 6 条，停机位 305 个，航站楼面积 133.1 万平方米。截至 2018 年年底，全行业运输机场共有跑道 255 条，停机位 5800 个，航站楼面积 1454.58 万平方米。①

2018 年，中国旅客吞吐量 100 万人次以上的机场有 95 个，具体数据见表 2-3。

---

① 资料来源：《2018 年民航行业发展统计公报》。

表 2-3 我国旅客吞吐量 100 万人次以上的机场
（2018 年 1 月 1 日至 12 月 31 日）

机场	旅客吞吐量（人次）		起降架次（架次）		出港直飞航线（条）
	名次	本期完成	名次	本期完成	
北京/首都	1	100983290	1	614022	253
上海/浦东	2	74006331	2	504794	224
广州/白云	3	69720403	3	477364	188
成都/双流	4	52950529	6	352124	186
深圳/宝安	5	49348950	5	355907	166
昆明/长水	6	47088140	4	360785	162
西安/咸阳	7	44653311	7	330477	188
上海/虹桥	8	43628004	10	266790	81
重庆/江北	9	41595887	8	300745	172
杭州/萧山	10	38241630	9	284893	156
南京/禄口	11	28581546	11	220849	110
郑州/新郑	12	27334730	12	209646	116
厦门/高崎	13	26553438	13	193385	108
长沙/黄花	14	25266251	15	186772	129
青岛/流亭	15	24535738	16	182642	110
武汉/天河	16	24500356	14	187699	109
海口/美兰	17	24123582	21	165186	128
天津/滨海	18	23591412	18	179414	142
乌鲁木齐/地窝堡	19	23027788	20	176346	86
哈尔滨/太平	20	20431432	24	146416	109
贵阳/龙洞堡	21	20094681	22	158567	112
三亚/凤凰	22	20039035	27	123507	86
沈阳/桃仙	23	19027398	25	137661	109
大连/周水子	24	18758171	23	146652	104
济南/遥墙	25	16611795	26	126828	93
南宁/吴圩	26	15091614	28	113474	102
福州/长乐	27	14393532	29	110243	94
兰州/中川	28	13858151	30	109902	98
太原/武宿	29	13588423	32	107930	77

续表

机场	旅客吞吐量（人次）		起降架次（架次）		出港直飞航线（条）
	名次	本期完成	名次	本期完成	
南昌/昌北	30	13524159	31	108614	77
长春/龙嘉	31	12969503	37	92807	61
呼和浩特/白塔	32	12159175	34	105328	78
宁波/栎社	33	11718416	41	85434	91
石家庄/正定	34	11332518	38	89717	78
珠海/金湾	35	11220703	42	85380	62
温州/龙湾	36	11218701	40	86362	77
合肥/新桥	37	11110596	39	89005	68
银川/河东	38	8944837	46	75635	76
桂林/两江	39	8732176	49	71364	70
烟台/蓬莱	40	8433179	47	75500	64
丽江/三义	41	7529935	52	56932	48
泉州/晋江	42	7443161	51	58319	51
无锡/硕放	43	7207529	54	56066	47
北京/南苑	44	6512740	62	44468	69
揭阳/潮汕	45	6493930	55	55564	59
西宁/曹家堡	46	6339622	56	55064	58
西双版纳/嘎洒	47	4446247	67	34828	20
拉萨/贡嘎	48	4353948	66	36224	27
绵阳/南郊	49	3938882	19	176550	42
常州/奔牛	50	3327722	61	45676	29
宜昌/三峡	51	2948668	45	76526	41
南通/兴东	52	2771326	70	33781	40
湛江/湛江	53	2559507	74	28961	35
徐州/观音	54	2518799	58	51770	38
威海/大水泊	55	2508155	84	20889	24
鄂尔多斯/伊金霍洛	56	2475281	71	33156	40
扬州/泰州	57	2384382	59	50590	33
呼伦贝尔/东山	58	2328816	87	20126	32
北海/福成	59	2282218	92	18427	34

续表

机场	旅客吞吐量（人次）		起降架次（架次）		出港直飞航线（条）
	名次	本期完成	名次	本期完成	
张家界/荷花	60	2209911	86	20583	36
榆林/榆阳	61	2090209	85	20835	22
喀什/喀什	62	2060100	94	17643	14
运城/张孝	63	2052654	69	34630	31
遵义/新舟	64	2033587	90	18902	41
包头/东河	65	2032157	89	18980	45
临沂/沭埠岭	66	2006104	97	16953	30
惠州/平潭	67	1879645	101	15110	30
盐城/南洋	68	1822173	98	16711	34
德宏/芒市	69	1813896	99	15528	8
大理/荒草坝	70	1776364	96	17293	26
库尔勒/库尔勒	71	1743761	93	17906	22
义乌/义乌	72	1635673	111	12558	21
赣州/黄金	73	1625224	102	14998	27
赤峰/玉龙	74	1572060	103	14988	13
淮安/涟水	75	1516272	78	26082	40
连云港/白塔埠	76	1516195	104	14978	31
延吉/朝阳川	77	1513262	109	12638	15
襄阳/刘集	78	1406384	50	69833	31
柳州/白莲	79	1347142	110	12616	19
伊宁/伊宁	80	1332536	113	12493	17
洛阳/北郊	81	1313764	17	180226	28
阿克苏/温宿	82	1292215	115	11590	10
铜仁/凤凰	83	1276640	107	13506	28
济宁/曲阜	84	1221518	118	10178	30
和田/和田	85	1217504	119	10113	8
毕节/飞雄	86	1216557	106	13622	26
舟山/普陀山	87	1209675	80	24542	16
十堰/武当山	88	1182546	112	12520	31
腾冲/驼峰	89	1170230	116	10691	12

续表

机场	旅客吞吐量（人次）		起降架次（架次）		出港直飞航线（条）
	名次	本期完成	名次	本期完成	
兴义/兴义	90	1120857	114	12383	17
台州/路桥	91	1112199	124	8268	14
恩施/许家坪	92	1039311	121	9434	15
大同/云冈	93	1016273	76	28216	25
保山/云瑞	94	1016018	122	9423	11
遵义/茅台	95	1005463	117	10479	41

2. 旅客吞吐量

根据中国民航局《2018年民航机场生产统计公报》，2018年我国机场主要生产指标继续保持平稳较快增长，全年旅客吞吐量超过12亿人次，完成126468.8万人次，较上年增长10.2%。分航线看，国内航线完成113842.7万人次，较上年增长9.9%（其中内地至香港、澳门和台湾地区航线完成2872.7万人次，较上年增长6.0%）；国际航线完成12626.1万人次，较上年增长13.0%。表2-4为2018年旅客吞吐量1000万人次以上的机场。

表2-4 我国2018年旅客吞吐量1000万人次以上的机场

机场	旅客吞吐量（人次）		机场	旅客吞吐量（人次）	
	名次	本期完成		名次	本期完成
北京/首都	1	100983290	哈尔滨/太平	20	20431432
上海/浦东	2	74006331	贵阳/龙洞堡	21	20094681
广州/白云	3	69720403	三亚/凤凰	22	20039035
成都/双流	4	52950529	沈阳/桃仙	23	19027398
深圳/宝安	5	49348950	大连/周水子	24	18758171
昆明/长水	6	47088140	济南/遥墙	25	16611795
西安/咸阳	7	44653311	南宁/吴圩	26	15091614
上海/虹桥	8	43628004	福州/长乐	27	14393532
重庆/江北	9	41595887	兰州/中川	28	13858151
杭州/萧山	10	38241630	太原/武宿	29	13588423
南京/禄口	11	28581546	南昌/昌北	30	13524159

续表

机场	旅客吞吐量（人次）		机场	旅客吞吐量（人次）	
	名次	本期完成		名次	本期完成
郑州/新郑	12	27334730	长春/龙嘉	31	12969503
厦门/高崎	13	26553438	呼和浩特/白塔	32	12159175
长沙/黄花	14	25266251	宁波/栎社	33	11718416
青岛/流亭	15	24535738	石家庄/正定	34	11332518
武汉/天河	16	24500356	珠海/金湾	35	11220703
海口/美兰	17	24123582	温州/龙湾	36	11218701
天津/滨海	18	23591412	合肥/新桥	37	11110596
乌鲁木齐/地窝堡	19	23027788			

根据民航总局《2018年民航行业发展统计公报》，2018年全行业完成旅客运输量61173.77万人次，比上年增长10.9%（见图2-2）。国内航线完成旅客运输量54806.50万人次，比上年增长10.5%，其中港澳台航线完成1127.09万人次，比上年增长9.8%；国际航线完成旅客运输量6367.27万人次，比上年增长14.8%。

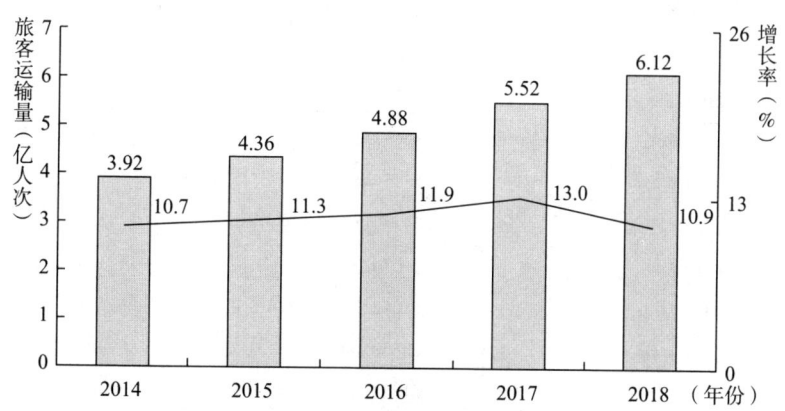

图2-2　2014~2018年我国民航旅客运输量

资料来源：飞常准大数据研究院。

3. 货邮吞吐量

根据中国民航局《2018年民航机场生产统计公报》，2018年我国机场全年完成货邮吞吐量1674.0万吨，较上年增长3.5%。分航线看，国内航线完成 1030.8 万吨，较上年增长 3.1%（其中内地至香港、澳门和台湾地区航线完成 99.3 万吨，较上年增长 0.3%）；国际航线完成 643.2 万吨，较上年增长 4.1%。表 2-5 为我国 2018 年货邮吞吐量 1 万吨以上的机场。

表 2-5 我国 2018 年货邮吞吐量 1 万吨以上的机场

机场	货邮吞吐量（吨）	
	本期完成	名次
上海/浦东	3768572.60	1
北京/首都	2074005.40	2
广州/白云	1890560.00	3
深圳/宝安	1218502.20	4
成都/双流	665128.40	5
杭州/萧山	640896.00	6
郑州/新郑	514922.40	7
昆明/长水	428292.10	8
上海/虹桥	407154.60	9
重庆/江北	382160.80	10
南京/禄口	365054.40	11
厦门/高崎	345529.10	12
西安/咸阳	312637.10	13
天津/滨海	258734.80	14
青岛/流亭	224533.80	15
武汉/天河	221576.30	16
海口/美兰	168622.20	17
沈阳/桃仙	168558.00	18
大连/周水子	161887.30	19
乌鲁木齐/地窝堡	157725.80	20
长沙/黄花	155513.10	21
福州/长乐	133189.40	22
哈尔滨/太平	125042.00	23
无锡/硕放	123818.90	24
南宁/吴圩	118035.60	25

续表

机场	货邮吞吐量（吨）	
	本期完成	名次
济南/遥墙	113627.90	26
贵阳/龙洞堡	112396.20	27
宁波/栎社	105673.20	28
三亚/凤凰	95132.90	29
长春/龙嘉	83093.00	30
南昌/昌北	82604.40	31
温州/龙湾	80189.50	32
合肥/新桥	69787.30	33
泉州/晋江	63845.40	34
兰州/中川	61450.40	35
太原/武宿	53402.10	36
烟台/蓬莱	51465.00	37
银川/河东	50733.50	38
珠海/金湾	46393.00	39
石家庄/正定	46145.90	40
南通/兴东	42989.90	41
呼和浩特/白塔	40210.10	42
拉萨/贡嘎	36320.40	43
西宁/曹家堡	33879.10	44
常州/奔牛	28170.10	45
桂林/两江	27074.50	46
揭阳/潮汕	25249.70	47
北京/南苑	25122.20	48
潍坊/南苑	24072.00	49
西双版纳/嘎洒	13207.20	50
丽江/三义	11329.90	51
扬州/泰州	11136.80	52
徐州/观音	10065.70	53

4. 航空公司和机队规模

根据飞常准大数据研究院的数据，截至 2018 年年底，中国共有 52 家航空公司，包括客运、货运与混营。其中，"天津货运"和"北京航空"是2018年新成立的。2018年年底国内民航运输机队规模达到3615架（见表2-6）（数据未包含港澳台地区航空公司机队）。机队规模在50架以上的航空公司有15家，其中顺丰是唯一的货航（见图2-3）。

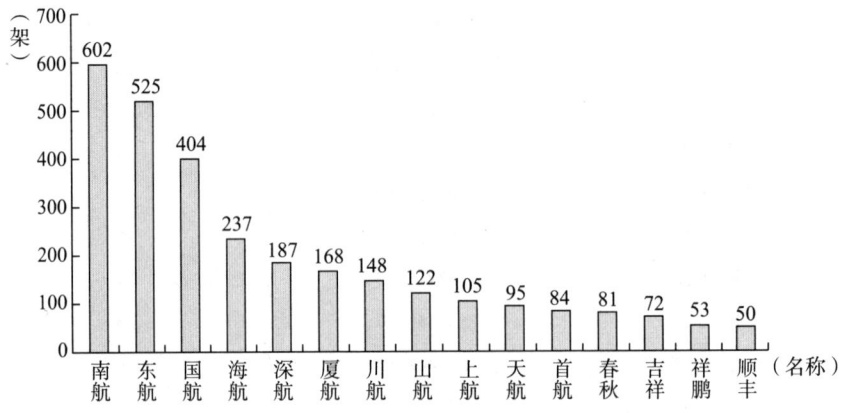

图 2-3 2018年机队规模50架以上的航空公司

资料来源：飞常准大数据研究院。

截至2018年年底，国内共有13家航空公司运营408架宽体客机（见表2-6）。其中A330客机规模最大，为236架，占比57.8%。截至2018年年底，国内航空公司共计运营2871架各类型窄体客机，空客及波音各占半壁江山。窄体客机是国内民航运输的主力。国内支线客机的体量较小，至2018年年底总计178架，包括ARJ21客机10架、CRJ900客机38架、E190及E195客机105架、新舟60客机25架，巴航E系列飞机的占比达到了59%。至2018年年底，国内在营全货机共计158架，全货运航空公司8家。顺丰航空机队达到50架，迈入中型航空公司行列。

表 2-6 2018年我国运输飞机数量

飞机类型	飞机数量（架）	占比（%）
客运飞机	3457	96
其中：宽体机	408	11
窄体机	2871	80
支线飞机	178	5

续表

飞机类型	飞机数量（架）	占比（%）
全货机	158	4
合计	3615	100

资料来源：飞常准大数据研究院。

5. 航线网络

根据飞常准大数据研究院的数据，2018年境内机场出港直飞航线共7402条，其中，境内航线6060条，国际/地区航线1342条。全国主要机场航线数量见图2-4至图2-6。广东省、江苏省、山东省的省内机场出港直飞航线数量最多，分别有566条、403条和398条。新疆、内蒙古、云南三个省/区的航线密度最高，省/区内直飞航线（往返计2条）分别有126条、68条和48条。国际/地区航线中，出港直飞泰国、日本和中国台湾的航线最多，分别有208条、101条和97条。

与2017年相比，2018年新开出港直飞航线1531条，其中新开境内航线1076条，新开国际/地区航线455条。

第二节 中国航空经济区概况

航空运输业的快速发展，会带动客运量、货运量的指数级增长，使机场及周边区域成为新的城市中心。依托机场基础设施，打造具有航空指向性的产业集群，成为带动区域经济发展的新模式。机场也因此成为经济的活动中心（李明俊，2017）。

一 中国航空经济区发展历程

航空经济在西方发达国家起步较早，发展也较为成熟。在中国，航空经济最早出现于20世纪90年代中期，1994年珠海航空城集团成立，提出大力发展以珠海机场为基础的航空城，形成我国航空经济的雏形。

2004年机场属地化改革完成之后，全国各地开始了航空经济的规划浪潮。2012年国家在《国务院关于促进民航业发展的若干意见》中明确提出"大力推动航空经济发展""选择部分地区开展航空经济示范区试点，加快

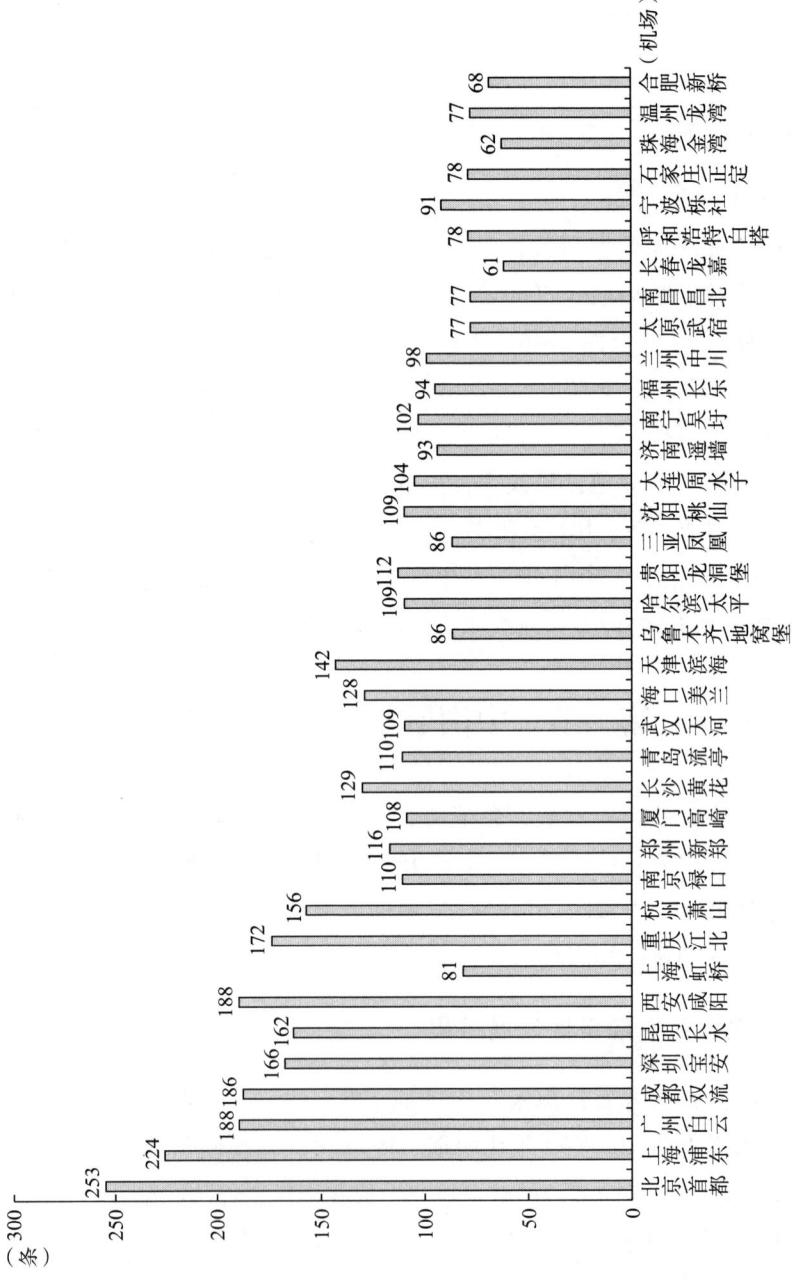

图 2-4 2018年中国旅客吞吐量千万级机场的航线数量

第二章 中国航空经济区的发展概况及分类

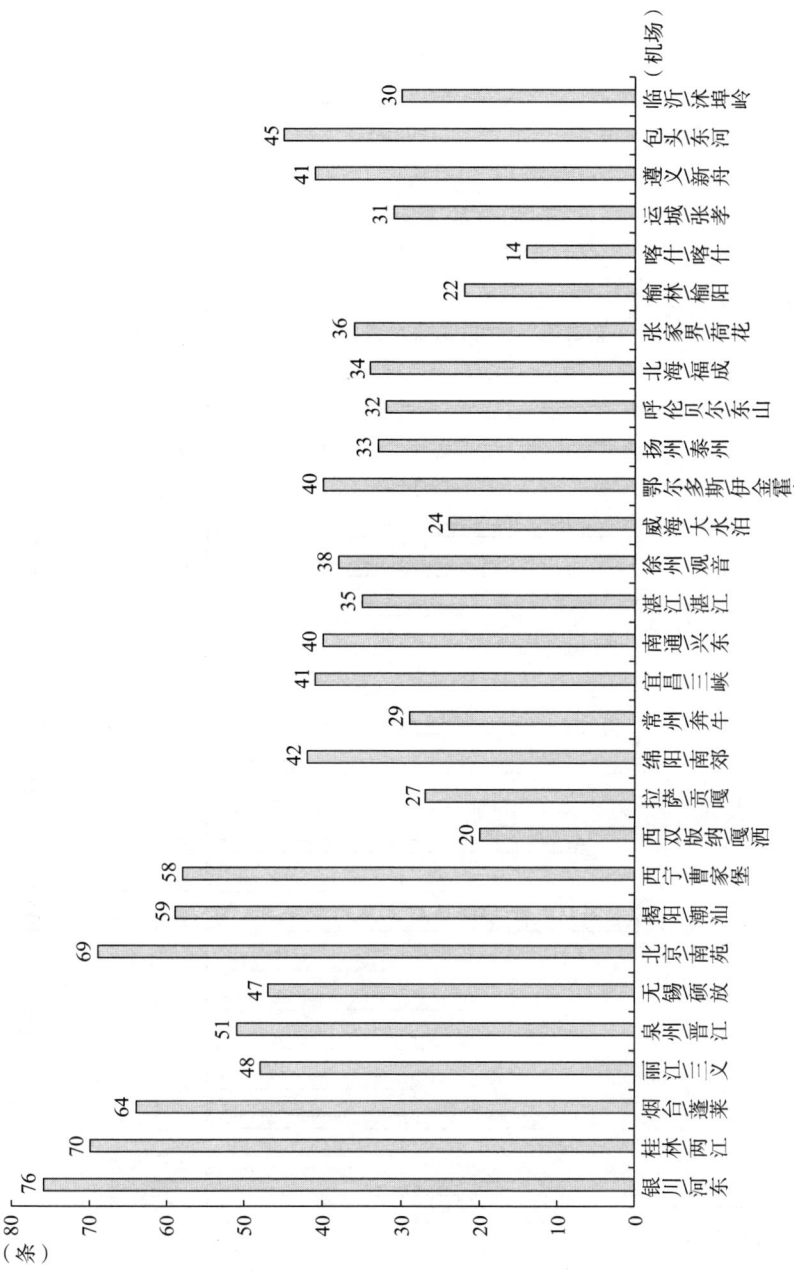

图 2-5　2018年中国旅客吞吐量千万级以下两百万级以上机场的航线数量

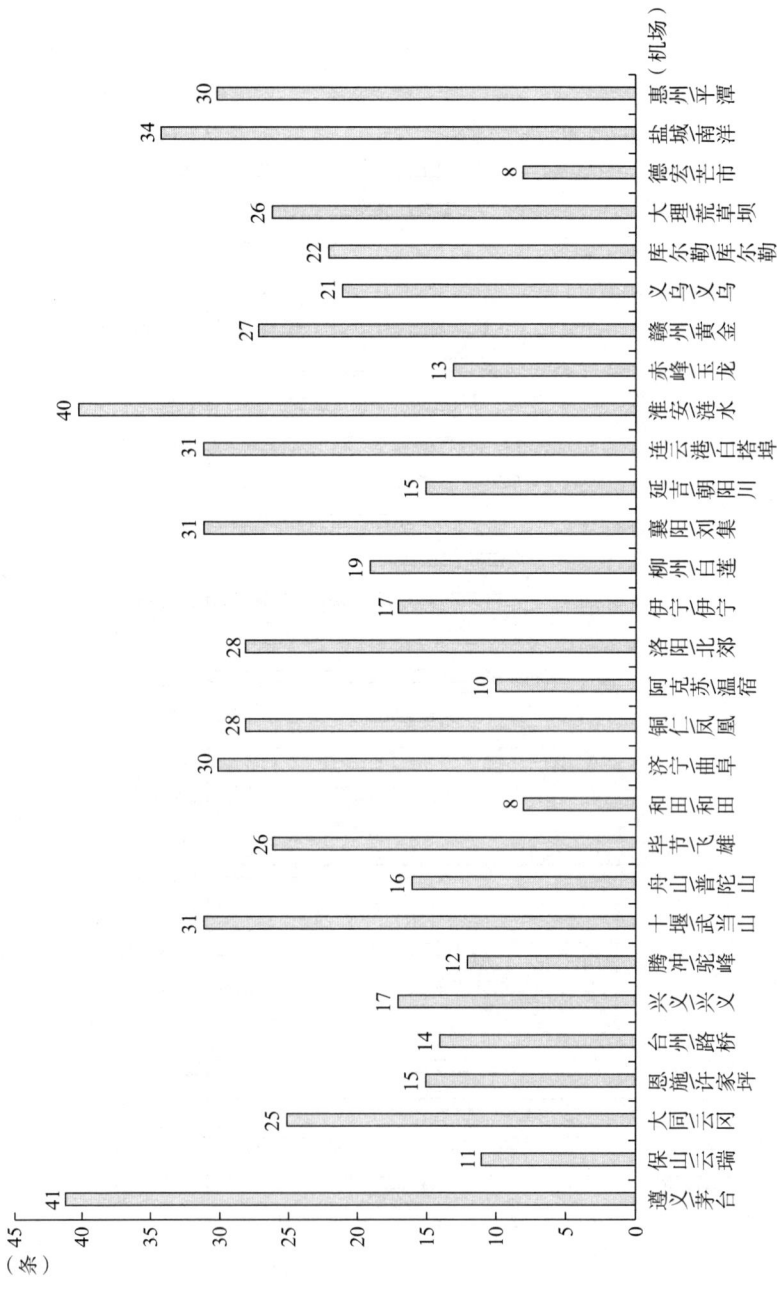

图2-6 2018年中国旅客吞吐量两百万级以下一百万级以上机场的航线数量

形成珠三角、长三角、京津冀临空产业集聚区"。2013年1月,在《国务院办公厅关于印发促进民航业发展重点工作分工方案的通知》中明确"大力推动航空经济发展"的部门分工。2013年3月,国务院批复建设全国第一个国家级临空经济示范区——"郑州航空港经济综合实验区"。航空经济区的发展逐渐上升为国家发展战略。此后,全国各省市开始大力规划建设航空经济区。

为推动航空经济示范区健康有序的发展,2015年6月,国家发展和改革委员会和中国民用航空局发布《国家发展改革委、民航局关于临空经济示范区建设发展的指导意见》。该意见指出,选择若干条件成熟的临空经济区开展试点示范,有利于发挥比较优势、挖掘内需增长潜力、促进产业转型升级、增强辐射带动作用,对于促进民航业发展、优化我国经济发展格局、全方位深化对外开放、加快转变经济发展方式具有十分重要的意义。对一些内陆省会城市、直辖市而言,航空经济区的建设使得这些城市由内陆变成了对外开放的高地,推动很多相关产业迅速做大做强。航空经济上升为国家战略,成为城市发展的引擎,我国航空经济进入快速发展期。

2016年,国家发展和改革委员会和中国民用航空局又先后批复了北京新机场临空经济区、青岛胶东临空经济示范区、重庆临空经济示范区、广州临空经济示范区和上海虹桥临空经济示范区。随着经济的发展和航空业的进步,在国家政策引导下,我国各地的大型机场都先后推出航空经济区的建设计划,并且在整体规划上呈现多元化、多层次、辐射广的态势。

截至2018年年底,全国31个省(区、市)(不含港澳台)均已明确提出航空经济区发展的相关指导意见,已经明确规划并进行建设的航空经济区有59个。其中,全国旅客吞吐量超过1000万人次的37个机场中有31个已规划建设航空经济区。截至2019年7月1日,我国共有14个国家级航空经济区(见表2-7)。

作为国家级平台,航空经济区将依托大型机场的吸引力和辐射力,带动周边地区发展。同时,着力推进创新性发展、引领性发展和探索性发展,加快形成航空业全产业链和价值链,构建现代化航空经济产业体系。当前我国航空经济区已逐步形成从无到有、从追求规划面积和企业数量扩张向高质量发展的良好局面。航空经济区"增长极"的作用开始呈现，带动周边相关产业聚集，成为城市经济发展的引擎。

对59个航空经济区进行深入分析，我们发现我国航空经济区存在以下发展特点。

（1）已形成不同等级的航空经济区体系。初步形成了以枢纽机场为依托的航空经济区为中心，以省会或重点城市的特色航空经济区为骨干，其他城市相继顺势规划发展航空经济区的基本格局。并且随着机场群的发展，航空经济区之间的协同发展加强。

（2）作为航空经济的"发动机"，机场本身业务进入快速成长期，各大枢纽机场业务增长迅猛。

（3）五大产业正在向机场周边聚集。中国航空经济区发展呈现出以航空制造产业、航空物流业、高端产品制造业、国际商务会展业、康体娱乐休闲业为主的五大产业向机场周边聚集的态势。但多数航空经济区的产业规划雷同，未能充分发挥本地的比较优势。

（4）航空经济逐渐成为新经济聚集地，但区内现有的产业结构与布局不尽合理。航空经济核心区的产业关联性不强，从整体上看，合理的产业群落和产业链尚未形成，产业链的构建水平还有待进一步提高。

（5）航空经济区正在成为创新创业的高地，但区内布局规划欠缺科学性，与腹地经济之间缺乏融合。目前我国大多数机场周边地区处于自发发展过程中，缺少科学的规划，造成航空经济区产业孤岛现象突出，与主城区的发展脱节，产城融合理念体现不足。

（6）各航空经济区作为当地对外开放的门户和国际贸易的窗口，作用不断增强。

（7）区内产业航空指向性不明确。大部分的航空经济区都还在自发形成过程中，区内的企业是航空型产业与传统产业并存，航空指向性不足，国家还没有相应的发展政策以保证航空经济区的可持续发展。

（8）区内产业规划虽临空指向性强，但是否适合本地的发展值得探究。

（9）中小城市逐渐加入航空经济发展行列，区内的科研创新资源缺乏。航空经济区的发展需要创新资源的集聚，而我国大多数航空经济区区内缺乏科研机构，没有与制造业形成很好的互动。

（10）环境建设水平不高。政府多注重产业所带来的直接影响，包括给地区所带来的税收和就业等，对航空经济区的环境建设（硬环境和软环境）重视不够，影响了航空经济区的可持续发展。

二 中国航空经济区数量

从2013年开始，国务院以及国家发展改革委、民航局先后批复建设国家级航空经济示范区。截至2019年7月1日，全国共有郑州、北京、青岛、重庆、广州、上海、成都、长沙、贵阳、杭州、宁波、西安、南京共13个城市的14个国家级航空经济区（见表2-7）。目前，已经逐步形成了东、中、西部航空经济区的布局，并且以北京、上海、广州为中心，加快打造京津冀、长三角、珠三角3个航空产业集聚区。

截至2019年5月1日，我国31个省份（不含港澳台）均已明确提出航空经济区发展的相关指导意见，已经明确规划和开始建设的航空经济区有59个，还有一些城市正在积极规划航空经济区（如连云港花果山机场航空经济区）。东部、中部、西部的空港均有所发展，也充分体现了空港作为不依赖沿海、沿江等区位优势发展的新型港口，将成为内陆地区"弯道超车"的重要功能依托。

按批复级别划分，可分为国家级、地方级航空经济区。国家级航空经济区14个（见表2-7），地方级航空经济区45个：天津、石家庄、福州、太原、武汉、合肥、乌鲁木齐、海口、南宁、拉萨、昆明、西宁、长春、沈阳、呼和浩特、南昌、银川、兰州、哈尔滨、济南、鄂州、博鳌、丽江、延安、深圳、揭阳、珠海、温州、厦门、孝感、三峡、芜湖、绵阳、资阳、喀什、桂林、榆林、延吉、鄂尔多斯、遵义、舟山、无锡、徐州、南通、浦东。

表2-7 国家级临空经济区

序号	国家级临空经济区名称	批复设立时间	批复机构
1	郑州航空港经济综合实验区	2013年3月	国务院
2	北京新机场临空经济区	2016年10月	国家发展改革委、民航局
3	青岛胶东临空经济示范区	2016年10月	国家发展改革委、民航局
4	重庆临空经济示范区	2016年10月	国家发展改革委、民航局
5	广州临空经济示范区	2016年12月	国家发展改革委、民航局

续表

序号	国家级临空经济区名称	批复设立时间	批复机构
6	上海虹桥临空经济示范区	2016年12月	国家发展改革委、民航局
7	成都临空经济示范区	2017年3月	国家发展改革委、民航局
8	长沙临空经济示范区	2017年5月	国家发展改革委、民航局
9	贵阳临空经济示范区	2017年5月	国家发展改革委、民航局
10	杭州临空经济示范区	2017年5月	国家发展改革委、民航局
11	宁波临空经济示范区	2018年4月	国家发展改革委、民航局
12	西安临空经济示范区	2018年4月	国家发展改革委、民航局
13	首都机场临空经济示范区	2019年3月	国家发展改革委、民航局
14	南京临空经济示范区	2019年3月	国家发展改革委、民航局

三 中国航空经济区地域分布概况

随着航空运输业的发展，依托航空枢纽和现代综合交通运输体系，在机场周边形成了航空经济区，集聚发展航空运输业、高端制造业和现代服务业。中国航空经济区的产生与发展是我国民航业快速发展、经济社会实力不断增强的体现。

表2-8按各航空经济区所依托机场的地理位置和目前中国民用航空总局各地区管理局的管辖范围汇总了全国各省（区、市）的航空经济区及数量。从表2-9可以发现经济越发达的省份批复建设的航空经济区数量越多。江苏、浙江、广东和湖北的航空经济区数量最多，各批复4个，四川和陕西省各批复建设3个航空经济区。

表2-8 全国临空经济区在中国民航局各地区管理局的数量分布[①]

地区管理局	安全监督管理局	航空经济区	数量	
华北地区管理局	北京	北京首都、北京大兴	2	7
	天津	天津	1	
	河北	石家庄	1	
	山西	太原	1	
	内蒙古	呼和浩特、鄂尔多斯	2	

---

① 表2-8中的表述是民航总局的表述与分类方法，与常见的行政区划不同。

续表

地区管理局	安全监督管理局	航空经济区	数量	
东北地区管理局	黑龙江	哈尔滨	1	4
	吉林	长春、延吉	2	
	辽宁	沈阳	1	
	大连			
华东地区管理局	上海	虹桥、浦东	2	17
	江苏	南京、无锡、徐州、南通	4	
	浙江	杭州、宁波、舟山	3	
	山东	济南	1	
	安徽	合肥、芜湖	2	
	福建	福州	1	
	江西	南昌	1	
	厦门	厦门	1	
	青岛	青岛	1	
	温州	温州	1	
中南地区管理局	河南	郑州	1	14
	湖北	武汉、孝感、鄂州、宜昌	4	
	湖南	长沙	1	
	广西	南宁	1	
	海南	海口、琼海	2	
	广东	广州、珠海、揭阳	3	
	深圳	深圳	1	
	桂林	桂林	1	
	三亚			
西南地区管理局	四川	成都、资阳、绵阳	3	9
	重庆	重庆	1	
	贵州	贵阳、遵义	2	
	云南	昆明	1	
	丽江	丽江	1	
	西藏自治区管理局（代管）	拉萨	1	

续表

地区管理局	安全监督管理局	航空经济区	数量	
西北地区管理局	陕西	西安、榆林、延安	3	6
	甘肃	兰州	1	
	宁夏	银川	1	
	青海	西宁	1	
新疆管理局	乌鲁木齐	乌鲁木齐	1	2
	喀什（前身为阿克苏运行办）	喀什	1	

表2-9 全国各省份的航空经济区及数量

省份	航空经济区	数量
广东	广州、深圳、珠海、揭阳	4
湖北	武汉、鄂州、孝感、宜昌	4
江苏	南京、无锡、徐州、南通	4
浙江	杭州、宁波、温州、舟山	4
陕西	西安、延安、榆林	3
四川	成都、资阳、绵阳	3
安徽	合肥、芜湖	2
北京	北京首都、北京大兴	2
福建	福州、厦门	2
广西	南宁、桂林	2
贵州	贵阳、遵义	2
海南	海口、琼海	2
吉林	长春、延吉	2
内蒙古	呼和浩特、鄂尔多斯	2
山东	济南、青岛	2
上海	浦东、虹桥	2
新疆	乌鲁木齐、喀什	2
云南	昆明、丽江	2
甘肃	兰州	1
河北	石家庄	1
河南	郑州	1
黑龙江	哈尔滨	1

续表

省份	航空经济区	数量
湖南	长沙	1
江西	南昌	1
辽宁	沈阳	1
宁夏	银川	1
青海	西宁	1
山西	太原	1
天津	天津	1
西藏	拉萨	1
重庆	重庆	1

第三节 中国航空经济区发展模式分类

由于机场的区位、交通条件、腹地经济基础等因素的不同，各航空经济区在产业选择和发展上表现各异，表现为不同的发展模式。国内外航空经济增长模式，按主导产业划分，可分为综合枢纽导向型，航空物流型，商务贸易型，物流商贸型，航空制造业驱动型，区域资源环境导向型，旅游、观光和休闲型七种类型航空经济区发展模式。各航空经济区的具体发展模式见表2-10。

一 综合枢纽导向型航空经济发展模式

该类航空经济所依托的机场是连通区域或洲际的复合型航空枢纽，充分利用大型枢纽机场优良的空运区位、强大的中转功能和巨大的容量所带来的航空旅客及货物在航空经济区内大规模集散形成的要素流动，重组、整合和运作，从而吸引生产性和生活性服务业入驻的经济发展模式。机场的复合性运营及其巨大的客货流量给周边带来了独特的流量经济。航空经济区内一、二、三产业联动发展，机场周边区域有序地分布着多个高科技产业园，既发展高端制造业，又在航站楼附近建设高级商务楼，形成世界贸易中心。

二　航空物流型发展模式

航空物流业是推动航空城发展的主要动力，它与机场货运功能直接相关，借助于机场的口岸条件和运输条件，在"货运区—物流区—产业区"之间形成供应链。航空运输的货物一般具有重量轻、体积小、技术精、价值高、鲜活等特点，如航空快件、黄金宝石、鲜活产品、高级冷冻食品、花卉、贵重药品、精密机械、高档电子产品及零部件、救援性航空运输服务等。

三　商务贸易型发展模式

该类航空经济侧重于发展商务贸易设施、会议中心、办公设施、星级宾馆等，其功能定位类似于城郊型中央商务区。伴随着航空经济的成熟，在航空经济区集聚了大量的人力、物流和信息，为公司总部的管理人员捕捉市场需求信息提供了便利。同时高档办公设施的完善，增强了航空经济区对公司总部的吸引力，使公司总部不断地向航空经济区集中，从而在航空经济区形成总部经济。

四　物流商贸型发展模式

一些大型枢纽机场邻近的航空经济区，同时发展航空物流产业和商务贸易。航空经济区内除了注重发展航空物流产业之外，还注重发展酒店、餐饮业、购物、商业中心、会展中心、金融业、咨询业，其功能定位类似于中央商务区。

五　航空制造业驱动型发展模式

指在机场周边形成的以航空制造产业为主导的航空经济，构建完整的航空制造产业链，可吸引飞机设计、制造相关的供应商以及下游的服务产业，形成了相关的研发、制造、维修服务、航空培训、航空金融及航空旅游、航空展览企业的集聚，并延伸发展其配套服务业。

六　区域资源环境导向型发展模式

区域自然资源特别是旅游资源丰富、旅游业发达的地区机场，充分利用区域自身条件发展休闲娱乐、购物、会展等产业，优化航空经济区的环境条件和服务质量，从而带动当地服务业的发展。一些地区虽然自然环境资源丰富，但由于地形复杂、地处偏僻，往往经济发展缓慢。机场的建设和环境经济的发展将有力增进地区与外界的联系，使地区的自然资源和旅游资源得到充分利用，改善区域产业结构。

七 旅游、观光和休闲型发展模式

一些具有良好区位和交通条件的机场可发展成为以客运为主的交通枢纽型航空城，包括旅游、观光和休闲等。航空经济区还充分利用周边地区的旅游资源，大力建设特色公园、观海风景区、水上乐园、美术馆、音乐厅、科学馆、博物馆等文化娱乐活动场所，强化自身的旅游休闲功能。

表 2-10 航空经济区主导产业与发展模式

序号	航空经济区	主导产业	发展模式
1	北京新机场临空经济区	航空物流、航空服务业、航空航天产业、航空创科产业、国际商务产业	综合枢纽导向型
2	首都机场临空经济示范区	航空物流与口岸贸易、航空产业与城市综合服务、航空商务与新兴产业、总部经济、会展经济、电子信息、航空金融	综合枢纽导向型
3	天津空港经济区	口岸经济、临港装备制造业、大宗商品交易与结算等服务业、现代物流、现代商贸、金融保险、信息技术、生命医药与健康、新能源	航空制造业驱动型
4	石家庄临空经济区	特色航空物流、口岸医药物流、国际冷链产业、跨境电商物流、总部经济	航空物流型
5	上海虹桥临空经济示范区	高端企业总部、信息服务业、现代物流业、专业服务业、金融服务业、大宗商品平台交易服务业	综合枢纽导向型
6	上海浦东临空经济区	金融贸易、会议展览、商务办公、宾馆娱乐、免税购物贸易、飞机维修员工培训基地、城市高科技产业、仓储运输、创汇型加工工业和农业	综合枢纽导向型
7	青岛胶东临空经济示范区	公务机与通航运营、飞机整装交付、通航维修、通航培训、航空机电与零部件、飞机内饰件、航空电子仪器、金融租赁、离岸结算、航运保险、贸易融资、发展居住、综合商贸、特色餐饮、健康养生	航空制造业驱动型
8	济南空港经济区	航天航空、电子信息、机械制造、机场物流	物流商贸型

续表

序号	航空经济区	主导产业	发展模式
9	南京临空经济示范区	航空物流业(航空快递物流、综合保税物流、专业化产品物流)、航空运输服务业(航空维修、航空培训和航空租赁、航空配餐、航空金融)、航空制造业(航空关键零部件、无人机研发制造、航空机电系统、航空电子系统、临空高科技产业)、航空现代服务业(跨境电子商务、现代会展、酒店服务业、高端商贸零售业)、空港衍生关联产业(总部经济、创客空间、商务服务)	综合枢纽导向型
10	无锡空港产业园区	物流业、空港流程服务和商务商贸服务、先进制造业	物流商贸型
11	徐州空港经济开发区	新材料、通用航空服务、航空物流、高端装备制造、商务会场	物流商贸型
12	南通空港产业园	飞机拆解、检测、维修,空港物流、航空培训、航材供应、跨境电商	航空制造业驱动型
13	杭州临空经济示范区	临空总部经济、跨境电子商务、航空金融服务、临空会展服务、智能制造装备、生物医药、智慧电子、航空设备维修、航空高端装备、航空特货物流、联网+信息服务、临空旅游休闲、保税仓储物流	物流商贸型
14	宁波临空经济示范区	航空商务、航空保障区、商贸文化、科研总部、驻场办公、保税物流、物流服务、综合物流	物流商贸型
15	温州临空经济区	轨道交通产业、智能化数字化交通产业、通用航空先进制造、航空物流、跨境电商	物流商贸+航空制造
16	舟山临空经济区	航空高端研发制造、航空金融、零配件保税物流等航空服务业	航空制造业驱动型
17	合肥空港经济示范区	电子信息产业、汽车高端零部件研发制造产业、航空物流、保税物流、流通加工、航空运输保障业、临空高新技术产业、高端商贸休闲业、潜力产业、临空生产性服务业、通用航空产业、临空现代农业	物流商贸型
18	芜湖空港经济区	汽车及零部件、材料、电子电器、电线电缆、工业机器人及智能装备、新能源汽车、通用航空、微电子、电子商务、文化创意、现代物流、共享经济	物流商贸+航空制造
19	长沙临空经济示范区	航空物流、跨境电商、海鲜产业、进口药品产业、工业品国内分拨、进出口商品展示交易	物流商贸型
20	南昌临空经济区	新型电子信息、航空运输物流、生物医药、装备制造和现代服务产业	物流商贸型

续表

序号	航空经济区	主导产业	发展模式
21	福州临空经济区	飞机制造、商贸、机械装备、不锈钢产业、生物医药、电子信息、航空物流	物流商贸+航空制造
22	厦门临空经济区	航空物流、航空维修、总部经济、航空金融、旅游、文化、休闲经济、电子信息、数控	物流商贸+航空制造+旅游休闲
23	广州临空经济示范区	国际客货运输、航空维修、航空用户支援、航空租赁、航空总部、国际商贸商业、空港现代物流、航空制造、生物医药、先进装备制造、未来科技、空间信息技术	综合枢纽导向型
24	珠海空港经济区	通用航空制造、通用航空及公务机运营与配套服务、以通航维修为核心的维修、通航零部件、航材销售配送、航空航天博览娱乐、航空科研教育、配套航空产品制造、保税仓储物流	航空制造业驱动型
25	深圳临空经济区	航空物流、商贸、技术创新	物流商贸型
26	揭阳临空经济区	高科技产业、高端装备制造、仓储物流、商务休闲	物流商贸型
27	海口临空经济区	通航产业中心、航空培训与维修基地、空港商贸、旅游休闲	物流商贸+旅游、观光和休闲型
28	琼海博鳌国际机场临空经济区	游客服务、奢侈品展览展销、旅游商品配送、旅游文化娱乐、航空设备制造、维修、电子信息高端制造业	旅游、观光和休闲型
29	桂林临空经济区	航空运输和物流服务、空港商务和商贸服务、航空维修制造及服务、运动休闲旅游、观光农业和生态旅游、高端装备制造、高新技术产业、电子信息和生产性服务业	旅游、观光和休闲型
30	南宁空港经济区	临空物流、加工制造、临空高新技术以及特色农业、旅游休闲	物流商贸+旅游、观光和休闲型
31	哈尔滨空港经济区	航空物流业、电子信息、飞机配件制造、会展服务	航空制造业驱动型
32	沈阳空港经济区	物流商贸、会展商务、旅游休闲、物流配套加工和都市型现代农业、临空型总部经济、休闲商务、创意产业、高档商业等现代服务业	物流商贸+旅游、观光和休闲型
33	长春空港经济区	总部经济、空港物流、旅游、高端商住、现代服务业、现代农业	物流商贸+旅游、观光和休闲型
34	延吉国际空港经济开发区	跨境电商、物流园区、对外进出口加工、航空运输业、高端制造业和现代服务业	物流商贸型
35	呼和浩特空港经济区	现代物流、临空产业、总部经济、综合保税产业、仓储配送、科教服务	物流商贸型

续表

序号	航空经济区	主导产业	发展模式
36	鄂尔多斯临空经济区	跨境电商、大数据、影视版权等文化产业、飞机维修、航空培训、航空旅游	物流商贸型
37	西安临空经济示范区	航空物流、总部经济、航空维修、文化创意	物流商贸+航空制造业驱动型
38	榆林临空经济区	机场配套服务、航空货运、航空物流、综合物流、保税区、通用航空、能源科技研发、能源金融、能源信息咨询、能源交易、商务会展、居住、文化体育、教育医疗、购物消费	物流商贸型
39	延安临空经济区	保税航油业务、农产品的深度加工制造	区域资源环境导向型
40	西宁临空经济区	新能源、新材料、电子、高原生物、农副产品深加工、轻纺、高新技术产业、金融商贸、教育科研、现代物流	区域资源环境导向型
41	银川临空经济区	通用航空器制造、组装产业和维修、通用航空运营服务	航空制造业驱动型
41	兰州临空经济区	休闲旅游业、临空配套服务业、现代物流产业	物流商贸+旅游、观光和休闲型
43	乌鲁木齐临空经济区	商贸物流、文化科教、区域金融、医疗服务	物流商贸型
44	喀什临空经济区	航空物流、临空特色旅游、临空高科技、临空高端商贸、临空会展	物流商贸型
45	太原机场临空经济产业区	航空运输业（客运、货运）、民航综合服务业、传统制造业、物流配送、航空餐饮、航空培训、住宅开发和高新技术产业	物流商贸型
46	郑州航空港经济综合实验区	航空物流业国际中转物流、航空快递物流、特色产品物流为重点，完善分拨转运、仓储配送、交易展示、加工、信息服务、高端制造业航空设备制造及维修、电子信息、生物医药为重点，建设精密机械产品生产基地，规模化发展终端、高端产品，推动周边地区积极发展汽车电子、冷鲜食品、鲜切花、现代服务业专业会展、电子商务、航空金融、科研发、高端商贸、总部经济	物流商贸型
47	武汉临空经济区	航空运输、物流、飞机维修保养、珠宝时尚产业、新能源产业、生物制药产业、装备制造产业、总部经济	物流商贸型
48	孝感临空经济区	新能源、新材料、现代服务业、高新技术、航空航天、现代农业	物流商贸型

续表

序号	航空经济区	主导产业	发展模式
49	鄂州临空经济区	现代物流、配送产业、发展航空服务、电子商务、高端居住、酒店、综合商贸、休闲体验、科普教育、创意文化与生态养生	航空物流型
50	三峡临空经济区	通航产业、航空旅游产业和金融产业、临空现代服务业、临空制造业	区域资源环境导向型
51	成都临空经济示范区	航空制造、电子信息、新能源、生物医药、航空枢纽服务、航空物流、航空维修、口岸贸易	综合枢纽导向型
52	绵阳临空经济区	通航产业、航空旅游业、高新技术、会展经济、现代物流业、现代服务业	区域资源环境导向型
53	资阳临空经济区	高端诊疗设备、数字化家庭诊疗、保健设备、轨道交通、通信与网络设备、电子元器件、集成电路、系统集成、智能仪器、航空展示、航空文化、康养度假、临空商务、高端品牌商业、总部经济	综合枢纽导向型
54	重庆临空经济示范区	商贸物流、飞机维修、飞机托管服务、机场小型会展、总部经济	物流商贸型
55	遵义新舟机场临空经济区	航空物流、通航旅游	区域资源环境导向型
56	贵阳临空经济示范区	电子信息产业、生物医药产业、航空食品产业、精密仪器产业、飞机零部件制造产业、电子信息产业、新能源汽车产业、新材料产业和科教研发、康体养生、休闲旅游、生态养老、会议度假	区域资源环境导向型
57	昆明空港经济区	培育航空服务、商贸会展、综合保税、现代物流、电子信息、生物医药、临空制造等产业、金融保险	旅游、观光和休闲型
58	丽江空港经济区	临空加工、临空物流、商务会展、综合服务业	区域资源环境导向型
59	拉萨市空港新区	现代农业	区域资源环境导向型

第三章

中国航空经济发展指数体系

推动中国航空经济发展不仅需要有明确的发展思路、精准的经济政策和灵活的宏观调控，更需要建立与中国航空经济发展相配套的指标统计与监测体系。建立可以对我国航空经济区发展状况进行科学合理、可量化评价的指标体系，可以全面把握我国航空经济发展的状态、程度及趋势，准确评价我国临空经济的发展水平和发展阶段，这不仅对上级部门的区域管理工作有着重要参考价值，对我国航空经济区本身的发展也有着积极的指导意义。

第一节 中国航空经济发展指数的构建思路与选取原则

一 中国航空经济发展指数的构建思路

评价中国航空经济发展指数的目的主要看是否坚持质量第一、效益优先的要求和标准。中国航空经济发展指数的核心是提高全要素生产率，基本路径是推动三大变革，根本要求是建立现代化经济体系，目的是满足人民的美好生活需要。

建立推动中国航空经济发展指数的指标体系的前提是必须全面准确把握中国航空经济指数的深刻内涵。中国航空经济发展指数的内涵主要包括六个方面：一是考察航空经济区是否贯彻新发展理念；二是考察航空经济区是否是坚持质量第一、效益优先，迈向现代化经济体系的发展；三是考察航空经济区是否是质量变革、效率变革、动力变革有成效的发展；四是考察航空经济区供给体系和产业结构是否迈向中高端；五是考察航空经济区国民经济创新力和竞争力是否显著增强；六是考察航空经济区的发展是否能够很好地满足人民日益增长的美好生活需要。

为了更加全面客观地评价各国家级航空经济区的发展状况，发现航空经济示范区在发展过程中的优势与不足，国家发改委综合运输研究所、航空经济发展河南省协同创新中心、中国航空国际建设投资有限公司、中国城市临空经济研究中心组织产业规划、城市规划、技术经济、统计等多领域、多学科的专业人员，开展了临空经济发展指数的编制工作。指数编制主要包含理论分析、指标体系、实证研究三个阶段，具体的技术路线如图3－1所示。

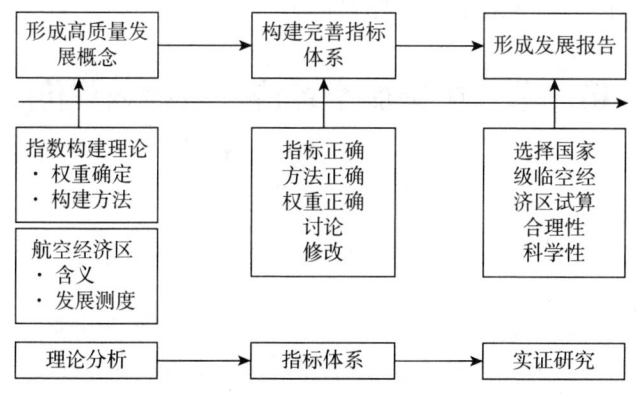

图3－1　综合指数构建技术路线图

二　中国航空经济区发展指数评价指标的选取原则

其一是科学性原则。指标体系设计应发挥导向、引领作用，能客观、准确和全面地反映中国航空经济指数的基本要求和战略需要，突出影响中国航空经济指数的主要矛盾和关键问题，各指标之间既相互独立又彼此联系。

其二是可量化性原则。指标选择应具有针对性和代表性，处理好质量和数量、规模和内涵等一系列矛盾关系，同时兼顾数据的可统计性、可比较性，以便形成统一的评价标准和测评体系。

其三是动态性原则。指标设置过程应保持动态性和开放性，根据我国航空经济指数的阶段特征以及各地区发展的新情况、新趋势，需要不断对其进行补充、完善和修订。

其四是针对性原则。选取的指标应具有较强的公认性和针对性，具有较为完备的统计制度保障，使数据获取具有较好的延续性、可操作性。同时，坚持可比性和简洁性原则，便于与全国、兄弟省份相比较。指标获取应注重评价共识和降低成本的原则，选择一些成熟的指标数据，不应过于烦琐，以免给统计造成过多麻烦。

其五是系统性原则。航空经济发展是系统性工程，涉及经济、社会、文化、生态等多个层面、多个领域，指标体系必须符合全面性、系统性、协调性、普遍性的要求，全方位体现航空经济发展的内涵，促进中央和省委、省政府的重大决策部署在实验区落地见效，确保推动航空经济发展的各项工作协调有序、相互促进、相得益彰。

第二节　中国航空经济发展指数评价指标体系

一　航空经济发展指数评价指标体系框架

本书充分借鉴了前人对高质量发展指数、创新发展指数、整体发展指数等较为成熟的研究，并结合航空经济发展过程中存在的一些特点，构建了航空经济区综合发展指数体系。

航空经济区综合发展评价是既有系统性又有复杂性和组织结构性的综合过程。依据中国航空经济区发展的内涵，中国航空经济区综合发展指数的总体评价指标体系不仅反映航空经济区的基础动力，还反映了所在腹地的经济发展质量、发展潜力、绿色发展、民生发展等，此外将体制机制创新也纳入考量范围，多维度、全方面地考量发展质量或效果。最终综合发展指数评价指标体系包括枢纽带动指数（B_1）、腹地经济及空间带动指数（B_2）、新动能指数（B_3）、国际开放指数（B_4）、体制机制创新指数（B_5）、协调性发展指数（B_6）、绿色发展指数（B_7）和民生发展指数（B_8）共8个一级分类指数，18个二级分类指数，51个具体评价指标（见表3-1）。其基本框架结构见图3-2。

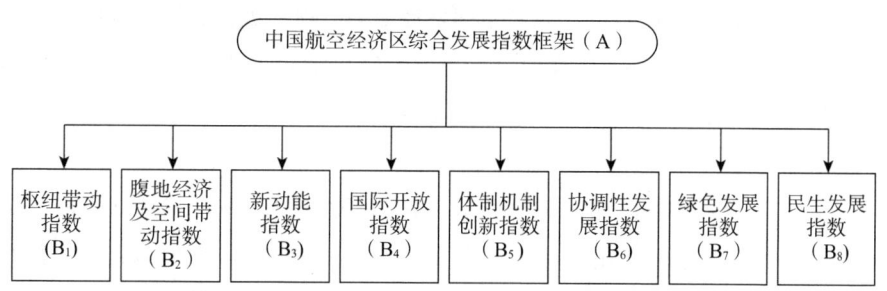

图 3-2 中国航空经济区发展评价指标体系框架

二 中国航空经济区发展指标体系主要内容

如上部分所述，本书构建的航空经济区综合发展指数体系包括枢纽带动指数（B_1）、腹地经济及空间带动指数（B_2）、新动能指数（B_3）、国际开放指数（B_4）、体制机制创新指数（B_5）、协调性发展指数（B_6）、绿色发展指数（B_7）和民生发展指数（B_8）共8个一级指数、18个二级指数、51个具体评价指标。指标体系的具体选择及解释如下。

1. 枢纽带动指数（B_1）

枢纽带动指数为构成航空经济区综合发展指数的一级分类指数，是反映航空经济区发展基础的指标，主要指围绕机场为核心的综合交通枢纽对航空经济区的人流、物流的带动作用，具体由航空枢纽（机场）发展和综合枢纽（依托城市）两个二级分类指数构成。

（1）航空枢纽（机场）发展（C_{11}）：主要选择与作为临空经济区核心的机场直接相关的具体评价指标，包括机场旅客吞吐量（万人）、机场货邮吞吐量（万吨）、飞机起降架次（万次）、国际航线数量（条）、通行国际城市数量（个）、运营航空公司数量（个）、机场跑道数量（条）。

（2）综合枢纽（依托城市）（C_{12}）：主要选择临空经济区所依托的城市与机场以及综合运输相关的具体指标，包括城市机场轨道连接数量、铁路客运量（万人）、铁路货运量（万吨）、公路旅客周转量（亿人公里）、公路货物周转量（亿吨公里）。

2. 腹地经济及空间带动指数（B_2）

腹地经济及空间带动指数指临空经济区以及所依托城市的社会经济发展核心指标构成，代表临空经济区的未来发展潜力，具体由腹地经济（依托城市)、市场发展(依托城市)以及空间发展潜力三项二级分类指数构成。

(1) 腹地经济(依托城市)(C_{21}):选择最能代表依托城市经济发展总体规模水平的地区生产总值(亿元)、固定资产投资(亿元)两项具体评价指标。

(2) 市场发展(依托城市)(C_{22}):依托城市的市场规模是临空经济区核心产业——航空物流业的决定性指标,因此,选择反映依托城市的社会消费品零售总额(亿元)、批发和零售业销售增加值(亿元)两项指标代表市场规模。

(3) 空间发展潜力(C_{23}):临空经济区发展除了依托城市因素外,最直接的影响因素就是临空经济区自身的发展潜力,选择示范区规划面积(平方公里)、示范区规划人口数量(万人)两项指标代表空间发展潜力。

3. 新动能指数(B_3)

当前国内外区域社会经济发展已经进入创新驱动发展阶段,临空经济区作为凝聚高科技、高产出、高附加值和高扩散效应的创新引领型区域经济模式,高质量发展新动能主要由科技和人才(依托城市)、生产率以及航空关联产业发展目标三项二级分类指数构成,具体的评价指标如下。

(1) 科技和人才(依托城市)(C_{31}):依托城市的科技和人才是临空经济区创新发展的基础,选择高新技术企业数量(个)、R&D人员全时当量(万人年)、专利授权数量(项)、在校大学生数量(万人)作为具体评价指标。

(2) 生产率(C_{32}):创新发展的结果必然是生产率的改进和提高,因此,可以用生产率指标衡量创新发展的水平。具体评价指标选择全员劳动生产率(万元/人)、万元GDP能耗(吨标准煤)。

(3) 航空关联产业发展目标(C_{33}):临空经济区创新发展的核心在于产业发展,特别是与航空关联的产业的发展。根据实际中我国临空经济区目前发展的现状以及数据的可得性,选择高技术产业产值(万元)、现代服务业产值(万元)两项指标代表航空关联产业发展目标。

4. 国际开放指数(B_4)

在社会经济全球化的当下,区域经济发展离不开对外交流,特别是国际的交流合作。临空经济区作为对外开放经济的窗口,国际开放指数主要反映其国际开放度。由对外开放支撑力和社会国际化程度两项二级分类指数构成,具体评价指标主要包括以下几种。

(1) 对外开放支撑力（C_{41}）：选择货物进出口总额（百万美元）、高新技术产品出口额占出口总额的比重（%）、实际利用外资额（万美元）、旅游外汇收入（万美元）衡量对外开放的支撑力。

(2) 社会国际化程度（C_{42}）：选择年入境人数占本地人口的比重（%）、使领馆数量（个）、年入境国外旅客数量（人）、年举办展会次数（次）衡量社会国际化程度。

5. 体制机制创新指数（B_5）

创新不仅仅体现为技术创新,管理创新、制度创新也是创新的主要表现,特别是对当前我国这样一个处于经济转型、改革开放深化阶段的新兴市场大国,体制机制创新也是当前我国社会经济发展创新的核心动力。体制机制创新指数主要反映临空经济示范区作为体制机制创新的一个高地,同时也是政府职能创新对区域经济发展的支撑作用的反映。由创新体制机制和创新营商环境两项二级分类指数构成,具体评价指标如下。

(1) 创新体制机制（C_{51}）：体制机制是结合我国临空经济区发展的实践,选择临空经济区批复层级（国务院批复、省部级批复还是市局级批复等）、临空经济区管委会级别两个具体评价指标。

(2) 创新营商环境（C_{52}）：营商环境是影响临空经济区企业经营的直接因素,选择最能反映临空经济区经营环境的通关效率、一类口岸数（个）、机场航权三个具体评价指标。

6. 协调性发展指数（B_6）

区域社会经济系统的稳定可持续发展离不开各子系统的协调,产业协调是当前我国临空经济区协调性发展的主要内容,结合临空经济区的产业特征,选用产业结构协调性指标和贸易结构协调性指标两项二级分类指数衡量临空经济区的协同发展水平,具体如下。

(1) 产业结构协调性（C_{61}）：主要选择二、三产业产值比（%）,高新技术产业占 GDP 的比重（%）、现代服务业占第三产业产值的比重（%）、百亿产业链数量（个）作为具体评价指标。

(2) 贸易结构协调性（C_{62}）：进出口贸易既是临空经济区作为对外开放的反映,又是临空经济区核心产业之一物流业发展的直接反映,根据当前国际贸易现状以及数据的可得性,选择航空经济区进出口比(%)作为评价指标。

7. 绿色发展指数(B_7)

生态环境是制约区域社会经济可持续发展的外部环境因素,也是区域间竞争的主要方面。绿色发展是应对生态环境变化而提出的发展策略。对于临空经济区来说,绿色发展指数反映其执行绿色发展战略的成果和水平。结合我国发展实际,具体从临空经济区生态环境和绿色机场建设两个二级分项指数进行评价,具体评价指标如下。

(1) 生态环境(C_{71}):考虑到数据的可得性,选择森林覆盖率(%)、空气质量综合指数两个具体评价指标代表生态环境。

(2) 绿色机场建设(C_{72}):绿色机场建设是我国执行绿色发展理念在临空经济区发展的体现,按照目前各临空经济区发展的实际,选择是否实施绿色机场建设规划这个具体评价指标代表绿色机场建设。

8. 民生发展指数(B_8)

区域社会经济发展最终体现为人的发展,在当下我国社会经济实践中具体体现为民生发展。民生发展指数主要由临空经济区居民生活水平和公共服务两个二级分类指数反映,具体评价指标如下。

(1) 居民生活水平(C_{81}):选择最能直接反映居民生活水平的人均可支配收入(元)、人均住房建筑面积(平方米)两项指标作为代表。

(2) 公共服务(C_{82}):选择养老保险覆盖率(%)、教育经费占GDP的比重(%)两项具体指标衡量各临空经济区公共服务发展水平。

综上所述,本书所建立的中国临空经济区综合发展指数评价指标体系如表3-1所示。

表3-1 航空经济区综合发展指数评价指标体系

总指数	一级指数	二级指数	具体评价指标	单位
航空经济区综合发展指数	枢纽带动指数(B_1)	航空枢纽(机场)发展(C_{11})	机场旅客吞吐量(D_{111})	万人
			机场货邮吞吐量(D_{112})	万吨
			飞机起降架次(D_{113})	万次
			国际航线数量(D_{114})	条
			通行国际城市数量(D_{115})	个

续表

总指数	一级指数	二级指数	具体评价指标	单位
航空经济区综合发展指数	枢纽带动指数（B_1）	航空枢纽（机场）发展（C_{11}）	运营航空公司数量（D_{116}）	个
			机场跑道数量（D_{117}）	条
		综合枢纽（依托城市）（C_{12}）	城市机场轨道连接数量（D_{121}）	条
			铁路客运量（D_{122}）	万人
			铁路货运量（D_{123}）	万吨
			公路旅客周转量（D_{124}）	亿人公里
			公路货物周转量（D_{125}）	亿吨公里
	腹地经济及空间带动指数（B_2）	腹地经济（依托城市）（C_{21}）	地区生产总值（D_{211}）	亿元
			固定资产投资（D_{212}）	亿元
		市场发展（依托城市）（C_{22}）	社会消费品零售总额（D_{221}）	亿元
			批发和零售业增加值（D_{222}）	亿元
		空间发展潜力（C_{23}）	示范区规划面积（D_{231}）	平方公里
			示范区规划人口数量（D_{232}）	万人
	新动能指数（B_3）	科技和人才（依托城市）（C_{31}）	高新技术企业数量（D_{311}）	个
			R&D人员全时当量（D_{312}）	人年
			专利授权数量（D_{313}）	项
			在校大学生数量（D_{314}）	万人
		生产率（C_{32}）	全员劳动生产率（D_{321}）	万元/人
			万元GDP能耗（D_{322}）	吨标准煤
		航空关联产业发展目标（C_{33}）	高技术产业产值（D_{331}）	万元
			现代服务业产值（D_{332}）	万元
	国际开放指数（B_4）	对外开放支撑力（C_{41}）	货物进出口总额（D_{411}）	百万美元
			高新技术产品出口额占出口总额的比重（D_{412}）	%
			实际利用外资额（D_{413}）	万美元
			旅游外汇收入（D_{414}）	万美元
		社会国际化程度（C_{42}）	年入境人数占本地人口的比重（D_{421}）	%
			年入境国外旅客数量（D_{422}）	人
			使领馆数量（D_{423}）	个
			年举办展会次数（D_{424}）	次

续表

总指数	一级指数	二级指数	具体评价指标	单位
航空经济区综合发展指数	体制机制创新指数（B_5）	创新体制机制（C_{51}）	临空经济区批复层级（D_{511}）	级别打分
			临空经济区管委会级别（D_{512}）	级别打分
		创新营商环境（C_{52}）	通关效率（D_{521}）	
			一类口岸数（D_{522}）	个
			机场航权（D_{523}）	
	协调性发展指数（B_6）	产业结构协调性（C_{61}）	二、三产业产值比（D_{611}）	
			高技术产业占GDP的比重（D_{612}）	%
			现代服务业占第三产业产值的比重（D_{613}）	%
			百亿产业链数量（D_{614}）	个
		贸易结构协调性（C_{62}）	临空经济区进出口比（D_{621}）	%
	绿色发展指数（B_7）	生态环境（C_{71}）	森林覆盖率（D_{711}）	%
			空气质量综合指数（D_{712}）	
		绿色机场建设（C_{72}）	是否实施绿色机场建设规划（D_{721}）	
	民生发展指数（B_8）	居民生活水平（C_{81}）	人均可支配收入（D_{811}）	元
			人均住房建筑面积（D_{812}）	平方米
		公共服务（C_{82}）	养老保险覆盖率（D_{821}）	%
			教育经费占GDP的比重（D_{822}）	%

第三节 中国航空经济区发展指数评价体系构建过程

航空经济区发展指数本质上是一种综合评价，而综合评价一直以来都是国内外应用研究的重点和热点。作为综合评价，在建立评价指标之后，确定指标权重与选择合适的评价模型是评价体系的核心部分。

一 中国航空经济区发展指数评价模型

所谓评价模型，即要获得对 n 个被评价对象的评价结果（评价指数），如果已知 n 个状态向量（即 n 组观测值）$x^{(i)} = (x_{i1}, x_{i2}, \cdots, x_{im})^T$（$i = 1, 2, \cdots, n$），则可根据 m 个评价指标的实际影响作用，确定相应的权重向量

$w = (w_1, w_2, \cdots, w_m)^T$，并构造综合评价函数：

$$y = f(w, x)$$

根据本研究的目的和特征，选择线性加权综合法评价模型，即用线性加权函数：

$$y = \sum_{i=1}^{p} w_i x_i$$

作为综合评价模型，对 n 个被评价对象进行综合评价。

其中，y 表示临空经济区发展总指数，x_i 为参与评价的第 i 项指标，w_i 为第 i 项指标的权重，p 为评价指标个数。

二 中国航空经济区发展指数指标体系权重确定方法

确定了评价模型后，构造综合评价指数的核心就是确定权重，权重的选择将直接影响到评价结果。目前，权重的确定方法可以分为主观赋权法如德尔斐法、AHP法和客观赋权法如变异系数法、多元统计方法（如主成分法、因子分析法等）、熵值法等。对于权重确定方法的选择并没有绝对的标准。综合评价是一种考虑多个因素的对研究对象的整体评价，评价本身就带有主观性，其评价标准会因为相关理论或评价者认识的不同或发展而改变。同时，纯粹数学方法的客观赋权法的赋权依据是指标的数字表现而不考虑指标的实际意义，这有可能产生如同回归分析中的"伪回归现象"一般的效应，从而失去赋权的意义。在航空经济区发展指数指标体系中，航空经济区发展指数是一个多级多层次的体系，我们将航空经济区发展指数分为八个方面，这可以说是理论研究的结果，带有"主观性"。这八个方面（一级分项指数）又由中层指标（二级分项指数）和最基层指标（具体评价指标）构成。考虑到指标体系的分层以及综合评价本身就具有主观性这一特点，我们在实证研究中将主观确定权重方法和客观确定权重方法相结合。具体地，由于二级分项指数是由具体的实际评价指标直接构成的，二级分项指数评价选择客观的主成分法赋权；而一级分项指数以及综合发展总指数分别是由二级分项指数和一级分项指数构成，因此选择主观赋权法的 AHP 法确定权重。

1. 主成分法确定航空经济区发展指数的各分项指数权重的基本原理和步骤

航空经济区发展指数的各二级指标分别表示航空经济区发展指数这个综合概念的各分项指数,而这些二级指标最终又是由具体的基层评价指标组成。这些指标对航空经济区发展指数分项指数的说明程度和方向各不相同,但彼此间存在一定的相关性。如果直接把这些指标纳入综合指数法的评价公式,将会因为它们之间的相关性使得在信息上发生重叠,从而导致评估结果模糊,甚至产生矛盾。主成分法就是基于这些指标之间的相关性,利用线性变换将它们重新组合成互不相关的几个综合性指标,并且使这几个指标能尽量多地反映原指标所包含的信息,在构造综合指数时用这几个综合指标代替原始指标,从而达到简化数据和揭示变量间关系的目的。

用主成分法对航空经济区发展指数分项发展指数确定权重的主要步骤如下。

(1) 数据处理。数据处理作为综合评价的第一步主要是将原始指标数据化为可用于计算综合指数的相对数据,包括评价指标同趋势化处理(即将逆指标或者适度指标转化为正指标),以及指标的标准化处理(也就是消除指标单位和量纲的影响,将指标数据转化为相对指标)。假设将原始指标 X_i 处理后的指标为 X_i^*。

(2) 计算原始指标的相关矩阵 R 以及 R 的 p 个特征值:$\lambda_1 \geq \lambda_2 \geq \cdots \geq \lambda_p \geq 0$ 和相应的特征向量 $u_i = (u_{i1}, u_{i2}, \cdots, u_{ip})'$,$i = 1, 2, \cdots, p$。

(3) 计算方差贡献率 $\alpha_i = \lambda_i / \sum_{k=1}^{p} \lambda_k$,当累计贡献率 $\sum_{i=1}^{m} \alpha_i$ 达到一定的数值(一般取 $\geq 85\%$)时,取 m 个主成分:

$$f_i = u_i' X = u_{i1} X_1^* + u_{i2} X_2^* + \cdots + u_{ip} X_p^*, i = 1, 2, \cdots, m。$$

(4) 临空经济区发展指数各基层评价指标权重向量 W 的确定:

$$W = (W_1, W_2, \cdots, W_p)' = U\Lambda = (u_1, u_2, \cdots, u_m)_{p \times m} \begin{pmatrix} a_1 \\ a_2 \\ \vdots \\ a_m \end{pmatrix}_{m \times 1}$$

为保证各指标权重之和为 1,对 W 进行归一化处理即可得最终的各指标评价权重。

2. AHP法构造航空经济区发展指数总指数

AHP法（Analytic Hierarehy Process，层次分析法）是20世纪70年代由著名运筹学家、美国匹茨堡大学教授萨蒂（Thomas L. Saaty）提出的一种将定性分析与定量分析相结合的层次权重决策分析方法。其基本原理是把一个复杂问题中的各个指标通过划分相互之间的关系使其分解为若干个有序层次，一般分为目标层、准则层和指标层等几个基本层次，每一层次中的元素具有大致相等的地位，并且每一层与上一层次和下一层次有一定的联系，层次之间按隶属关系建立起一个有序的递阶层次模型。

AHP法确定航空经济区发展指数总指数中各分项指数权重的步骤如下。

（1）选择航空经济区发展指数评价问题的相关专家，请他们对各分项指数进行两两比较，按相互之间重要性之比构造出判断矩阵 $C = (c_{i,j})_{8 \times 8}$，其中 $c_{i,j}$ 表示第 i 个分项指数与第 j 个分项指数相比的重要性赋值。具体如表 3–2 所示。

表 3–2　判断矩阵中各元素的确定

$c_{i,j}$	两指标相比	解释
1	同等重要	指标 i 和 j 同样重要
3	稍微重要	指标 i 比 j 略微重要
5	明显重要	指标 i 比 j 重要
7	重要得多	指标 i 比 j 明显重要
9	极端重要	指标 i 比 j 绝对重要
2、4、6、8	介于两相邻重要程度间	
以上各数的倒数	两目标反过来比较	

（2）将判断矩阵 C 的各个行向量进行几何平均，然后归一化，得到的列向量就是权重向量。其公式为：

$$\omega_i = \frac{\left(\prod_{j=1}^{8} c_{ij}\right)^{\frac{1}{8}}}{\sum_{k=1}^{8}\left(\prod_{j=1}^{8} c_{kj}\right)^{\frac{1}{8}}}, i = 1, 2, \cdots, 8$$

（3）计算判断矩阵的最大特征根。

$$\lambda_{\max} = \sum_{i=1}^{8} \frac{(CW)_i}{8\omega_i} = \frac{1}{8}\sum_{i=1}^{8} \frac{\sum_{j=1}^{8} c_{ij}\omega_j}{\omega_i}$$

(4) 进行一致性检验。

①计算一致性指标 C.I.

$$C.I. = \frac{\lambda_{\max} - m}{m - 1}$$

②查找相应的平均随机一致性指标 R.I.（random index）

表 3-3 给出了 1~15 阶正互反矩阵计算 1000 次得到的平均随机一致性指标。

表 3-3 平均随机一致性指标 R.I.

矩阵阶数	1	2	3	4	5	6	7	8
R.I.	0	0	0.52	0.89	1.12	1.26	1.36	1.41
矩阵阶数	9	10	11	12	13	14	15	
R.I.	1.46	1.49	1.52	1.54	1.56	1.58	1.59	

③计算性一致性比例 C.R.（consistency ratio）

$$C.R. = \frac{C.I.}{R.I.}$$

当 C.R. <0.1 时，认为判断矩阵的一致性是可以接受的；当 C.R. ≥ 0.1 时，应该对判断矩阵做适当修正。

三 中国航空经济区发展指数评价体系构建过程

根据上文确定航空经济区发展指数评价体系指标权重的方法，下面以第一个一级分项指数——枢纽带动指数（B_1）的计算过程为例说明评价体系的构建过程。

1. 航空枢纽（机场）指数（C_{11}）与综合枢纽（依托城市）指数（C_{12}）的计算

（1）航空枢纽（机场）指数（C_{11}）评价指标权重的确定。

航空枢纽（机场）指数（C_{11}）由机场旅客吞吐量（D_{111}）、机场货邮吐吞量（D_{112}）、飞机起降架次（D_{113}）、国际航线数量（D_{114}）、通行国际城市数量（D_{115}）、运营航空公司数量（D_{116}）和机场跑道数量（D_{117}）七个基层指标组成。基层指标对航空枢纽（机场）指数（C_{11}）评价权重按上述主成分法赋权过程确定如下。

运用 Stata15.0 软件对 D_{111} - D_{117} 七个指标做主成分分析，得到主成分方差贡献率，见表3-4。

表3-4 主成分方差贡献率

主成分	F1	F2	F3	F4	F5	F6	F7
特征根	5.0300	0.7811	0.6620	0.3846	0.1019	0.0212	0.0192
贡献率（%）	71.86	11.16	9.46	5.49	1.46	0.30	0.27
累计贡献率（%）	71.86	83.02	92.47	97.97	99.42	99.73	100

由方差贡献率可知，提取前三个主成分，累计贡献率超过85%、达到92.48%，可以代表原始指标92.48%的信息。因此，对前三个主成分对应的特征向量进行计算（见表3-5）。

表3-5 前三个主成分的特征向量

主成分	D_{111}	D_{112}	D_{113}	D_{114}	D_{115}	D_{116}	D_{117}
F1	0.4294	0.4044	0.4247	0.3459	0.3853	0.3461	0.2895
F2	-0.1626	-0.2028	-0.1869	0.6732	0.5046	-0.3135	-0.3025
F3	-0.0448	-0.3377	-0.0181	0.1545	-0.0572	-0.3388	0.8612

由上述主成分赋权步骤可得航空枢纽（机场）指数（C_{11}）评价指标权重向量 W：

$$W = (W_1, W_2, \cdots, W_p)' = U\Lambda = (u_1, u_2, \cdots, u_m)_{p \times m} \begin{pmatrix} a_1 \\ a_2 \\ \vdots \\ a_m \end{pmatrix}_{m \times 1}$$

$$= (W_1, W_2, \cdots, W_7)' = U\Lambda = (u_1, u_2, \cdots, u_3)_{7 \times 3} \begin{pmatrix} a_1 \\ a_2 \\ a_3 \end{pmatrix}_{m \times 1}$$

$$= \begin{pmatrix} 0.4294 & -0.1626 & -0.0448 \\ 0.4044 & -0.2028 & -0.3377 \\ 0.4247 & -0.1869 & -0.0181 \\ 0.3459 & 0.6732 & 0.1545 \\ 0.3853 & 0.5046 & -0.0572 \\ 0.3461 & -0.3135 & -0.3388 \\ 0.2895 & -0.3025 & 0.8612 \end{pmatrix} \begin{pmatrix} 0.7771 \\ 0.1206 \\ 0.1023 \end{pmatrix} = \begin{pmatrix} 0.3738 \\ 0.3845 \\ 0.3356 \\ 0.2838 \\ 0.1989 \\ 0.1841 \\ 0.1799 \end{pmatrix}$$

对 W 进行归一化处理可得最终的评价权重向量 W^*：

$$W^* = \begin{pmatrix} 0.193 \\ 0.198 \\ 0.173 \\ 0.146 \\ 0.102 \\ 0.095 \\ 0.093 \end{pmatrix}$$

即航空枢纽（机场）指数（C_{11}）为：

$C_{11} = 0.193 \times D_{111} + 0.198 \times D_{112} + 0.173 \times D_{113} + 0.146 \times D_{114} + 0.102 \times D_{115} + 0.095 \times D_{116} + 0.093 \times D_{117}$

（2）航空枢纽（机场）指数（C_{11}）的计算。

上一步用主成分法计算出航空枢纽（机场）指数（C_{11}）的评价指标权重，接下来计算评价指数。考虑到各原始指标数据量纲差异，直接合成指数不合理，需要对原始指标的数据做无量纲化处理。为使评价指数结果易于理解并能够相互对比，采用功效系数法做无量纲化处理。

对于正指标的处理：

$$X_{ij}^* = \frac{X_{ij} - \min_i(X_{ij})}{\max_i(X_{ij}) - \min_i(X_{ij})} \times 60 + 40$$

对于逆指标的处理：

$$X_{ij}^* = \frac{\max_i(X_{ij}) - X_{ij}}{\max_i(X_{ij}) - \min_i(X_{ij})} \times 60 + 40$$

式中 X_{ij} 表示第 i 个临空经济区的第 j 项指标数值，$\max_i(X_{ij})$ 表示所有

临空经济区的第 j 项指标的最大值，$\min_{i}(X_{ij})$ 表示所有临空经济区的第 j 项指标的最小值。

经过处理的数据转化为最大值为 100，最小值为 40，成为无量纲的相对数。因此，航空枢纽（机场）指数（C_{11}）的最终评价得分为：

$C_{11} = 0.193 \times D_{111}^{*} + 0.198 \times D_{112}^{*} + 0.173 \times D_{113}^{*} + 0.146 \times D_{114}^{*} + 0.102 \times D_{115}^{*} + 0.095 \times D_{116}^{*} + 0.093 \times D_{117}^{*}$

上式中带 * 号表示按功效系数法处理后的指标值。

按上述步骤同理可得综合枢纽（依托城市）C_{12} 指数的为：

$C_{12} = 0.337 \times D_{121}^{*} + 0.179 \times D_{122}^{*} + 0.176 \times D_{123}^{*} + 0.165 \times D_{124}^{*} + 0.143 \times D_{125}^{*}$

2. 枢纽带动指数（B_1）的权重及计算：基于 AHP 的枢纽带动指数（B_1）权重计算

枢纽带动指数（B_1）由航空枢纽（机场）指数（C_{11}）和综合枢纽（依托城市）指数（C_{12}）构成，对于这两个二级分项指数在一级分项指数（B_1）中的权重采用 AHP 法确定，具体步骤如下。

（1）判断矩阵的构造。

请相关专家根据临空经济区发展指数中各分项指数之间的重要性，构造两两判断矩阵，再对多位专家对矩阵各元素的评价进行平均，得到最终的判断矩阵。

（2）对判断矩阵用方根法求特征向量 W。

方根法公式：

$$\omega_i = \frac{\left(\prod_{j=1}^{2} c_{ij}\right)^{\frac{1}{2}}}{\sum_{k=1}^{2}\left(\prod_{j=1}^{2} c_{kj}\right)^{\frac{1}{2}}} \quad i = 1,2$$

计算上述判断矩阵的特征向量，结果见表 3-6。

表 3-6 枢纽带动指数（B_1）的分项指数相互重要性的判断矩阵

B_1	C_{11}	C_{12}	特征向量 W	权重向量
C_{11}	1	2	1.4142	0.667
C_{12}	0.50	1	0.7071	0.333

(3) 计算判断矩阵的最大特征根。

$$\lambda_{max} = \sum_{i=1}^{m} \frac{(CW)_i}{m\omega_i} = \frac{1}{m}\sum_{i=1}^{m} \frac{\sum_{j=1}^{m} c_{ij}\omega_j}{\omega_i} = 2$$

(4) 一致性检验。

$$C.I. = \frac{\lambda_{max} - m}{m-1} = 0$$

计算性一致性比例 $C.R.$：

$$C.R. = \frac{C.I.}{R.I.} = 0 < 0.1$$

即所求权重矩阵具有满意的一致性。

所以两个二级分项指数在枢纽带动指数（B_1）的权重为：$\{0.667, 0.333\}$

即航空经济区枢纽带动指数（B_1）：

$$B_1 = 0.667 \times C_{11} + 0.333 \times C_{12}$$

四 中国航空经济区发展指数指标体系权重

本书将主成分法和层次分析法（AHP）相结合确定评价体系中各分项指数以及评价指标权重，在 AHP 法赋权过程中征求发改委、郑州航空港综合实验员管委会相关专家的意见，针对具体标准，构造两两比较判断矩阵，计算各分项指数的权重，具体计算过程如前文所示。其他七个分项指数以及总指数中的权重按上文过程同理计算。最终确定的各级指标权重如表 3-7 所示。

表 3-7 中国航空经济区发展指数指标体系及权重

总指数 A	一级分项指数 B	二级分项指数 C	评价指标 D
航空经济区综合发展指数	枢纽带动指数 B_1（0.234）	航空枢纽（机场）发展 C_{11}（0.667）	机场旅客吞吐量（万人）D_{111}（0.193）
			机场货邮吞吐量（万吨）D_{112}（0.198）
			飞机起降架次（万次）D_{113}（0.173）
			国际航线数量 D_{114}（0.146）

续表

总指数 A	一级分项指数 B	二级分项指数 C	评价指标 D
航空经济区综合发展指数	枢纽带动指数 B_1 (0.234)	航空枢纽（机场）发展 C_{11} (0.667)	通行国际城市数量 D_{115} (0.102)
			运营航空公司数量 D_{116} (0.095)
			机场跑道数量 D_{117} (0.093)
		综合枢纽（依托城市）C_{12} (0.333)	城市机场轨道连接数量 D_{121} (0.337)
			铁路客运量（万人）D_{122} (0.179)
			铁路货运量（万吨）D_{123} (0.176)
			公路旅客周转量（亿人公里）D_{124} (0.165)
			公路货物周转量（亿吨公里）D_{125} (0.143)
	腹地经济及空间带动指数 B_2 (0.186)	腹地经济（依托城市）C_{21} (0.453)	地区生产总值（亿元）D_{211} (0.689)
			固定资产投资额（亿元）D_{212} (0.311)
		市场发展（依托城市）C_{22} (0.172)	社会消费品零售总额（亿元）D_{221} (0.632)
			批发和零售业增加值（亿元）D_{222} (0.368)
		空间发展潜力 C_{23} (0.375)	示范区规划面积（平方公里）D_{231} (0.526)
			示范区规划人口数量（万人）D_{232} (0.474)
	新动能指数 B_3 (0.176)	科技和人才（依托城市）C_{31} (0.356)	高新技术企业数量 D_{311} (0.315)
			R&D 人员全时当量（万人年）D_{312} (0.326)
			专利授权数（项）D_{313} (0.196)
			在校大学生数量（万人）D_{314} (0.163)
		生产率 C_{32} (0.265)	全员劳动生产率（万元/人）D_{321} (0.546)
			万元 GDP 能耗（吨标准煤）D_{322} (0.454)
		航空关联产业发展目标 C_{33} (0.377)	高技术产业产值（万元）D_{331} (0.516)
			现代服务业产值（万元）D_{332} (0.484)
	国际开放指数 B_4 (0.094)	对外开放支撑力 C_{41} (0.626)	货物进出口总额（百万美元）D_{411} (0.311)
			高新技术产品出口占出口总额的比重 D_{412} (0.237)
			实际利用外资额（万美元）D_{413} (0.306)
			旅游外汇收入（万美元）D_{414} (0.146)

续表

总指数 A	一级分项指数 B	二级分项指数 C	评价指标 D
航空经济区综合发展指数	国际开放指数 B_4 (0.094)	社会国际化程度 C_{42} (0.374)	年入境人数占本地人口的比重 D_{421} (0.359)
			使领馆数量 D_{422} (0.357)
			年入境国外常旅客数量 D_{423} (0.153)
			年举办国际展会次数 D_{424} (0.131)
	体制机制创新指数 B_5 (0.175)	创新体制机制 C_{51} (0.547)	临空经济区批复层次 D_{511} (0.563)
			临空经济区管委会级别 D_{512} (0.437)
		创新营商环境 C_{52} (0.453)	通关效率 D_{521} (0.456)
			一类口岸数 D_{522} (0.346)
			机场航权 D_{523} (0.198)
	协调性发展指数 B_6 (0.093)	产业结构协调性 C_{61} (0.783)	二、三产业产值比 D_{611} (0.323)
			高新技术产业占GDP的比重 D_{612} (0.317)
			现代服务业占第三产业产值的比重 D_{613} (0.234)
			百亿产业链数量 D_{614} (0.126)
		贸易结构协调性 C_{62} (0.217)	临空经济区进出口比 D_{621} (1.000)
	绿色发展指数 B_7 (0.024)	生态环境 C_{71} (0.576)	森林覆盖率 D_{711} (0.368)
			空气质量综合指数 D_{712} (0.632)
		绿色机场建设 C_{72} (0.424)	是否实施绿色机场建设规划 D_{721} (1.000)
	民生发展指数 B_8 (0.018)	居民生活水平 C_{81} (0.615)	人均可支配收入（元）D_{811} (0.657)
			人均住房建筑面积（平方米）D_{812} (0.343)
		公共服务 C_{82} (0.385)	养老保险覆盖率 D_{821} (0.413)
			教育经费占GDP的比重 D_{822} (0.587)

注：表中括弧内数字为该指标对上级指标的评价权重。

五 中国航空经济区发展指数样本选择及数据来源

1. 样本选择

本指数中的航空经济区不仅包括已获批的国家级航空经济示范区，同时将2018年旅客吞吐量在1000万人次以上的机场所在的航空经济区纳入研究范围。这些航空经济区有的已有明确的发展规划，具备申报条件，发展较好；有的尚处于培育过程中。从地域范围看，基本上覆盖了除宁夏、青海、西藏外的所有省份，共计 36 个航空经济区。

2. 数据来源

发展指数综合指标分为四大板块，分别为枢纽机场、综合交通体系、临空产业和经济腹地。枢纽机场及综合交通体系的相关数据如客货吞吐量、航线和地理位置等信息均从机场网站以及民航业相关网站获取；临空经济区相关数据来源于各航空港经济区管委会官网和公开资料；经济腹地数据来源于空港经济区所在地的《2018 年国民经济与社会发展统计公报》（详见表 3-8）。

表 3-8 中国航空经济区发展指数数据来源

总指数	一级分类指数	二级分类指数	基层指标数据说明及来源
航空经济区经济发展指数	枢纽带动指数	航空枢纽（机场）发展	民航总局、各机场网站
		综合枢纽（依托城市）	国家统计局、国家铁路局
	腹地经济及空间带动指数	腹地经济（依托城市）	国家统计局
		市场发展（依托城市）	国家统计局
		空间发展潜力	发改委、临空经济区管委会
	新动能指数	科技和人才（依托城市）	国家统计局
		生产率	国家统计局
		航空关联产业发展目标	国家统计局
	国际开放指数	对外开放支撑力	国家统计局
		社会国际化程度	国家统计局
	体制机制创新指数	创新体制机制	地区发改委、民航局调研
		创新营商环境	发改委、临空经济区管委会、民航总局
	协调性发展指数	产业结构协调性	国家统计局
		贸易结构协调性	国家统计局
	绿色发展指数	生态环境	国家统计局
		绿色机场建设	国家统计局、生态环境部
	民生发展指数	居民生活水平	国家统计局
		公共服务	国家统计局

第四章

中国航空经济区发展指数分析

第一节 中国航空经济区发展总指数分析

一 中国航空经济区发展总指数排名

发展指数测定结果显示上海、北京[①]、广州为综合指数排名前三,深圳、成都、杭州等城市紧随其后。从总体上看,总指数得分高于平均分的仅有16个城市,其余20个城市得分均低于平均分,说明这些临空经济区仍有较大的发展空间。排名前19的城市中,有13个城市有获批的国家临空经济示范区(北京两个),而深圳、武汉、天津、昆明、厦门、济南这6个城市以强大的腹地经济支撑在"临空经济区国家队"中抢占了一席之地。透过指数结果,也可捕捉到更多的制约我国各地区航空经济区发展的关键因素。

表4-1为计算得到的2018年中国航空经济区发展的总指数及排名,从得分上看,上海、北京、广州的得分远高于排名第四的深圳;排在后五名的为南昌、兰州、太原、呼和浩特、三亚。从计算结果可以看出,各航空经济区的发展指数与该地区的经济发展规模、质量基本上呈正相关;经济比较

---

① 北京有北京新机场区和首都机场两个临空经济示范区,其中北京新机场临空经济区于2016年3月获批,首都机场临空经济示范区于2019年3月获批。由于截至2019年6月,北京大兴国际机场尚未启用,在本书的临空经济区发展指数的计算过程中,机场的相关指标均以北京首都国际机场为计算对象。

发达的地区,航空经济发展指数排名比较靠前,而经济发展水平相对较低的地区,航空经济发展指数排名相对靠后。这充分说明了腹地经济与航空经济发展的互动关系。除此之外,临空经济区的体制机制也对总指数排名造成了一定的影响,国家级航空经济区的发展总指数排名相对靠前。见图4-1。

表4-1 2018年中国航空经济区发展的总指数及排名

地区	总得分	总排名
上海/浦东、虹桥	84.80	1
北京/首都	80.58	2
广州/白云	75.95	3
深圳/宝安	65.28	4
成都/双流	63.40	5
杭州/萧山	62.72	6
重庆/江北	59.76	7
南京/禄口	58.91	8
郑州/新郑	57.64	9
武汉/天河	57.16	10
长沙/黄花	56.70	11
青岛/流亭	56.56	12
天津/滨海	55.25	13
西安/咸阳	55.10	14
昆明/长水	52.44	15
宁波/栎社	52.21	16
厦门/高崎	51.28	17
济南/遥墙	50.67	18
贵阳/龙洞堡	50.15	19
哈尔滨/太平	49.25	20
福州/长乐	49.25	21
海口/美兰	49.15	22
合肥/新桥	48.62	23
乌鲁木齐/地窝堡	48.37	24
沈阳/桃仙	48.04	25
长春/龙嘉	48.02	26

续表

地区	总得分	总排名
石家庄/正定	47.71	27
温州/龙湾	47.71	28
珠海/金湾	47.59	29
南宁/吴圩	47.15	30
大连/周水子	46.84	31
南昌/昌北	46.29	32
兰州/中川	45.77	33
太原/武宿	45.51	34
呼和浩特/白塔	44.18	35
三亚/凤凰	41.64	36

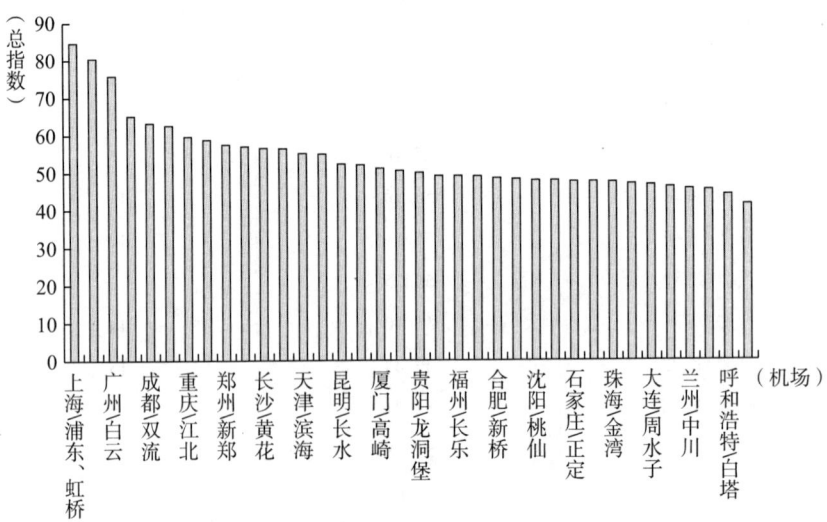

图 4-1 2018 年中国航空经济区发展总指数排名

二 中国航空经济区发展总指数分析

1. 第一集团：一览众山小

根据排序结果，排名前三的为上海浦东和虹桥临空经济示范区、北京首都机场临空经济示范区、广州临空经济示范区，且其得分远高于其他航空经济区。从图 4-2 可以看出，这三个航空经济区的各分项得分较为均衡，已经形成了稳定的机场集群。这三个航空经济区的典型特征是机场发展强劲,腹地经济支撑有力,机场发展与腹地经济形成了良好的互动关系。

从民航机场排名看,上海、北京、广州占据了前三名的位置。上海由于双机场的独特优势,在枢纽带动方面高于其他两个城市。此外,上海在国际开放指数方面表现优于另外两个城市。北京在体制机制创新和新动能指数方面得分高于上海和广州。北京大兴国际机场投入使用后,枢纽带动指数排名可能会对上海形成有力的挑战。

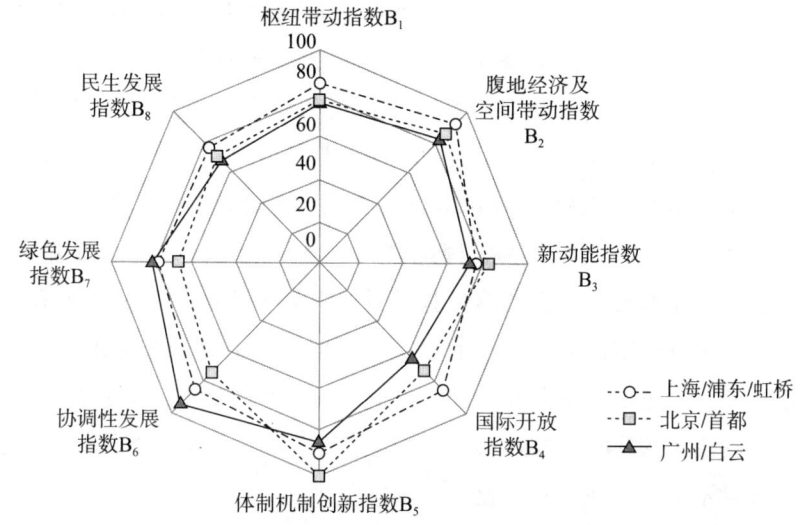

图 4-2　上海、北京、广州各分项指数得分

（1）上海虹桥临空经济示范区。①

上海虹桥临空经济示范区于 2017 年 1 月获国家发改委、民航局批准建立。上海虹桥临空经济示范区是我国华东地区第二个获批的国家级航空经济示范区,依托上海虹桥国际机场,规划范围北起天山西路到苏州河区域,东临淞虹路至外环线区域,南至沪青平公路,西迄七莘路,占地面积为 13.89 平方公里,其中虹桥机场运营作业区占地 7.15 平方公里。从规划上看,未来的上海虹桥临空经济示范区以国际航空枢纽、全球航空企业总部基地、高端航空服务业集聚区、全国公务机运营基地和低碳绿色发展区为

---

① 浦东尚未成为临空经济示范区,所以此处只介绍虹桥临空经济示范区。

发展目标。①

作为中国经济、贸易中心和世界级的国家门户，上海是我国目前唯一一个拥有两大民用机场的城市。浦东、虹桥两个机场又正好位于上海现代服务业发展轴的东西两极，有力地助推了上海这座城市的转型发展。2016年，上海机场年客流量已经超过1亿人次，2018年国际权威航空服务英国顾问评估公司Skytrax评选的2018年全球最佳机场，上海浦东机场排名第18，在国内民航机场中排名第1。在2016、2017、2018三个年度，上海浦东机场旅客吞吐量均排名第2，货邮吞吐量排名第1，起降架次排名第2。由于双机场的独特优势，上海在枢纽带动指数方面的指标数值遥遥领先于北京和广州。2018年，浦东和虹桥两大机场的旅客吞吐量为1.18亿人次，其中浦东机场7400.63万人次，比2017年增长5.7%；完成年货邮吞吐量417.57万吨，其中浦东机场376.86万吨，较上年略微下降0.03万吨。②

此外，上海国际化程度高，国际航线、通行国际城市、运营航空公司的数量远超其他城市。从机场跑道数量看，上海虹桥有2条，浦东有4条，奠定了上海航空经济区航空枢纽的领头羊位置。从上海的综合枢纽位置看，上海市位于我国东部沿海的长江入海口地区，交通网密布，交通发达。2017年上海铁路旅客的周转量排名第3，但铁路货运量、公路旅客周转量、公路货物周转量量级与其他城市相比，并不占优势。

从上海的腹地经济发展看，虹桥临空经济示范区有得天独厚的优势。上海是国际经济中心、金融中心、航运中心、国际贸易中心、全球科创中心，不管是腹地经济发展还是市场发展程度，在59个航空经济区中均独占鳌头。

人才与科技为航空经济的发展提供了动力。上海的人才优势突出，汇集了我国优质的高等教育资源。上海共有高校64所，中央部门所属院校10所。36所世界一流大学建设A类大学中，上海4所，占1/9，分别是复旦大学、同济大学、上海交通大学、华东师范大学；140个世界一流学科建设高校中，上海有华东理工大学、上海财经大学、东华大学、上海海洋大学、上海体育

---

① 《上海虹桥临空经济示范区将建设成为国际航空枢纽》，新浪网，http://sh.sina.com.cn/news/m/2018-09-07/detail-ihiixyeu4685352-p2.shtml。
② 数据来自民航总局发布的《2017年民航行业发展统计公报》和《2018年民航行业发展统计公报》。

学院、上海中医药大学、上海大学、上海外国语大学、上海音乐学院9所。2018年，上海普通高等学校在校生人数51.78万人，比上年增长0.6%。

上海在科技方面也保持着绝对优势，中国科技发展战略研究院发布的《中国区域科技创新评价报告2018》指出，在综合科技创新水平方面，上海排在全国首位。作为科技创新中心，上海的实力和作用进一步凸显。上海以"三城一区"建设和张江综合性国家科学中心建设为基础，与周边区域协同发展。报告显示，上海的创新人才资源集聚水平、创新创业投入规模和强度、知识创造的广度和深度、技术成果传播和扩散效应、对国内乃至国际的创新辐射均明显领先于其他地区（中国科技发展战略研究院，2018），2018年用于研究与试验发展（R&D）的经费支出相当于上海市生产总值的4%左右。

上海拥有成熟的商业环境。人文环境、人才环境、办公环境、基础设施环境、制度环境、执法环境和生活环境都属于商业环境的内容。在国内城市中，上海的商业环境是最为接近国际大都市标准和水平的，因此，外资金融机构落户上海的较多。随着上海航空运输业的发展，上海与全球的沟通越来越便捷，越来越多的高科技企业选择在上海落户，上海高科技人才的集聚性逐步显现。

开放是上海最大的优势，在国际合作方面，上海得分全国第一。2018全年上海口岸货物进出口总额85317.0亿元，比上年增长7.7%，其中，进口36403.1亿元，增长8.8%；出口48913.9亿元，增长6.9%。上海市全年货物进出口总额34009.93亿元，比上年增长5.5%，其中，进口20343.08亿元，增长6.4%；出口13666.85亿元，增长4.2%。上海市与"一带一路"沿线国家和重要节点城市建立了经贸合作伙伴关系，货物贸易额占全市的比重达到20.6%。

根据《上海虹桥临空经济示范区发展规划（2018—2030年）》，示范区将建设现代航空港经济综合实验区，总体布局以"一核三区"为主。其中，"一核"是指虹桥机场1号航站楼精品航站区，其主要功能有值机、安检及交通集散等；"三区"是指机场作业区、航空管理与航空服务业集聚区以及航空服务业集聚区。该规划指出，虹桥机场地区将依托大数据技术，加强区域旅客出行需求分析，完善优化航站设施设计。此外，虹桥机场计划推进"智慧机场"建设，加大在感知设备和基础网络设施方面的投入，搭建大数据、物联网、云计算、人工智能等技术支撑平台，进一步完善机场枢纽服务功能和服务品质。

目前，虹桥临空经济示范区内已经集聚了民航华东管理局、民航华东空管局、上海机场（集团）有限公司、中国航油集团华东分公司、航空仲裁法庭等重点功能性机构。此外，虹桥临空经济示范区内已形成了飞机设计、航空运输、航空维修、航空物流、通用航空等航空服务产业链，已有航空服务业企业达 218 户，航空服务业的产业集群效应已经明显显现。根据示范区的发展规划，到 2020 年，示范区重点航空服务业企业增加值年均增速将达到 8%左右，重点航空服务业企业主营业务收入年均增幅将保持在 10% 左右。①

（2）北京临空经济示范区。

北京是唯一拥有两个国家级临空经济示范区的城市，其中北京新机场临空经济示范区于 2016 年 10 月获批，首都机场临空经济示范区于 2019 年 3 月获批。依托"一市两场"双国际航空枢纽，北京新机场临空经济区和首都国际机场临空经济示范区将依据不同的定位和规划，合理分工，协调发展。

《北京新机场临空经济区规划（2016—2020 年）》中明确指出，北京将与河北省合作共建新机场临空经济区，此举不仅能发挥北京新机场大型国际航空枢纽的辐射作用，也为促进京冀两地深度融合发展提供了基础。北京新机场临空经济区将建设成为功能完善的城市服务和高端开放型产业体系的综合性功能区。未来，其将是我国国际交往的重要门户和融入全球产业体系的重要节点。北京新机场临空经济区（廊坊区域）紧邻北京新机场，距离航站楼仅 3 公里。其规划面积约为 100 平方公里，比肩新机场，占据机场半小时经济辐射圈，主要聚焦航空物流、综合保税、电子商务、科技创新（航空基础技术创新、航空器研发、通用航空配套产品研发）等产业。②

首都机场航空经济示范区于 2019 年 3 月获得国家发展改革委和民航局批复。根据批复内容，首都机场临空经济示范区位于北京市主城区东北部

---

① 舒抒：《上海又一重要规划发布，事关搭乘飞机的每一个人》，民航资源网，2018 年 9 月 7 日，http://news.carnoc.com/list/461/461043.html。
② 《北京新机场临空经济区规划获批》，2016 年 10 月 13 日，http://www.fdi.gov.cn/1800000121_21_96875_0_7.html。

的顺义区境内,规划范围北至机场北线、六环路,南至京平高速,东至六环路,西至高白路、榆阳路,规划面积为 115.7 平方公里。从规划上看,首都机场临空经济示范区的空间布局为"一港四区","一港"即首都空港,"四区"是指航空物流与口岸贸易区、航空产业与城市综合服务区、航空商务与新兴产业区、生态功能区。首都机场临空经济示范区的功能定位为国家临空经济转型升级示范区、国家对外开放重要门户区、国际交往中心功能核心区和首都生态宜居国际化先导区。

根据前期制定的总体方案,北京首都国际机场的定位为大型国际航空枢纽、亚太地区的重要复合枢纽,服务于首都核心功能,主要依托国航等基地航空公司,调整优化航线网络结构,增强国际航空枢纽的中转能力,提升国际竞争力(张小英,2019)。

北京首都国际机场是我国规模最大、设备最先进、运输生产最繁忙的大型国际航空港,是我国的空中门户和对外交流的重要窗口。北京首都国际机场得天独厚的地理位置和方便快捷的中转流程,使其成为连接亚、欧、美三大航空市场最为便捷的航空枢纽。目前,中国国内主要航空公司如国航、东航、南航、海航等均已在北京首都国际机场设立运营基地。世界三大航空联盟——星空联盟、天合联盟和寰宇一家也将北京首都国际机场视为重要的中转枢纽。随着日益完善的国际航线网络的形成,北京首都国际机场已经成为世界最繁忙的机场之一。目前,首都机场每天有 94 家航空公司的近 1700 个航班在运行,连接了世界上 54 个国家的 244 个城市。①

2018 年,首都机场旅客吞吐量突破了 1 亿人次,同比增长 5.4%,在国内机场中排名第 1,在全球机场中排名第 2。该机场是我国第一个年旅客吞吐量过亿的机场,也是继美国亚特兰大机场后,全球第二个年旅客量吞吐量过亿的机场。2016、2017、2018 三个年度,首都国际机场旅客吞吐量均排名第 1,货邮吞吐量排名第 2,起降架次排名第 1。2018 年国际权威航空服务英国顾问评估公司 Skytrax 评选的 2018 年全球最佳机场,首都国际机场排名第 33,在国内民航机场中排名第 2。

国外航空经济发展成功的经验和区域经济学理论表明,航空经济的发

---

① 北京首都国际机场股份有限公司的公司介绍,http://www.bcia.com.cn/aboutus/index.shtml。

展离不开所在地区腹地经济的支撑作用。2018年北京经济总量首次超过3万亿元,比上年增长6.6%。北京人均GDP超过2万美元,居全国31个省(区、市)第一位,已达到发达经济体的标准。从2018年全国各省(区、市)的经济数据来看,北京在人均GDP、全员劳动生产率等体现高质量发展的重点指标上领跑全国。北京良好的经济基础为航空经济的发展提供了有力支撑。

北京在人才资源方面的优势无可比拟。北京共有高校92所,双一流大学的数量最多,达到8所,分别是清华大学、北京大学、中国人民大学、北京师范大学、中国农业大学、北京航空航天大学、北京理工大学、中央民族大学。140个世界一流学科建设高校中,北京有26所,数量在全国排名第1。2018年北京普通高等学校在校生数量58.1万人;2018年北京全年研究生教育招生11.7万人,在学研究生33.6万人,毕业生8.7万人,数量全国领先。

2018年,北京科技发展增长速度较快,全年专利申请量与授权量分别为21.1万件和12.3万件,分别比上年增长13.6%和15.5%。其中,发明专利申请量与授权量分别为10.9万件和4.8万件,分别比上年增长10.0%和3.9%。

国际合作方面,2018年北京进出口总值增长较快,比上年增长23.9%,其中,出口增长23.0%,进口增长24.1%。2018年全年吸收合同外资418.8亿美元,比上年增长24.6%;实际利用外资173.1亿美元,比上年下降28.9%。

(3)广州临空经济示范区。

广州临空经济示范区于2016年12月获批,为广州建设国际航空枢纽增加了动能。广州规划的空港经济区东起流溪河,西至106国道—镜湖大道,南起北二环高速,北至花都大道,加上白云机场综合保税区北区和南区范围,总面积116.069平方公里。从规划内容看,示范区的发展战略定位和目标为建设具有国际竞争力的国际航空产业城、世界枢纽港。依托白云机场和背靠世界城市的地理优势,打开亚太市场,升级临空产业,形成国际发展元素集聚的临空新区,展示活力特色,吸引全球投资,最终建设成为国内乃至全球具有高度投资价值、高度驻留吸引力的临空新区。①

---

① 《空港规划》,广州空港经济区管理委员会网站,2018年4月10日,http://www.gzkg.gov.cn/gzkgw/qqjj_kgjjq/201810/4e265560a46449618f544ceba5abaa98.shtml。

广州白云机场位于珠三角的核心区域，是中国三大国际航空枢纽之一，也是粤港澳大湾区的重要机场。而粤港澳大湾区则是我国开放程度最高、经济活力最强的区域之一。珠三角地区拥有世界上密集度较高的工业基地和巨大的货源生成量，是目前国内经济最活跃的地区之一。发达的区域经济和便利的贸易口岸条件是白云机场航空客货运输持续发展的基础。白云机场是中国南部地区最佳的出入境点，也是亚太地区主要的客货流中转点。作为中国三大航空枢纽之一，广州白云国际机场是中国南部地区连接世界的空港枢纽，也是亚洲乃至世界最繁忙的机场之一。随着 T2 航站楼正式投入使用，白云机场已跻身世界级超大型航空枢纽行列，并跨入高速发展时期。目前广州已经与国内和东南亚主要城市形成了"4 小时航空交通圈"，与全球主要城市形成了"12 小时航空交通圈"。截至 2018 年 8 月底，在广州白云机场运营的航空公司有 78 家，其中国际航空公司 46 家，地区航空公司 4 家，国内航空公司 28 家。目前，白云机场航线网络已覆盖全球五大洲共 210 多个通航点，其中，国际和地区通航点超过 80 个，中国内地航点超过 130 个，辐射包括 29 个"一带一路"倡议沿线国家 48 个城市。2016 年白云机场旅客吞吐量为 5973 万人次，全球排名第 15。2017 年白云机场旅客吞吐量为 6584 万人次，位居全球第 13。年旅客吞吐量同比增幅超过 10.2%，与全球排名前 13 的其他机场相比，其增长速度是最快的。[①] 2018 年，白云机场旅客吞吐量为 6972.04 万人次，在全国机场中排名第 3，在全球排名第 13，与上年同期相比增长 5.9%，同样是全球排名前 15 中增长最快的；货邮吞吐量 18.91 万吨，在全国机场中排名第 3。

作为中国的"南大门"，广州自古以来就是我国重要的对外贸易口岸。18 世纪中叶，广州已是全球贸易的中心之一。对外开放 30 多年来，广州已经成长为我国重要的航运中心、物流中心和贸易中心，常住人口超过 1400 万人。2018 年，广州市的地区生产总值为 22859.35 亿元，按可比价格计算，比上年增长 6.2%。2018 年，广州市人均地区生产总值达到 155491 元，按平均汇率折算为 23497 美元。全年商品进出口总值 9810.15 亿元，比上年增长 1.0%。其中，商品出口总值 5607.58 亿元，下降 3.2%；商品进口总

[①] 《广州白云国际机场正全速建成世界级航空枢纽》，界面新闻，2018 年 10 月 26 日，https://www.jiemian.com/article/2570357_qq.html。

值4202.57亿元，增长7.1%。纳入统计的跨境电子商务进出口246.8亿元，增长8.4%。近年来，广州加速建设国际航运、航空枢纽，夯实信息基础设施网络，辐射半径迅速扩大，不断对外释放"引力波"，正在成为全球重要的产业集聚地、创新策源地和枢纽型网络城市。[①]

2. 第二集团：稳定发展

项目组将发展指数排名在4~20的划为第二集团（见图4-3），共17个航空经济区。第二集团中多数航空经济区均有了较为成熟的规划，且其中10个航空经济区已经被批准为国家级的航空经济示范区。其中深圳、武汉、天津、昆明、厦门、济南、哈尔滨7个城市的航空经济区不是国家级航空经济示范区。值得一提的是深圳，其虽然没有上升为国家级航空经济示范区，但因其腹地经济的强大支撑，得分较高，整体排名第4，超越了其他的国家级航空经济示范区。这里有部分航空经济区表现十分抢眼，如郑州航空港经济综合试验区，在体制机制创新方面走在全国前列，为第一个也是唯一一个获国务院批复的航空港经济综合实验区。此外，郑州航空港经济综合实验区管委会为正厅级单位，这种设置在其他航空经济区是较为少见的，为郑州航空港经济的发展创下了良好的政策环境。近年来，郑州航空港综合实验发展风头强劲，尤其是在航空货运方面可谓逆势上扬。此外，宁波、贵阳两个城市虽然获批国家级航空经济示范区，但其综合指数得分并不是很高，还有较大的发展空间。

从得分看，有11个航空经济区的得分超出了平均分，本书将对第二集团中的几个典型航空经济示范区加以分析。

（1）深圳临空经济区。

得益于腹地经济及空间带动指数、国际开放指数的较高得分，深圳临空经济区发展指数全国排名第4。2018年，深圳市地区生产总值24221.98亿元，同比增长7.6%，增速全国排名靠前。2018年全年全市居民人均可支配收入57543.60元，同比增长8.7%。2018年全年货物进出口总额29983.74亿元，同比增长7.0%。其中出口总额16274.69亿元，下降1.6%；进口总额13709.05亿元，增长19.4%。出口总额连续26年居内地

[①] 《中国开放"升级"——广州迈向国际枢纽城市》，南方网，2017年12月5日，http://news.southcn.com/gd/content/2017-12/05/content_179367969.htm。

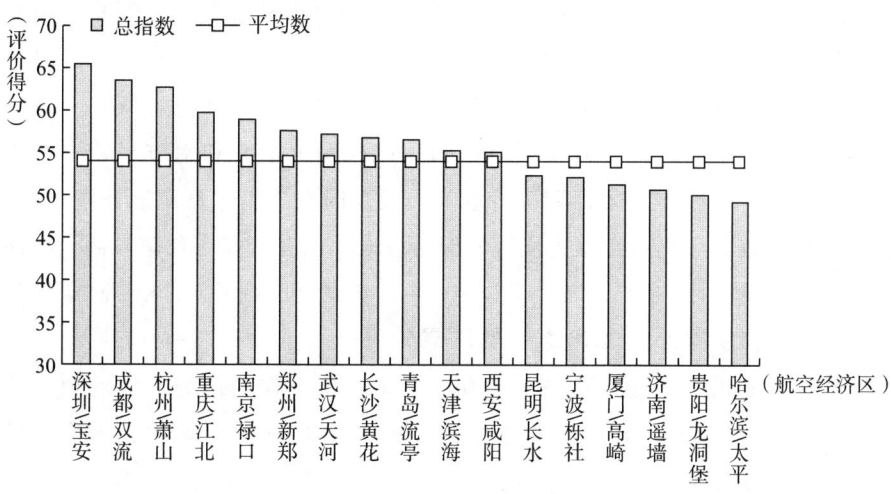

图 4-3 排名 4~20 的临空经济区得分

大中城市首位。全年新签外商直接投资合同项目 14834 个，比上年增长 119.5%；实际使用外商直接投资金额 82.03 亿美元，增长 10.8%。

深圳的科技创新能力较强。2018 年专利申请量与授权量分别为 22.86 万件和 14.02 万件，分别增长 29.1% 和 48.8%。全年新增各级创新载体 189 个。新增创新载体中，重点工程中心、企业技术中心共 165 个。其中，国家认定企业技术中心 5 个，省级工程（技术）研究中心 37 个。

在科技创新方面，深圳制定了一系列相关政策。深圳从特区创立之初率先冲破旧观念，传播新思想，以一个又一个"第一"为中国改革发展创新探路。当前面临转型发展期，深圳出台经济特区国家自主创新示范区条例、推进创新"十大行动计划"，成为人们心目中的"创客之都""创新之城"。深圳致力于做大做强新经济，出台了《关于深入贯彻落实习近平总书记重要讲话精神 加快高新技术产业高质量发展更好发挥示范带动作用的决定》，制定加快发展战略性新兴产业实施方案，设立全国首个 50 亿元天使投资引导基金，全社会研发投入超过 1000 亿元，2018 年战略性新兴产业产值增长 9.1%。深圳致力于加快提升自主创新能力。制定加强基础研究的实施办法，开展芯片、医疗器械等 10 项关键零部件重点技术攻关。开工合成生物研究、脑解析与脑模拟等重大科技基础设施，启动建设肿瘤化学基因组学国家重点实验室，新组建第三代半导体研究院等新型基础研究机构

10 家，新增各类创新载体 189 家。2018 年，深圳获科技进步一等奖等国家科技奖 16 项、中国专利金奖 4 项，专利授权量增长 48.8%。科技进步对经济增长的贡献率进一步提升。深圳致力于持续优化创新环境。依法实施更严格的知识产权保护，中国（深圳）知识产权保护中心和南方运营中心正式挂牌。出台"鹏城英才计划"等政策，成立国家级人力资源服务产业园。虽然深圳在校大学生数量不占优势，但科技人才保有量和增长率较高。2018 年深圳新引进人才 28.5 万名，增长 8.4%；新增全职院士 12 名，总量增长 41%；新增高层次人才 2678 名，增长 59%。[①]

深圳宝安国际机场是中国境内集海、陆、空、铁联运为一体的现代化大型国际空港。2018 年，深圳机场全年航班起降 35.6 万架次，同比增长 4.5%；旅客吞吐量 4934.7 万人次，同比增长 8.2%，位居全国第 5；货邮吞吐量 121.8 万吨，同比增长 5.1%，位居全国第 4。货运方面，2011 年 3 月，深圳机场被世界权威货运杂志《亚洲货运资讯》（*Air Cargo News*）授予全球"年度最佳货运机场"奖，这是国内首次有机场获得该荣誉。2015 年，深圳机场货邮吞吐量首次突破 100 万吨，正式迈入了货邮百万吨级机场行列。2016 年，深圳机场荣获由货运专业杂志《亚洲货运资讯》颁发的"亚洲最具潜质货运机场"大奖。

深圳虽然没有获批国家级临空经济示范区，但国家"十三五"规划纲要明确了深圳机场国际航空枢纽的定位，指出：深圳机场将立足珠三角世界级城市群，依托深圳"特区、湾区、自贸区"三区叠加的独特区位优势，坚持服务城市发展，坚持客货运并举，构建发达高效的"海陆空铁"综合交通运输体系，打造面向亚太、连接欧美的客货运输网络；将深圳机场建设成为珠三角世界级机场群重要的核心机场、"一带一路"倡议布局中更具辐射能力的重要国际航空枢纽。

（2）成都临空经济示范区。

成都临空经济示范区是我国第 6 个获批的国家级临空经济示范区。成都临空经济示范区规划范围以双流国际机场为中心，管理面积约为 100.4 平方公里，主要包括航空港功能区、临空高端制造产业功能区、航空物流与口

---

① 《创新驱动》，深圳市人民政府新闻办公室，2019 年 7 月 3 日，http://www.sz.gov.cn/cn/zjsz/gl/201907/t20190703_18031651.htm。

岸贸易功能区、临空综合服务功能区、生态防护功能区五大功能分区。成都空港经济示范区被赋予临空经济创新高地、临空高端产业集聚区、内陆开放先行区、新型生态智慧空港城四大功能定位。

2018年，成都双流国际机场旅客吞吐量为5295万人次，在全国机场中排名第4，成为中西部首个跻身全球"5000万级机场俱乐部"的成员。货邮吞吐量6.65万吨，排名第5。截至2018年年底，成都机场通航航线335条，其中国际地区114条，国内203条，经停国内转国际18条，航线通达全球五大洲。2018年，国际（地区）旅客吞吐量达到571万人次。

近年来，成都市经济发展速度较快，2018年，成都市实现地区生产总值15342.77亿元，比上年增长8.0%；实现进出口总额4983.2亿元，比上年增长26.4%。其中，出口总额2746.9亿元，增长33.0%；进口总额2236.3亿元，增长19.2%。贸易结构持续优化，高新技术产品出口额2231.9亿元，增长32.1%。

成都的教育资源也较为丰富，共有普通高校64所，在校学生91.3万人。成都分布有四川大学、电子科技大学2所双一流大学，西南交通大学、西南石油大学、成都理工大学、成都中医药大学、西南财经大学5所世界一流学科建设高校。

（3）郑州航空港综合实验区。

从城市发展的角度看，郑州城市的经济发展水平、科技创新能力与北京、上海、广州、深圳等城市有一定差距，但郑州航空港综合实验区总指数排名第9，相对较为靠前，这得益于近年来郑州航空港综合实验区的快速发展。河南地处内陆，不沿边，不靠海，这样的区位限制，使河南的对外开放与东南沿海地区相比受到很大制约。但河南省委、省政府想方设法破解区位瓶颈，加快融入全球经济大循环，推动自身发展，在全国率先提出建设航空经济实验区的战略构想。2013年3月7日，郑州航空港经济综合实验区获国务院批复，成为我国唯一由国务院批复的以航空经济为引领的国家级实验区。

随着经济全球化的深入发展，航空运输正成为继海运、河运、铁路、公路之后推动经济发展的"第五冲击波"。航空经济成为提升在全球范围内配置高端生产要素、促进跨越式发展的"新引擎"。航空经济的到来，为河南带来了新的发展机遇。

郑州航空港综合实验区的定位为国际航空物流中心、以航空经济为引领的现代产业基地、中国内陆地区对外开放重要门户、现代航空都市、中国中原经济区核心增长极，重点发展具有临空指向性和关联性的高端产业，培育临空高端服务功能和知识创新功能，构筑中原经济区一体化框架下具有明显特色和竞争力的空港产业体系。

2018年，郑州航空港综合实验区地区生产总值突破800亿元，达到800.2亿元，同比增长12%，分别高于全省、全市4.4、3.9个百分点。客货运规模继续保持中部地区"双第一"，客运达到2733.5万人次，同比增长12.5%，在全国机场中排名第12，其中，国际旅客达到171.5万人次；货运达到51.5万吨，进出口货物达到32.92万吨，在全国机场中排名第7。

郑州航空港综合实验区的发展为河南提供了动力和"引擎"，也为全国航空港经济发展提供了先行先试的经验。郑州航空港经济综合实验区的建设发展为我国航空经济发展提供了可复制的经验。

3. 第三集团：仍需培育

从数值上看，处于第三集团的航空经济区总指数得分与平均数均有一定差异。从分项指数看，处于第三集团的航空经济区在各方面得分均不是很高。（见图4-4）

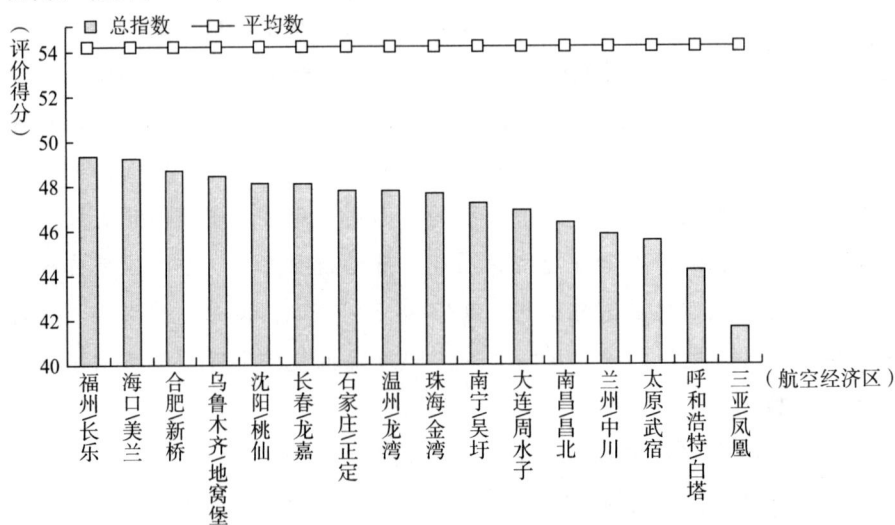

图4-4 排名20以后的各航空经济区得分

值得注意的是，虽然处于第三集团的航空经济区在各方面得分均不高，但排名比较靠后的几个城市的绿色发展指数均较为亮眼，如海口、珠海等城市。图4-5为排名后5的城市的各分项指数雷达图。从图4-5可以看出，这些城市的绿色发展指数得分高于其他分项得分。

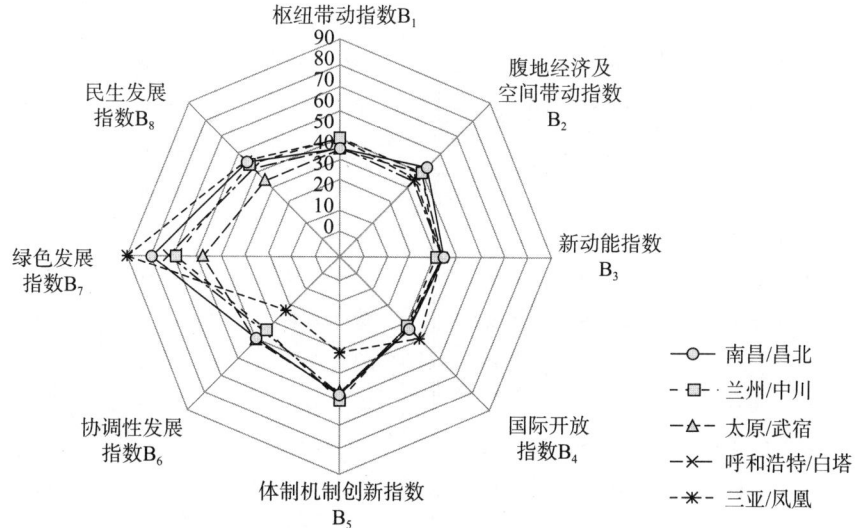

图4-5 排名后五的航空经济区各分项指数得分

第二节 中国航空经济区发展分项指数分析

一 全国航空经济区枢纽带动指数排名及分析

表4-2为2018年我国航空经济区枢纽带动指数排名。从表中可以看出，上海以84.69分占据绝对优势，枢纽带动指数包含航空枢纽（机场）和综合枢纽（依托城市）两个三级指标，上海由于双机场无可比拟的优势，在航空枢纽这个指标上得分遥遥领先。位于中部地区的武汉，航空枢纽（机场）虽得分不高，但其强大的铁路、公路客货运能力为枢纽指数提升贡献不小。郑州近年来航空货运发展一枝独秀，加上其四通八达的铁路系统、便捷的城市机场轨道，将郑州市枢纽带动指数提升至第7位。其余城市与其

民航机场客货运量的排名相差不大。

表4-2 2018年我国航空经济区枢纽带动指数排名

航空经济区	得分	总排名	航空经济区	得分	总排名
上海/浦东、虹桥	84.69	1	济南/遥墙	49.23	19
北京/首都	77.36	2	南宁/吴圩	49.09	20
广州/白云	76.78	3	石家庄/正定	48.78	21
成都/双流	63.81	4	沈阳/桃仙	48.46	22
武汉/天河	60.90	5	大连/周水子	48.34	23
深圳/宝安	59.00	6	福州/长乐	48.08	24
郑州/新郑	58.90	7	三亚/凤凰	48.05	25
重庆/江北	58.30	8	兰州/中川	47.96	26
杭州/萧山	56.49	9	厦门/高崎	47.25	27
昆明/长水	55.71	10	宁波/栎社	47.23	28
长沙/黄花	55.32	11	温州/龙湾	47.19	29
西安/咸阳	53.55	12	贵阳/龙洞堡	46.82	30
天津/滨海	53.04	13	长春/龙嘉	45.52	31
南京/禄口	52.32	14	合肥/新桥	45.33	32
乌鲁木齐/地窝堡	50.99	15	太原/武宿	45.32	33
海口/美兰	50.94	16	呼和浩特/白塔	44.85	34
青岛/流亭	50.82	17	南昌/昌北	44.76	35
哈尔滨/太平	50.63	18	珠海/金湾	42.76	36

二 腹地经济及空间带动指数排名及分析

表4-3为2018年我国航空经济区腹地经济及空间带动指数排名。从总体看，得分高于平均分的仅有14个城市。从表4-3中可以看出，上海以92.47分占据榜首，北、上、广、深4个城市牢牢占据了前4席。重庆由于其较大的经济体量，在腹地经济（依托城市）、市场发展（依托城市）两个指标上面得分较高，超过了南京、武汉、杭州等城市，而郑州凭其415平方公里的规划面积，在空间发展潜力指标上得分较高。贵阳虽然获批国家级临空经济区示范区，但由于其经济发展水平相对其他城市较低，在腹地经济及空间带动指数上表现不佳。（见图4-7）

第四章 中国航空经济区发展指数分析

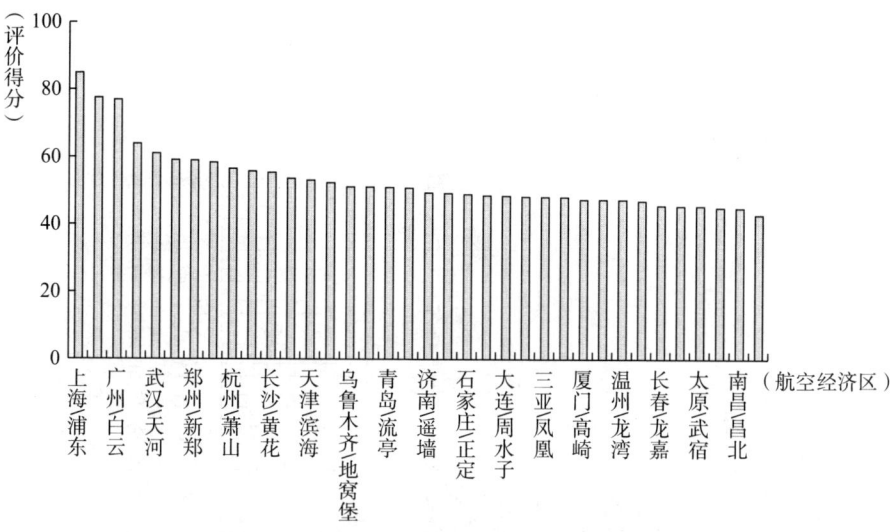

图 4-6 2018 年航空经济区枢纽指数排名

表 4-3 2018 年全国航空经济区腹地经济及空间带动指数排名

航空经济区	得分	总排名	航空经济区	得分	总排名
上海/浦东、虹桥	92.47	1	昆明/长水	57.65	19
北京/首都	85.63	2	哈尔滨/太平	55.31	20
广州/白云	82.43	3	合肥/新桥	55.30	21
深圳/宝安	79.63	4	宁波/栎社	54.73	22
重庆/江北	72.01	5	长春/龙嘉	54.70	23
南京/禄口	67.54	6	沈阳/桃仙	54.01	24
武汉/天河	67.45	7	珠海/金湾	53.69	25
杭州/萧山	66.56	8	石家庄/正定	53.55	26
青岛/流亭	64.76	9	温州/龙湾	52.98	27
成都/双流	64.72	10	厦门/高崎	52.72	28
天津/滨海	64.65	11	乌鲁木齐/地窝堡	52.31	29
郑州/新郑	63.71	12	南昌/昌北	52.12	30
长沙/黄花	63.67	13	太原/武宿	49.95	31
海口/美兰	63.54	14	南宁/吴圩	49.67	32
济南/遥墙	58.76	15	贵阳/龙洞堡	49.63	33
大连/周水子	57.84	16	兰州/中川	48.40	34
福州/长乐	57.81	17	三亚/凤凰	44.81	35
西安/咸阳	57.67	18	呼和浩特/白塔	43.88	36

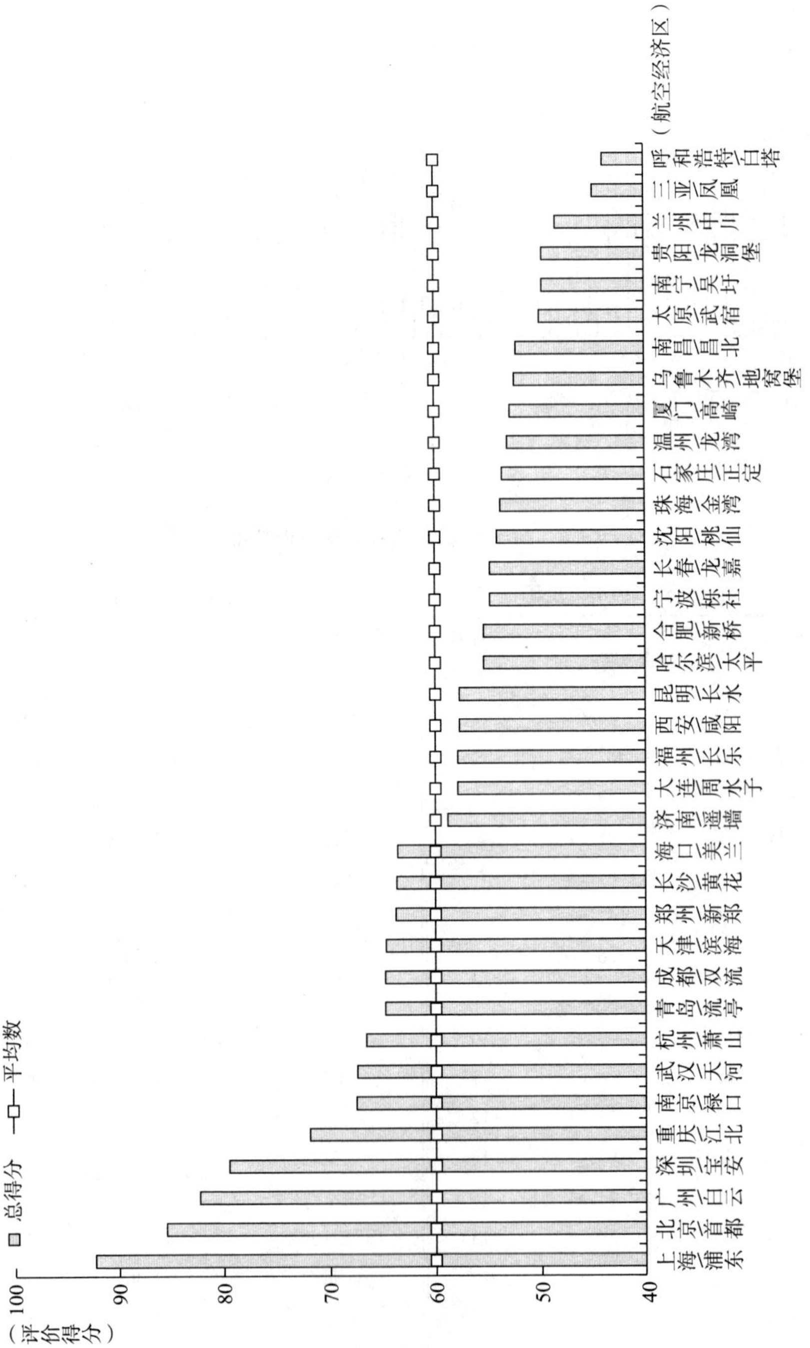

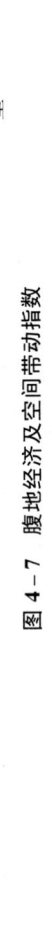

图 4-7 腹地经济及空间带动指数

三 新动能指数排名及分析

表4-4为2018年我国航空经济区新动能指数排名。该指标主要包括科技、人才、创新能力等方面。从总体看,得分高于平均分的仅有11个城市。从表4-4中可以看出,北京以80.43分拔得头筹,其余三席被上海、广州、成都占据。从整体排名看,东南沿海城市多数得分较高,而中西部地区整体表现不佳,中部城市中,排名最高的为长沙(第9名),武汉紧随其后(第10名),而其他方面得分较高的郑州排在了第18位。

表4-4 2018年我国航空经济区新动能指数排名

航空经济区	得分	总排名	航空经济区	得分	总排名
北京/首都	80.43	1	长春/龙嘉	49.86	19
上海/浦东、虹桥	75.68	2	贵阳/龙洞堡	49.64	20
广州/白云	74.21	3	合肥/新桥	49.32	21
成都/双流	71.85	4	哈尔滨/太平	48.33	22
深圳/宝安	70.44	5	福州/长乐	47.41	23
杭州/萧山	64.46	6	珠海/金湾	47.20	24
南京/禄口	64.23	7	南宁/吴圩	46.32	25
厦门/高崎	58.54	8	沈阳/桃仙	46.19	26
长沙/黄花	57.14	9	温州/龙湾	46.08	27
武汉/天河	55.58	10	石家庄/正定	44.76	28
天津/滨海	55.15	11	大连/周水子	44.59	29
西安/咸阳	52.32	12	南昌/昌北	44.40	30
昆明/长水	51.78	13	三亚/凤凰	43.43	31
青岛/流亭	51.45	14	乌鲁木齐/地窝堡	43.39	32
重庆/江北	51.08	15	呼和浩特/白塔	43.34	33
济南/遥墙	50.41	16	海口/美兰	42.22	34
宁波/栎社	50.31	17	太原/武宿	42.19	35
郑州/新郑	49.93	18	兰州/中川	41.96	36

四 国际开放指数排名及分析

表4-5为2018年我国航空经济区的国际开放指数排名。该指标主要包

括对外开放支撑力、社会国际化程度两个方面。得分最高的为上海，其次为深圳、北京和广州。与新动能指数有共同的特点，东南沿海城市多数得分较高，而中西部地区整体表现不佳。西部城市中，昆明作为面向东南亚的门户城市，得分相对较高。中部城市中，排名最高的为武汉（第12名）。

表4-5 2018年我国航空经济区国际开放指数排名

航空经济区	得分	总排名	航空经济区	得分	总排名
上海/浦东、虹桥	84.81	1	福州/长乐	45.67	19
深圳/宝安	80.41	2	海口/美兰	45.58	20
北京/首都	71.83	3	南京/禄口	45.50	21
广州/白云	63.50	4	长沙/黄花	45.07	22
天津/滨海	55.55	5	长春/龙嘉	44.91	23
厦门/高崎	54.54	6	济南/遥墙	43.09	24
珠海/金湾	54.36	7	合肥/新桥	43.01	25
杭州/萧山	53.86	8	温州/龙湾	42.75	26
重庆/江北	50.09	9	沈阳/桃仙	42.64	27
成都/双流	49.31	10	乌鲁木齐/地窝堡	42.50	28
青岛/流亭	49.12	11	南宁/吴圩	42.01	29
武汉/天河	48.75	12	哈尔滨/太平	41.80	30
宁波/栎社	48.49	13	南昌/昌北	41.78	31
昆明/长水	47.86	14	贵阳/龙洞堡	41.45	32
三亚/凤凰	47.70	15	石家庄/正定	41.32	33
西安/咸阳	46.15	16	太原/武宿	41.13	34
大连/周水子	45.96	17	呼和浩特/白塔	41.09	35
郑州/新郑	45.73	18	兰州/中川	40.48	36

五 体制机制创新指数排名及分析

图4-8为2018年我国航空经济区体制机制创新指数。该指标主要反映临空经济区的体制机制创新，国家级临空经济区占据了前13席，而各方面得分较高的深圳，由于没有获批国家级临空经济示范区，整体得分不高。体制机制创新指数反映出地方政府对发展临空经济的顶层设计。

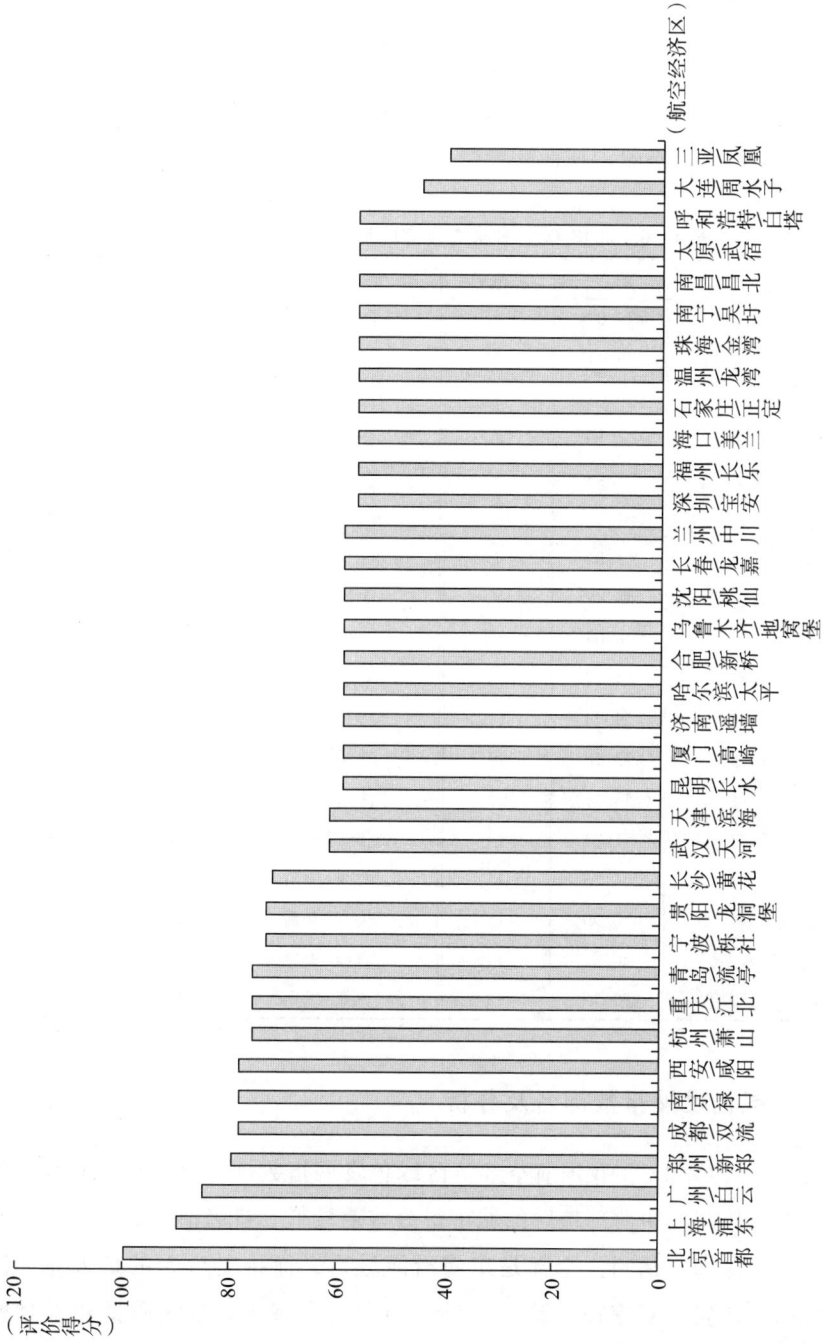

图 4-8 2018年我国航空经济区体制机制创新指数

六 协调性发展指数排名及分析

表4-6为2018年我国航空经济区协调性发展指数排名。由于航空经济区的产业发展特点，该指标主要反映产业结构的协调性和贸易结构的协调性。广州、上海、杭州占据前3席，现代服务业发展较好的地区得分较高。

表4-6 2018年我国航空经济区协调性发展指数排名

航空经济区	得分	总排名	航空经济区	得分	总排名
广州/白云	94.07	1	昆明/长水	50.72	19
上海/浦东、虹桥	85.21	2	福州/长乐	50.53	20
杭州/萧山	80.08	3	石家庄/正定	50.12	21
北京/首都	74.10	4	合肥/新桥	49.96	22
深圳/宝安	72.98	5	厦门/高崎	49.83	23
重庆/江北	61.92	6	西安/咸阳	49.33	24
青岛/流亭	61.02	7	贵阳/龙洞堡	48.33	25
成都/双流	58.48	8	南昌/昌北	47.95	26
武汉/天河	56.04	9	太原/武宿	47.35	27
天津/滨海	54.74	10	南宁/吴圩	47.35	28
长沙/黄花	53.73	11	哈尔滨/太平	46.56	29
郑州/新郑	53.58	12	珠海/金湾	45.80	30
济南/遥墙	53.11	13	沈阳/桃仙	44.80	31
南京/禄口	51.83	14	呼和浩特/白塔	44.29	32
温州/龙湾	51.23	15	兰州/中川	43.05	33
宁波/栎社	50.90	16	长春/龙嘉	41.33	34
大连/周水子	50.82	17	海口/美兰	40.64	35
乌鲁木齐/地窝堡	50.75	18	三亚/凤凰	31.50	36

七 绿色发展指数排名及分析

表4-7为2018年我国航空经济区绿色发展指数排名。从整体上看，沿海城市得分较高，中西部地区的城市得分普遍较低。排名前5的为海口、厦门、三亚、深圳、福州，全部是东南沿海城市，而排名后5的是天津、济南、太原、西安、石家庄，除天津外，均为内陆城市，空气质量和森林覆盖率等指标表现不佳。

表4-7 2018年我国航空经济区绿色发展指数排名

航空经济区	得分	总排名	航空经济区	得分	总排名
海口/美兰	92.94	1	长春/龙嘉	74.43	19
厦门/高崎	90.08	2	南京/禄口	73.06	20
三亚/凤凰	89.79	3	武汉/天河	72.48	21
深圳/宝安	89.44	4	沈阳/桃仙	72.03	22
福州/长乐	89.21	5	呼和浩特/白塔	71.88	23
昆明/长水	88.55	6	北京/首都	69.50	24
珠海/金湾	87.31	7	哈尔滨/太平	69.18	25
南宁/吴圩	83.27	8	成都/双流	68.99	26
大连/周水子	82.84	9	长沙/黄花	68.32	27
青岛/流亭	82.43	10	合肥/新桥	67.96	28
温州/龙湾	81.58	11	郑州/新郑	67.96	29
贵阳/龙洞堡	80.85	12	兰州/中川	67.44	30
宁波/栎社	80.39	13	乌鲁木齐/地窝堡	63.28	31
广州/白云	80.36	14	天津/滨海	61.79	32
南昌/昌北	79.10	15	济南/遥墙	60.24	33
重庆/江北	77.75	16	太原/武宿	57.14	34
上海/浦东、虹桥	77.61	17	西安/咸阳	56.49	35
杭州/萧山	74.74	18	石家庄/正定	50.12	36

八 民生发展指数排名及分析

表4-8为2018年我国航空经济区的民生发展指数排名，该指标主要反映航空经济区依托城市的生活水平和公共服务。排名前5的为上海、北京、杭州、广州、南京。在民生发展指数方面，"新一线城市"表现抢眼，如杭州得分超过了广州、深圳，珠海得分也超过了深圳。

表4-8 2018年我国航空经济区民生发展指数排名

航空经济区	得分	总排名	航空经济区	得分	总排名
上海/浦东、虹桥	76.65	1	西安/咸阳	55.97	19
北京/首都	70.79	2	合肥/新桥	55.48	20
杭州/萧山	69.56	3	三亚/凤凰	55.34	21
广州/白云	68.78	4	海口/美兰	55.05	22
南京/禄口	67.89	5	石家庄/正定	54.98	23

续表

航空经济区	得分	总排名	航空经济区	得分	总排名
珠海/金湾	65.34	6	南昌/昌北	54.52	24
深圳/宝安	64.64	7	郑州/新郑	54.14	25
宁波/栎社	62.92	8	兰州/中川	53.43	26
厦门/高崎	62.89	9	重庆/江北	53.13	27
温州/龙湾	61.92	10	长春/龙嘉	52.95	28
成都/双流	60.12	11	乌鲁木齐/地窝堡	52.07	29
青岛/流亭	59.94	12	哈尔滨/太平	51.48	30
长沙/黄花	58.99	13	呼和浩特/白塔	51.36	31
济南/遥墙	58.66	14	贵阳/龙洞堡	50.81	32
武汉/天河	58.12	15	沈阳/桃仙	50.54	33
天津/滨海	57.88	16	大连/周水子	49.27	34
福州/长乐	57.84	17	南宁/吴圩	46.56	35
昆明/长水	56.28	18	太原/武宿	44.18	36

第三节　中国航空经济区分地区及分类排名

一　中国航空经济区分地区排名

按照国家统计局的划分标准，我国分为中、东、西部地区，其中东部地区包括北京、天津、河北、辽宁、上海、江苏、浙江、福建、山东、广东、海南11个省（市）；中部地区包括山西、吉林、黑龙江、安徽、江西、河南、湖北、湖南8个省；西部地区包括内蒙古、广西、重庆、四川、贵州、云南、西藏、陕西、甘肃、青海、宁夏、新疆12个省（区、市）。[1]

将我国航空经济区按照中、东、西部地区进行划分，这36个航空经济区中东部地区有19个，中部地区有8个，而西部地区有9个。从地区分布看，中西部地区参与评价的航空经济区全部分布在省会城市（重庆为直辖市）；而东部地区参与评价的航空经济区不仅分布在省会城市，也有部分非

---

[1] 国家统计局：统计数据，http://www.stats.gov.cn/tjsj/zxfb/201701/t20170120_1455967.html。

省会城市，如深圳、厦门、温州、青岛等，11个省（市）共分布了19个航空经济区；西部地区部分省会城市的机场没有迈入"旅客吞吐量千万人次俱乐部"，并没有参与评价。从总指数平均得分看，东部地区平均得分为56.43分，中部地区总指数平均得分为51.15分，西部地区总指数平均得分为51.81分。总体上看，东部地区得分高于中部地区和西部地区，中部地区与西部地区的平均分较为接近。东部地区航空经济区不管是数量还是得分，均处于高位；中部地区航空经济区得分普遍较低，得分最高的郑州也仅有57.64，说明中部地区航空经济区的发展水平相对较低；西部地区平均分稍高于中部地区，成都、重庆两个城市得分较高，相对于中部地区而言，各航空经济区的发展程度存在较大差异（见表4-9）。

表4-9 2018年我国各地区航空经济区排名

地区	航空经济区	总指数	排名	地区	航空经济区	总指数	排名
东部	上海/浦东、虹桥	84.8	1	中部	郑州/新郑	57.64	1
	北京/首都	80.58	2		武汉/天河	57.16	2
	广州/白云	75.95	3		长沙/黄花	56.70	3
	深圳/宝安	65.28	4		哈尔滨/太平	49.25	4
	杭州/萧山	62.72	5		合肥/新桥	48.62	5
	南京/禄口	58.91	6		长春/龙嘉	48.02	6
	青岛/流亭	56.56	7		南昌/昌北	46.29	7
	天津/滨海	55.25	8		太原/武宿	45.51	8
	宁波/栎社	52.21	9	西部	成都/双流	63.40	1
	厦门/高崎	51.28	10		重庆/江北	59.76	2
	济南/遥墙	50.67	11		西安/咸阳	55.10	3
	福州/长乐	49.25	12		昆明/长水	52.44	4
	海口/美兰	49.15	13		贵阳/龙洞堡	50.15	5
	沈阳/桃仙	48.04	14		乌鲁木齐/地窝堡	48.37	6
	石家庄/正定	47.71	15		南宁/吴圩	47.15	7
	温州/龙湾	47.71	16		兰州/中川	45.77	8
	珠海/金湾	47.59	17		呼和浩特/白塔	44.18	9
	大连/周水子	46.84	18		—		
	三亚/凤凰	41.64	19		—		

二 中国航空经济区分类排名

在国家综合机场体系分类框架出台以前,我国机场分类主要包括枢纽机场、干线机场、支线机场。国务院《关于促进民航业发展的若干意见》指出,把我国的民航机场分为门户复合枢纽机场、区域性枢纽机场和干线机场,其中北京、上海和广州的机场为门户复合枢纽机场,杭州、武汉等8个城市的机场为区域性枢纽机场,另外还有深圳等12个城市的机场为干线机场。该分类没有设置量化标准,在理论和实践中对枢纽机场的认识并不统一。

国家"十三五"规划提出,我国要把北京新机场打造为国际枢纽机场,建设京津冀、长三角、珠三角世界级机场群,加快建设哈尔滨、深圳、昆明、成都、重庆、西安、乌鲁木齐等国际航空枢纽,强化区域性枢纽机场功能。

民航"十二五"规划确定25家机场为枢纽机场,其中3家具有较强竞争力的国际枢纽机场,分别为首都机场、浦东机场和白云机场;规定20家机场区域性枢纽机场,其中昆明、乌鲁木齐、哈尔滨、青岛4个机场定位为"门户枢纽",济南和石家庄机场定位为货运枢纽。

民航"十三五"规划提出,打造国际枢纽,着力提升北京、上海、广州机场国际枢纽竞争力,逐步提升成都、昆明、深圳、重庆、西安、乌鲁木齐、哈尔滨等机场的国际枢纽功能;巩固和培育区域枢纽,积极推动天津、石家庄形成各具特色的区域枢纽。

2017年《民用运输机场建设"十三五"规划》附件2《国家综合机场体系分类框架》中对运输机场的分类、功能属性和分类标准做了具体界定,具体见表4-10。[①]

表4-10 国家综合机场体系对运输机场分类标准

运输机场类别	分类标准	功能属性
大型枢纽机场	旅客吞吐量占全国比重大于1%,且国际旅客吞吐量占全国国际旅客吞吐量的5%以上	国际性枢纽

---

① 《论我国综合机场体系下的北京"双枢纽"建设》,中国民航网,2017年10月11日,http://www.caacnews.com.cn/zk/zj/yangxuebing/201710/t20171011_1230896.html。

续表

运输机场类别	分类标准	功能属性
中型枢纽机场	旅客吞吐量比重大于1%	区域性枢纽
小型枢纽机场	旅客吞吐量比重大于0.2%	地区性枢纽
非枢纽机场	旅客吞吐量比重小于0.2%	非枢纽

按照《国家综合机场体系分类框架》，根据2018年我国各机场旅客吞吐量的数据，可以将我国的机场进行分类，表4-11是按标准分类后的航空经济区排名。

表4-11 2018年全国航空经济区分类排名

机场类型	航空经济区	总指数	排名
大型枢纽机场	上海/浦东、虹桥	84.80	1
	北京/首都	80.58	2
	广州/白云	75.95	3
中型枢纽机场	深圳/宝安	65.28	1
	成都/双流	63.40	2
	杭州/萧山	62.72	3
	重庆/江北	59.76	4
	南京/禄口	58.91	5
	郑州/新郑	57.64	6
	武汉/天河	57.16	7
	长沙/黄花	56.70	8
	青岛/流亭	56.56	9
	天津/滨海	55.25	10
	西安/咸阳	55.10	11
	昆明/长水	52.44	12
	厦门/高崎	51.28	13
	济南/遥墙	50.67	14
	贵阳/龙洞堡	50.15	15
	哈尔滨/太平	49.25	16
	福州/长乐	49.25	17
	海口/美兰	49.15	18

续表

机场类型	航空经济区	总指数	排名
中型枢纽机场	乌鲁木齐/地窝堡	48.37	19
	沈阳/桃仙	48.04	20
	长春/龙嘉	48.02	21
	南宁/吴圩	47.15	22
	大连/周水子	46.84	23
	南昌/昌北	46.29	24
	兰州/中川	45.77	25
	太原/武宿	45.51	26
	三亚/凤凰	41.64	27
小型枢纽机场	宁波/栎社	52.21	1
	合肥/新桥	48.62	2
	石家庄/正定	47.71	3
	温州/龙湾	47.71	4
	珠海/金湾	47.59	5
	呼和浩特/白塔	44.18	6

从表4-11可以看出，在大型枢纽机场中，上海仍然排名第1。因为该分类标准是按照旅客吞吐量界定的，所以原本排名比较靠前的宁波、合肥被划为小型枢纽机场。在小型枢纽机场中，原本排名比较靠前的宁波排名第1。

第五章
中国航空经济区的发展特征及面临的问题分析

第一节 中国航空经济区的发展特征

一 航空经济区已经形成多层次、多梯队的发展态势

目前全国各省（区、市）均已规划发展航空经济，形成航空经济区。从前文对36个航空经济区的发展指数评价以及其他未纳入评价的航空经济区的发展状况看，总体上，我国航空经济发展已经形成多层次、多梯队的发展态势。多层次是从当前各地航空经济区的规划发展层次来看，从国务院、相关部委批复建设的14个国家级航空经济区到各省（区、市）批复建立的省级层面的航空经济区，再到部分地级市围绕机场规划建立的地市级航空经济区，形成由国家级、省级到地市级的多层次航空经济区。

多梯队是从航空经济区发展总体水平与发展阶段的角度来看的。根据前文的评价指数结果，上海、北京、广州等一线城市航空经济区排名高居前三，而且与其后的临空经济区发展指数相比有较为显著的优势，形成临空经济区发展的第一梯队；从第4位的深圳到第14位的西安，各临空经济区的发展总指数相差不大，航空经济区的总发展水平虽然与第一梯队有差距，但也是发展迅速，所依托城市除深圳本身就是一线城市外基本均为新兴一线城市，是航空经济区发展的第二梯队；从排行榜上第15位起的其余21个航空经济区是第三梯队，所依托城市大多数为省会城市或者省域中心

城市；而全国其他未进入排行榜的航空经济区，大多数为处于规划发展阶段的航空经济区，可以称之为第四梯队，也是未来航空经济发展的生力军。

二 航空经济区发展以政府规划和政策支持为主导

航空经济作为依托机场交通枢纽、航空速度经济而发展起来的经济新形态，所依托的核心——机场，是典型的公共物品，具有较大的投资规模、较长的建设周期和较大的建设难度。从机场规划建设到航空经济区基础设施配套工程、产业集聚，再到实现航空经济发展等，都需要地方政府和国有资本扮演关键角色。同时，航空经济区本质上也属于一种园区经济或者说开发区，在我国这种经济转型的新兴市场经济体中，从航空经济区形成到发展的各阶段都离不开政府的支持和引导。我国目前各地区的航空经济区的形成和发展无不是政府规划和政策支持的结果。

三 航空经济区已成为区域产业集聚中心

航空经济区作为新兴区域经济形态，依托航空枢纽，顺应当前速度经济时代的发展，在各地区政策的支持和引导下，成为区域产业集聚的中心。首先，借助航空枢纽以及机场通关便利，成为区域外贸中心和物流产业集聚地，如前文对航空经济区类型划分中的商贸物流型航空经济区。这是处于内陆的城市航空经济区也是当前大多数航空经济区所具有的共同特征。其次是依托航空产业，形成高科技产业集聚。以机场为核心的航空经济区最先发展的是飞机维修、航空运输等航空相关产业，本身就具有高科技属性，再结合航空枢纽的速度经济特性，航空经济区已经成为区域高科技产业的集聚区，形成航空产业（包括航空维修、航空制造和航空运输）、高科技产业、高端制造业、现代服务业等产业的集聚区。其中，具有代表性的有北京顺义临空经济区（目前已经形成航空产业的集聚区①）、广州临空经济区［在五大航空产业形成了集聚效应，进驻企业总数达11728家（冯芸清，2018）］、郑州航空港经济综合实验区（形成以智能手机制造产业为代表的高端制造业的集聚区等）。

---

① 《北京顺义形成"大临空"产业格局》，中国民航网，2019年1月18日，http://www.caacnews.com.cn/1/5/201901/t20190118_1265142.html。

四 航空经济区已成为各地区对外开放的新高地

航空经济区借助机场的交通枢纽地位，为不沿边、不沿海的处于内陆地区的城市开启了可以直通国际、连接世界的桥梁，形成了对外开放的新高地，开辟了我国内陆地区对外开放的新格局。例如，地处内陆省份河南的郑州航空港经济综合实验区，自2013年获批为全国首家也是唯一一家由国务院批复建设的国家级临空经济区以来，先后建成综合保税区、保税物流中心、陆空口岸，依托"一带一路"空中丝绸之路建设、自贸区建设、跨境电子商务试验区建设等，不断完善国际化营商环境，构建开放型经济体系。据统计，2018年郑州航空港经济综合实验区国际货运量跃居全国第四，货运总量跃身全球前50名。外贸进出口总额达3415.4亿元，在河南省、郑州市进出口总额中的占比分别达63.87%、85.77%，位居中部地区第一，已经成为中部地区最富有活力的对外开放新高地之一。

五 航空经济区已成为区域经济增长极

世界"航空大都市"理论创始人——美国北卡罗来纳大学教授约翰·卡萨达认为，现代经济的本质是速度经济，航空已成为继海运、内河航运、铁路、公路之后，引爆世界经济发展的"第五冲击波"。航空经济区依托高速空运以及机场交通枢纽，已经成为各地区高新技术产业的集聚区和各区域支持的重点。目前获批的国家级航空经济区均成为国家创新战略下区域创新示范区和对外开放深入背景下自由贸易试验区等多重交集，成为推动区域增长的新的增长极。相关研究数据表明，在航空经济区成为国家区域发展战略、批复成立航空经济区之前的"十一五"期间，国内8个主要机场中75%的机场所在区2006~2010年的GDP增长率比其所在城市平均高出3.5个百分点（穆松林等，2014）。而自2013年批复郑州航空港经济综合实验区，正式将航空经济作为区域经济发展战略以来，航空经济区的区域经济增长极作用更加明显：作为国内航空经济发展的标杆，郑州航空港经济综合实验区的发展更是印证了航空经济作为区域经济增长极的作用。航空港实验区的GDP实现了从2012年的205.9亿元到2018年的800.2亿元的跨越式发展，进出口总额突破500亿美元等一系列辉煌成绩；长沙航空经济区所在的长沙县,受航空经济发展带动,区域经济发展飞速,成为全国经济百强县的五强之一,已成为长沙乃至湖南区域经济发展的代表。①

第二节　中国航空经济区发展面临的挑战与问题分析

一　中国航空经济区发展面临的挑战

1. 航空质与量的维度正在发生迅速变化

当前世界各国人民紧密相连,结成利益攸关的命运共同体,航空的互联互通既是打通地域隔阻的空中桥梁,更是连接社会文化的高效纽带,航空业已成为全球经济可持续发展的推进者和驱动者。随着全球航空业的快速发展,作为世界第一人口大国和第二大经济体,中国民航业的发展是全球民航界关注的焦点和重点。据预测,到2035年全球航空客运量将在2016年的基础上翻一番②。虽然目前全球民航业在基础设施、人力资源等方面存在短板,各国民航的安全水平、基础设施建设也不平衡,但大量新技术在民航业的广泛应用,会迅速改变航空发展的质与量,改善我们生活的世界。

2. "一带一路"与空中丝绸之路建设环境正在迅速发生变化

随着"一带一路"倡议的推行和对外开放的进一步推进,中国与"一带一路"沿线国家在航空领域的合作更加深入和广泛,签署了一系列航空运输协定。目前已经与62个"一带一路"沿线国家签署了航空运输协定,其中43个国家实现了直航,每周约有5100个直航班次航班。在2015年,中国民航的国际航空运输市场上中方航空公司的运力份额首次超过外籍航空公司,并且近年来呈现持续增长的态势。中国民航发展市场增长快、发展空间足,但日益加剧的国际贸易保护主义,大量的地方财政补贴,导致部分国际航线已经偏离整个市场,依靠强补贴运营维持的国际航线目前已经面临发展的瓶颈。为此,国家出台了《国际航权资源配置和使用管理办

---

① 《长沙县凭什么成全国五强?临空经济成"王牌"!》,网易订阅,http://dy.163.com/v2/article/detail/E2ODJHM40514DSS0.html。
② 《国际航协预计客运需求在未来20年或将翻一番》,民航资源网,2016年11月14日,http://news.carnoc.com/list/377/377849.html。

法》，这是全球范围内首次对国际航权资源实施量化配置的行政管理政策。航空经济区面临如何站在服务国家战略的高度思考、谋划、引领、推动民航、航空港、机场各项工作的挑战，以充分发挥综合交通枢纽在服务国家现代化经济体系、构建对外开放格局、协同区域经济发展、加强军民融合发展等方面的重要作用。

二 中国航空经济区发展面临的问题分析

1. 航空经济区发展不均衡，发展水平相对较低

从前文的评价指数可见，在参与评价的36个航空经济区中，总发展水平呈现出北、上、广3个一线城市航空经济区独居第一梯队，深圳与新一线城市航空经济区处于第二梯队和其他临空经济区位居第三梯队的发展态势，且总发展指数得分在三个梯队间区分较为显著。这表明我国航空经济区总体上发展水平不均衡，不同区域的航空经济区发展程度差距较大。另外，全国其他未上榜的航空经济区也主要是以地级市为主，航空经济的核心指标机场客货吞吐量较低，部分航空经济区目前还处于规划阶段，未形成完整的航空经济区，整体发展程度受限于所在城市的经济发展水平，总体上与参与评价的航空经济区差距更大。

从分项指数看，各航空经济区的发展不均衡体现得更为显著，具体见表5-1。

表5-1 36个航空经济区分项指数汇总统计

分项指数	平均值	最大值	最小值	极差	标准差
B_1	53.18	84.69	42.76	41.93	9.56
B_2	60.17	92.47	43.88	48.59	11.22
B_3	52.93	80.43	41.96	38.47	10.46
B_4	49.16	84.81	40.48	44.33	10.53
B_5	64.95	100	40	60	12.64
B_6	54.00	94.07	31.50	62.57	12.79
B_7	75.01	92.94	50.12	42.82	10.70
B_8	57.79	76.65	44.18	32.47	7.15

从表 5-1 可见，各分项指数均存在显著差异，其中差异最大的是 B_6 协调性发展指数和 B_5 体制机制创新指数，极差分别达到 62.57 和 60，标准差分别达到 12.79 和 12.64，表明这两项分项指数所代表的方面是发展最不平衡的。而 B_8 民生发展指数差别最小，极差 32.47，只相当于 B_6 极差的一半多一点，标准差 7.15，表明 36 个航空经济区在民生发展方面相对均衡些。但是各分项发展指数除了绿色发展指数 B_7 的平均值达到 75.01，相对较高，其余各分项指数的平均值均低于 65，特别是国际开放指数 B_4 的平均值只有 49.16，不足 50，表明航空经济区的国际开放水平整体仍较低。

2. 航空经济区的辐射带动作用有待进一步增强

辐射带动作用也称为扩散效应，是区域集聚经济产生的一个显著特性。临空经济区辐射带动作用是指航空经济区发展过程中为获得本区域生产要素、扩展产品和服务市场，向周边区域不断扩展影响力，一方面吸引周边要素向本区域聚集，另一方面将生产的产品和服务扩展至周边，从而带动周边地区的发展。这种辐射带动作用一般伴随着航空经济区的集聚作用或"经济增长极"作用。目前来看，我国航空经济区的辐射带动作用开始显现，但是作用仍不够强。这主要体现在两方面：一是当前我国大部分航空经济区仍是以本区域或所依托城市的发展为目标，与周边外围城市联系不紧密；二是辐射带动作用范围小，主要以航空经济区地理周边为主。以目前发展势头强劲的郑州航空港经济综合实验区为例，作为批复级别最高的航空经济区，地处中部地区，汇集"三区一群"的国家发展战略支持优势，近年来的快速发展取得瞩目成就，已经成为河南乃至中部地区发展的"火车头"。但是研究表明，郑州航空港经济综合实验区的辐射带动作用主要集中在河南省内，而且大多数是郑州周围的地市，辐射范围较小（赵晓芳，2016）。

3. 航空经济区之间缺乏协作机制，发展呈现同质化竞争趋势

当前全国范围内的各航空经济区大多属于不同省份、不同城市区域，航空经济作为国家区域发展战略也不过 6 年，当前仍处于发展的初级阶段。各航空经济区主要是各自发展、相互竞争，尚无区域间的协作、合作机制，而缺乏区域协调使得各航空经济区制定发展规划和招商引资时主要考虑本地区的情况，这就导致航空经济区的发展目标定位、产业导向存在重叠，

造成不同航空经济区之间的发展具有同质化趋势。同质化问题是我国社会经济发展中的常见现象,特别是不同地区的产业园、开发区等区域产业集聚区,主要表现为产业结构趋同、招商引资项目相近,从而导致区域产业重点不突出、没有代表性或主导产业,"什么项目都想上,什么热上什么"。同质化带来的后果一般是重复建设、恶性竞争导致资源浪费、效率低下、产业水平提升困难。对于航空经济区来说,目前各地区的航空经济区特别是非省会城市的航空经济区大多处于发展的初级阶段,但是同质化竞争问题已经在部分航空经济区之间显现。例如,在前文汇总的全国59个航空经济区中,有47个将物流业列为主导产业,占比接近80%,特别是地级市的航空经济区,发展目标多定位为区域航空枢纽、重点发展航空物流产业等。

4. 航空经济区发展缺少有效协调机制,空陆港统一、多式联运协调运作机制有待加强

航空经济区的突出特色就在于通过空陆结合来成为国家物流中心体系物流大通道的战略核心支点,也是通过区域空间的新战略,加快布局航空枢纽网络。作为陆空复合型的空权战略基地的航空经济区,如何强化航空经济区及陆港的统一,做好陆空交通衔接是航空经济区经济与经济社会深度融合的又一个难点。

以机场为依托的航空经济区,同时也是大部分航空经济区所在城市的通关口岸,更是自贸区等机构的所在地,涉及机场、海关、机场所在行政区等多个利益主体。仅看目前14个国家级航空经济区,除了郑州和贵阳两个航空经济区管委会级别为厅级、与所在城市平级外,大部分航空经济区的管委会级别较低,一般为所在城市市辖区级别[①],但并不属于行政区划级别,没有完全的行政权力,各部门之间的协调沟通管理机制尚未健全,行政壁垒、信息壁垒尚未打通,且缺乏市级管理协调机制,难以对航空经济区区域内的各类要素进行综合把握、统筹利用。如位于西咸新区空港新城的西安航空经济区,实行"省—市—新区—新城"四层管理体制,就面临行政级别偏低,难以发挥强有力的协调和主导作用等问题(张宁,2019)。而全国其余航空经济区大多为市辖区级别甚至由市辖区代管,航空经济区

---

① 《十二个临空经济示范区,从行政级别看发展前景》,腾讯网,2018年8月30日,https://new.qq.com/rain/a/20180830A09V7P。

管委会级别较低、功能不全，同样面临由于行政级别偏低、缺少协调机制产生的种种问题。

5. 航空经济区缺乏有效的产业准入筛选机制，空港产、城融合发展不深入

依托于机场枢纽的航空物流业、航空维修制造业、高端制造业、现代服务业等相关产业都在航空经济区内布局，就会形成一个服务该区域的都市。而航空经济区处在从"村庄"到"国际商都"的城镇化进程中，处在基础建设向宜居宜业城市蜕变的阶段，如何实现产城融合发展是空港经济与经济社会深度融合的一个难点。除少部分空港经济较为发达的示范区外，大多数空港经济都存在产业和城市融合发展不深入的问题，其中高端、特色产业发展滞后是主要原因。

这方面主要表现为大部分航空经济区在区域产业引入方面缺少深入的研究，区域主导产业定位不清晰，导致航空经济核心区产业关联不强，多数企业尤其是一些大型跨国企业在航空经济核心区以及航空经济辐射区内没有其原材料、零部件的配套企业，对航空经济核心区内其他企业缺乏应有的带动作用。从整体上看，航空经济区的产业群落和产业链尚未形成，产业链的构建水平还有待进一步提高。

6. 航空经济区的基础设施水平仍有欠缺，产业快速发展与城市支撑能力不足

从航空经济区的内部形势来看，产业快速发展与城市支撑能力不足之间的矛盾也日益激化。航空经济区建设是产业在先、城市在后，这有别于其他新区的建设。城市配套功能不足、与产业快速发展的需求不匹配已经成为部分城市航空经济区经济与社会深度融合的重要制约因素。

航空经济区作为以机场为核心的高技术产业、高经济密度集聚区，由于机场一般都在所依托城市的郊区，机场的基础设施如机场跑道、停机坪面积等，特别是机场综合交通网络是影响航空经济区发展的基础因素。而当前除了北、上、广、深等一线城市和少数新一线城市的机场综合交通网络比较发达，如上海虹桥机场综合交通枢纽有8种交通方式、52种换乘方式等，其他大部分航空经济区的机场基础设施水平仍有欠缺，如前述参与评价的36个航空经济区中，有15个机场只有一条跑道，全国其他未进入评

价的航空经济区机场大部分只有一条跑道，停机坪面积较小。连接机场与所在城市的综合交通网络仍不健全，"铁公机"立体综合交通运输网络也只在少数航空经济区实现，大部分非省会城市航空经济区的机场建设、综合交通网络等基础设施和服务设施水平有欠缺。

7. 体制机制创新不足

当前改革进入深水区，部分体制机制僵化、创新不足，与社会主义市场经济体制的要求不相适应。我国航空经济区的相当一部分经济制度、体系、规则与发达国家在一致性方面有很大差距，市场深度开放承受力较弱。体制机制创新将明显带来改革红利。具体到空港经济，航空运输与经济社会深度融合需要建立一套与国际接轨的新制度体系，实现对投资、贸易等领域的高效管理。

8. 切入点和着力点的选择困惑

发展航空经济一定要结合自身的财力状况，在发展初期找准切入点，形成科学合理的空间布局。既要形成特色鲜明的产业集聚，又要科学规划，为未来发展留下发展空间。近年来，国内各省（区、市）纷纷采取强有力的措施，加大力度发展空港经济，成都、武汉、西安等地争相提出打造"第四大航空枢纽"的目标。但对大部分城市而言，发展空港经济都在不同程度上存在切入点和着力点选择的困惑，没有深入把握自身的个性，不知道该如何寻求合适的切入点和突破口，更多地盲目照搬别人的模式和路径，造成同质化竞争。

第六章
中国航空经济区高质量发展的路径选择

第一节 中国航空经济区高质量发展的总体要求

习近平总书记强调，我国经济已由高速增长阶段转向高质量发展阶段，正处在转变发展方式、优化经济结构、转换增长动力的攻关期，建设现代化经济体系是跨越关口的迫切要求和我国发展的战略目标。

一 高质量发展的概念

高质量发展就是能够很好满足人民日益增长的美好生活需要的发展，是体现新发展理念的发展，是创新成为第一动力、协调成为内生特点、绿色成为普遍形态、开放成为必由之路、共享成为根本目的的发展。高质量发展是体现新发展理念的发展，是建设现代化经济体系的发展，是质量变革、效率变革、动力变革的发展，是坚持以人民为中心的发展。在微观上，高质量发展要建立在生产要素、生产力、全要素效率的提高之上，而非靠要素投入量的扩大；在中观上，要重视国民经济结构包括产业结构、市场结构、区域结构等的升级，把宝贵的资源配置到最需要的地方；在宏观上，则要求经济均衡发展。

二 航空经济区高质量发展的特点及体现

从供给看，中国航空经济区高质量发展主要应体现产业体系发展的高端性和引领性，要充分利用空港的优势，体现速度和成本优势，形成区域核心竞争力。

从产出效率看，中国航空经济区高质量发展应该不断提高投入产出比，发展应更多地强调科技进步贡献率，有着很高的全要素生产率，着力提升经济发展各环节的质量和素质，强化科技创新和管理革新对经济发展的驱动。

从可持续发展看，中国航空经济区高质量发展应该是充分贯彻绿色与可持续发展的理念，强调民生与环境协调。

三 航空经济区高质量发展的要求

一是高端性。产业体系应体现依托航空运输，发挥自身优势，积极引进与航空相关的高端制造业；依托航空经济流量特征，发展壮大航空物流、专业会展、电子商务等现代服务业；打造各具特色的产业集群，推动产业创新升级，形成以航空运输为基础、航空关联产业为支撑的高端产业体系。要努力完善航空经济区现代化经济体系，建设现代经济体系是经济发展的战略指标，也是推动经济高质量发展的重要载体。

二是协同性和辐射性。航空经济区高质量发展在体现经济规模、增长速度、结构优化、经济效益的同时，应更加注重发挥其强大的辐射带动作用，利用广阔的发展腹地，引领区域的发展，通过以新动力、新模式为特征的航空高端产业集聚发展推动区域转型发展。首先是对产业的辐射效应。通过机场发展带动周边地区的经济发展，提高周边地区经济发展的竞争力和创新性。其次是对环境的辐射效应。推动周边地区的生态环境建设，打造绿色生态体系，发展循环经济。最后是对交通的辐射效应。航空经济的发展形成大规模的物流圈，打造周边公路、铁路、水运和航空联运的模式。

三是生态优先。绿色应该成为航空经济发展的重要方向。坚持生态优先，首要的是要建设绿色机场，设计高效能的航站楼，使用可循环利用的建筑材料，提高机场绿化覆盖率，创新环保科学技术等。同时，要坚持示范区绿色运营,提升示范区环境质量,着力推进经济、社会、文化、生态等的协调发展,从而保证航空经济区的经济社会实现更高质量、更高水平、更有效率的发展。

四是坚持实体经济优先。实体经济不仅是未来航空经济区经济发展的着力点,也是推动高质量发展的主战场。

第二节 中国航空经济区高质量发展的思路

在发展支撑上,要加快向提高供给体系质量转变,着力打造高质量现代化产业体系,高质量推进产业发展,加快推动主导产业转型升级,形成集群优势,实现高质量发展;在发展路径上,要提升全球拓展和竞争能力,形成全面开放新格局;在发展环境上,要坚持以人为本、生态优先、兼容并蓄的原则,逐渐形成满足人民日益增长的美好生活需要的环境支撑;在发展绩效上,要强调创新对于发展的实际推动作用,突出高质量发展的实际经济、社会效益,突出抓好产业集聚区提质发展,牢牢把握基本路径,突出高质量发展的实际经济、社会效益(如图6-1所示)。

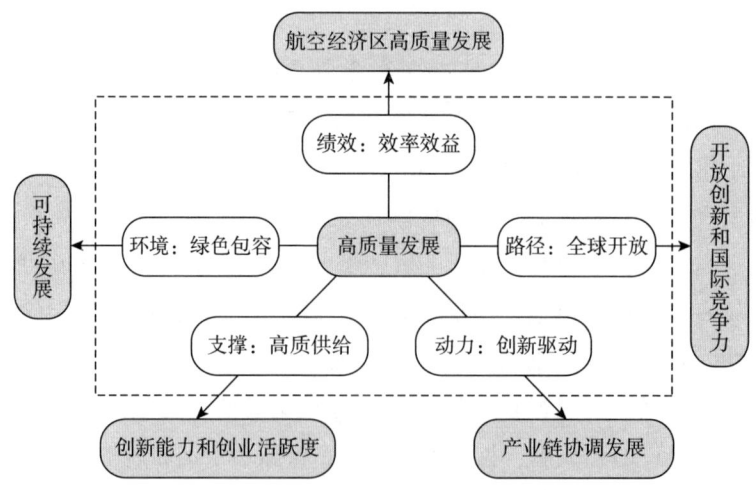

图6-1 航空经济区高质量发展示意

一 航空经济区必须强调创新引领

航空经济示范区发展不单单是一个区域、一个行业的事情，而是需要港、产、城等内部的努力和外部的配合和支持。航空经济区要着力推动质量变革、效率变革、动力变革。在发展绩效及发展动力上，航空经济示范区必须强调创新引领，要强调创新对于发展的实际推动作用，有效激发航空经济示范区管理机构及区内各类主体的创新潜能和创业活力。

二 航空经济区要着力打造高质量现代化产业体系

在发展支撑上，要加快向提高供给体系质量转变，着力打造高质量现代化产业体系。高质量推进产业发展，加快推动主导产业转型升级，形成集群优势，实现高质量发展。

（1）产业选择坚持沿"价值链"爬坡。

微笑曲线（见图6-2）是呈微笑嘴型的一条附加价值曲线，两端朝上。在曲线两端，上游的设计、研发、检测环节和下游的交易、服务环节成为附加值的最高环节，产业未来应朝微笑曲线的两端发展。微笑曲线理论指出产业未来努力的策略方向，在附加价值的观念指导下，企业只有不断往附加价值高的区块移动与定位才能实现持续高端化发展。

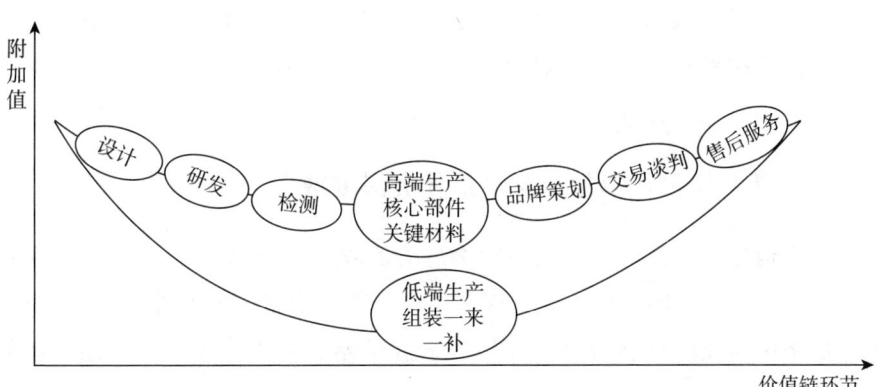

图6-2 "价值链—附加值"微笑曲线

（2）做深高端制造，优化创新投入。

做深高端制造，实施高端创新，把握产业成长规律，捕捉新兴产业机遇，推动新兴业态崛起。技术创新能力测度主要包括创新投入与产出两个方面。根据世界知识产权组织最新发布的《2018年全球创新指数报告》，我国的创新总指数位列全球第17，其中产出、投入和效益3个分指数分别位列第10、第27和第3。我国效益分指数仅次于瑞士和卢森堡，说明我国科研活动投入能够高效转化为创新成果；投入分指数相对落后，意味着我国技术创新的相对短板在于创新投入不足。2016年我国R&D经费支出占GDP的比重（研发投入强度，下同）为2.12%，比2001年提高1.18个百分点，在各国对比中提高较快，但强度水平依然偏低。

三 航空经济区要积极打造成为对外开放新高地

目前全球化进入4.0时期，航空经济示范区的发展必须立足于全球化4.0阶段创新全球化加速特征，注重集聚全球创新资源，紧抓"一带一路"尤其是空中丝绸之路建设机遇，加大核心关键技术、产品和产业的国际合作，全面提高开放创新和国际竞争能力，塑造开放新高地，打造区域核心竞争力。

四 航空经济区要积极推进高质量生态建设

要坚持"创新、协调、绿色、开放、共享"五大发展理念，抢抓"一带一路"倡议发展机遇，以打造智慧、科技、生态、宜居的现代航空都市为目标，高质量推进国际化社区、医院、学校及消费、娱乐场所建设，高质量推进国际化、智慧航空港建设。

五 航空经济区要加快与经济社会深度融合

加快构建航空经济区与经济社会融合系统，市场需求、竞争压力和技术创新三大融合动因是航空经济区与经济社会融合的驱动要素。保障方面，航空经济区与经济社会融合需要运行创新策略、组织创新策略、制度创新策略和政策创新策略来保障。从内外两方面分析，航空经济区与经济社会融合的内部效应主要体现于产业层面，融合扩展效应则主要体现于区域经济要素层面。

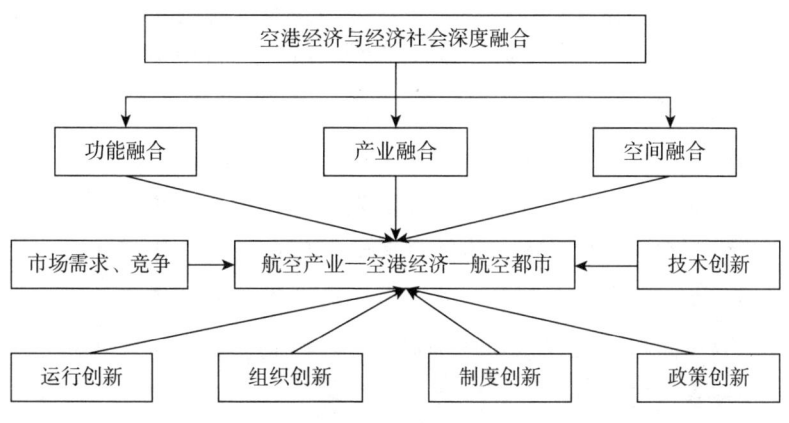

图 6-3 航空经济区与经济社会融合框架

第三节 新时代航空经济示范区高质量发展的政策建议

航空经济示范区发展不单单是一个区域、一个行业的事情，而是需要港、产、城等内部努力和外部努力互相配合和支持。相关各方亟须认清支持新时代航空经济示范区高质量发展的新任务。政府、市场和企业"三位一体"，因此，新时代航空经济示范区高质量发展之路有以下几条：一是筑牢坚实基础；二是强化战略支撑；三是优化空间布局；四是提高国际竞争力；五是完善制度保障。根据以上分析过程和结论，提出以下政策建议。

一 建立政府与市场有机组合的管理体制

1. 树立航空经济区自组织的发展观，同时强调自组织与他组织的有效结合

根据城市的发展史，城市的产生与发展是自组织的。城市本身是有一定的学习功能的系统，具有一定的自适应性和自组织性。许多规划建设中考虑不到而实际中必须解决的问题，往往通过这种功能得以暂时解决。所以，航空经济区在发展过程中，要充分认识航空经济区系统的自组织性，重视其自身的发展规律。但也要认识到任何城市要健康有序的发展，单靠自身的调节功能是无法实现的，所以也要强调政府他组织在航空经济区发

展过程中的作用，树立以自组织为主、以他组织为辅的发展观，实现自组织与他组织的有效结合，从而实现航空经济区健康、有序的发展。

2. 健全推进航空经济区经济发展工作的联动机制

发展航空经济区的经济，需要建立政府和市场有机结合的管理体制，各地区要建立健全推进航空经济区经济发展工作的联动机制，整合各方资源，形成发展合力，把航空经济区发展纳入城市发展总体规划和土地利用总体规划，实行统一规划、统一政策、统一协调、统筹重大项目建设。各有关部门要牢固树立大局意识和全局观念，密切协作、协调联动、相互借鉴，勇于探索创新，敢于率先突破，积极推动解决发展航空经济区经济过程中遇到的问题。

3. 强化顶层设计，加快体制机制创新，加大政策扶持力度，营造更优的政务环境

改革创新体制机制，进一步优化营商环境，是建设现代经济体系、促进高质量发展的重要基础，也是提高政府服务打造"魅力航空港"的重要内容。政府体制机制改革创新的终极目标是要打造一个市场化、法治化、便利化的营商环境，加快政府管理体系与治理能力的现代化。各地区、各部门要积极主动争取国家政策支持，出台支持航空经济区经济发展的具体政策措施，把先行先试权运用到航空经济区的经济发展之中。按照各自的职能，采取有效措施，在政策、资金、用地、配套设施和通关环境等方面加大对发展航空经济区经济的扶持力度。要定期对重大规划、政策、项目等进行衔接，加大对议定事项的落实力度，确保各项政策措施落地生效。同时认真学习、借鉴国内外航空经济区经济发达地区的成功经验，结合实际，因地制宜，合理确定航空经济区的空间布局和功能定位。条件成熟地区要研究制定本地区航空经济区经济发展的具体方案，分阶段设定规划目标、主要内容和实施路径，科学组织实施，杜绝盲目投资和重复建设，积极稳妥、扎实有序地推进本地区航空经济区的经济发展。

二 确立航空经济区主导产业，重点支持具有地方特色的产业

航空产业主要是受机场的影响而产生的，主要分布在机场及周边地区，具有明显的航空指向性。如果一种产业具有科技含量高、时效性强、附加

值高、重量轻和体积小等特点，就说明该产业具有明显的航空指向性。根据这一特征，把丰富产业门类、加快产业集聚、培育产业集群、完善产业配套作为推动地区航空经济区经济发展的重要举措，在临空经济区周围积极发展航空产业，科学布局产业，打造"港产城一体"的区域性国际航空新城，促进融合发展。承接好、管理好航空经济区的社会事务，航空经济区可以确定以下产业作为其主导产业：航空制造业、航空运输业、航空物流业、高新技术产品制造业、生产性服务业等。但是在实际发展中，由于不同的机场所处的实际位置不同，不同的航空经济区要从当地的实际出发，重点支持、发展具有当地特色的主导产业。要更加注重经济的发展水平，瞄准国际前沿、行业前沿，重点培育那些技术领先、效益突出的产业集群，实现高水平发展。聚焦不同运输方式之间、运输体系与物流体系之间、硬件体系与软件体系之间、国内物流与国际物流之间、口岸体系与产业体系之间、枢纽建设与产业培育及城市塑造之间的关系，全面提升枢纽经济供给能力、供给质量，切实把航空经济区打造成为提升供给体系质量的先行区。加快构建现代高端航空经济区的经济产业体系，通过电商、物流、金融、技术等资源输出和政府配套产业政策，联合打造"人才优势+成本优势+产业链服务+政策引导"的服务体系，促进园区的高质量发展。

三　强力创新对外开放的体制机制，做好科技成果转化工作

航空经济区经济与经济社会深度融合需要建立一套与国际接轨的新制度体系，实现对投资、贸易等领域的高效管理。不断推进体制创新、合作创新和理念创新，推动形成深度融合的开放创新局面，加快形成以创新为主要引领和支撑的航空经济区经济发展体系和模式，培育带动区域发展的创新高地。借鉴国内外成功经验，在社会管理、海关监管、口岸建设、财政金融、用地管理、人才引进等方面实施改革创新，为实验区建设提供强力支撑。

促进航空经济区的经济发展需要科学合理的政策环境和得力有效的措施。从国际上来看，20世纪70年代末欧美发达国家和地区推行的"放松管制"政策，大大促进了这些国家和地区的国内航空运输业的发展。20世纪90年代美国主导推行的"开放天空"政策，对航空业发达的国家拓展国际

航空运输市场起到了积极作用。很多航空经济区研发经费投入很大，但是在专利指标方面表现落后。这说明很多经开区企业对研发重视不够。当地政府应该创造良好的科技研发环境，比如建立科研平台，对研发产品投资给予金融、财政等支持，促进成果转化。

四 把打造特色航空经济区经济作为切入点和突破口

坚持高端定位和特色化发展思路，充分利用两个市场、两种资源，集聚各类要素，大力培育发展具有航空指向特点的特色航空经济区经济。从国外发展航空经济区经济的实践来看，各国均注重因地制宜，从各自的文化底蕴、独特资源等出发，最终走出航空经济区经济的特色发展之路。比如，迪拜世界中心走的是旅游休闲特色航空经济区经济之路，香港走的是会展特色航空经济区经济之路，阿姆斯特丹国际机场走的是商务总部特色航空经济区经济之路，伦敦希思罗国际机场走的是零售购物特色航空经济区经济之路等。国内各航空经济区应因地制宜，大力发展特色航空经济区经济，走出一条差异化竞争的航空经济区经济与经济社会深度融合发展的道路来。

建立航空经济区发展综合评价指标体系的目的在于通过评估航空经济区的发展现状，发现潜在的问题，促进航空经济区内城市之间的联系与协作，提高航空经济区的整体竞争力，促进航空经济区的可持续发展。不同发展阶段的航空经济区情况不同，需要解决的发展矛盾不同，发展对策建议也应有所不同。根据前文航空经济区的发展综合评价结果，笔者对我国成熟型、发展型、培育型航空经济区分别提出以下发展对策建议。

1. 成熟型航空经济区/都市连绵区对策建议

成熟型航空经济区的区域经济发展水平和同城化发展程度都很高，中心城市的带动能力强，在航空经济区密集的地区已经形成连绵成片的都市连绵区，如长三角都市连绵区、珠三角都市连绵区，其航空经济区的发展水平、中心城市贡献度、联系强度和同城化程度都很高。成熟型航空经济区的各类基础设施已经较为完善，发展重点应为进一步提升自身实力，加强对外开放，调节区域产业结构，提高航空经济区的国际竞争力，向世界级航空经济区发展；同时协调区域内发展过程中的矛盾，包括进一步疏解中心城市的功能和人口、缓解中心城市的压力，区域基础设施的共建共享、区域环境的共保共治、防止生态恶化等，采用的引导政策需具有开拓性；同时加强对区域环境保护、产业结构等短板的弥补，加强市场、政府、社会各方面的协调合作。

2. 发展型航空经济区对策建议

发展型航空经济区的区域经济发展水平较高，中心城市的经济和人口高度集聚，但辐射功能不强，航空经济区同城化发展程度低，常表现为虽已经开始蔓延到大都市及其周围的城镇，但周围城镇的发展程度相对较低。发展型航空经济区主要包括首都临空经济区、合肥临空经济区、青岛临空经济区、成都临空经济区、西安临空经济区等16个航空经济区。这些航空经济区的总体发展质量较高，但中心城市贡献度、联系强度和同城化发展水平则较低。发展型航空经济区的发展重点为发挥中心城市的辐射带动作用，推动航空经济区内城市间形成网络结构，加强同城化发展，采用的引导政策主要为打破行政壁垒，以政府主导的跨行政区合作为主，建立统一的资本市场、消费品市场、技术市场、劳动力市场、产权市场、旅游市场，构筑航空经济区内的产业集群，实现资源利用的效益最大化。

3. 培育型航空经济区对策建议

培育型航空经济区的区域经济发展水平较低，中心城市辐射功能较弱，城镇间联系较少，常表现为孤立的大都市或仅包括周围相邻的少数区县的大都市。培育型航空经济区主要包括南昌临空经济区、昆明临空经济区、重庆临空经济区、福州临空经济区、哈尔滨临空经济区等11个航空经济区。这些航空经济区的发展水平、中心城市贡献度、联系强度和同城化机制4个指标都较低。培育型航空经济区的发展重点为继续加强中心城市和航空经济区整体的经济实力，以提升航空经济区的总体发展质量，采用的引导政策主要为提升中心城市及周边地区经济实力的政策，以激发市场作用和完善公共服务设施、基础设施为主。

五 高标准规划和建设航空经济区基础设施

1. 高标准的土地规划

坚持节约集约利用土地，坚持规划引领。航空经济区经济要严格依据土地利用总体规划和城市总体规划开发建设，坚持科学、高效、有序开发。要坚持土地节约集约利用，严格土地管理、严控增量、盘活存量，坚持合理、节约、集约、高效开发利用土地。要加强土地开发利用动态监管，加大对闲置、低效用地的处置力度，探索存量建设用地二次开发机制。要建立健全土地集约利用评价、考核与奖惩制度。要健全用地执法程序，规范执法行为，强化执法监管水平。

2. 高规格的航空经济区经济实验区的交通设施建设

交通是航空经济区经济实验区的血脉。航空经济区经济实验区以机场为依托，以综合立体交通枢纽为核心，逐步带动金融、商业、商务办公、休闲旅游等现代城市功能的发展和优化，构建国际一流、高效快捷、绿色生态的高端服务中心，交通通达汇聚、发展增添活力、区域优势凸显。建议根据航空经济区经济发展的要求，梳理机场周边各层次基础设施系统的关系，实现城市道路、公路、轨道交通、铁路等各种交通方式的无缝驳接，从而建立立体化的综合交通体系。

六　引导和鼓励航空经济区各产业主体之间的合作，扩大系统中的合作协同效应

系统内部各子系统的合作协同是系统由无序到有序，进而实现系统新功能的动力，而且各子系统的合作协同可以保持系统的高效运行状态。实际操作中，首先可以在机场和周边地区共建经济区，形成产业连接带，通过产业互补式发展，实现产业融合。同时尽量将经济区规划成高新技术园区，通过发展高新技术产业形成对其他产业的技术扩散，实现知识溢出效应，促进产业间的合作。其次，根据航空经济区产业的特征，在航空经济区产业集群区可以采用柔性的生产方式。柔性生产方式源于专业化的中小企业在地域范围内集聚使得劳动分工进一步细化和专业化程度进一步提高。柔性生产方式适合多品种、小批量、交货期严格的产品生产，其通过准时生产、全球或区域采购两种方式实现。航空经济区的产业大多具备这样的生产特点，并且机场快速的可达性为柔性生产提供了条件。在柔性生产方式下，每个企业专注于自己的核心业务，将非核心业务进行外包，加速了企业之间的分工协作，加强了企业与上下游企业的密切联系，形成了比较

完整的产业链条。所以,柔性生产方式的应用,促进了企业间的一种新型的分工与合作,进而形成核心企业与相关配套企业的协调发展的模式。构建政府服务、市场运作、企业主体的"三位一体"和谐关系,是培育新动能的道路选择,能够进一步夯实和筑牢经济稳中向好的基础。政府为促进经济增长而创新服务体系、转变服务方式,主动化解经济体系中积累的矛盾,营造透明、公平的市场,为企业的发展创造良好的环境,以增强企业的活力;要坚持由市场主导企业竞争、甄选优秀企业,发挥市场配置资源的决定性作用;依托新动能的蓬勃力量,加快淘汰落后产能、消化过剩产能的步伐,进一步推动新旧动能接续转换,驱动实体经济转型升级,从而提高供给质量水平。由此,推进供给侧改革,需要审时度势,重塑新型的政商关系,确立政府、市场和企业的角色定位。尊重经济发展的客观规律,释放市场活力,将会不断涌现新产业、新业态,为当前经济增长注入许多积极因素,增强经济发展新动能,实现航空经济区、产业和城市的"三位一体"。

唯有加快推进工作,整合调动各方力量,凝聚发展合力,才能全面发挥航空经济区资源要素集聚的优势和航空经济区政策扶持、开发空间的优势,形成与区域社会经济既相互融合又相对独立,既优势互补又共同发展的良好格局,为区域经济建设发展提供源源不断的动力。

七 加快推进航空口岸便利化建设

以全面提升航空口岸通关能力和水平、提高航空经济区经济服务效率为目标,加快推进航空口岸便利化建设。一是围绕航空口岸建设,推动一类口岸扩容增效;二是围绕电子口岸建设,提高口岸运行效能;三是打造智慧型口岸促进通关便利化(通关服务智能化、流程监管电子化、技术装备现代化、口岸建设标准化等);四是通过制定、公布权力清单和责任清单,建立和完善对外贸易服务平台、国际贸易机构集聚平台、跨境金融服务平台、园区平台,全力打造高效型口岸。

八 注重生态环境保护

1. 强化生态环境保护

航空经济区经济与经济社会融合按照节约优先、保护优先的基本方针,坚持绿色发展、循环发展、低碳发展的道路，把握、处理好经济发展和生态环境保护的关系，在推进生态文明建设中发挥窗口、示范、辐射、带动作用。坚持绿色集约发展，鼓励绿色低碳循环发展，依法开展环境影响评价，严格资源节约和环境准入门槛，提高能源资源利用效率，减少污染物排放，确保环境质量，大力发展生态工业和循环经济，开展ISO14001环境管理体系建设。实行最严格的生态环境保护制度，大力发展绿色航空和绿色航空经济区，坚定走生态良好的文明发展道路，建设美丽中国。

2. 坚持节约集约利用土地

坚持规划引领，航空经济区经济要严格依据土地利用总体规划和城市总体规划开发建设，坚持科学、高效、有序开发。坚持土地节约集约利用，严格土地管理，严控增量、盘活存量，坚持合理、节约、集约、高效开发利用土地。加强土地开发利用动态监管，加大对闲置、低效用地的处置力度，探索存量建设用地二次开发机制。建立健全土地集约利用评价、考核与奖惩制度。健全用地执法程序，规范执法行为，提高执法监管水平。

第七章

专题研究：郑州航空港经济综合实验区高质量发展的路径选择

第一节 郑州航空港经济综合实验区发展的总体评价

一 高质量发展基础动力（机场、综合枢纽）方面

高质量的发展，离不开一定的基础条件的支撑。无论是从产业基础、功能优势还是从发展环境来看，实验区都具备了支撑率先高质量发展的基础条件。

1. 成绩方面

郑州航空港经济综合实验区具备良好的基础和条件，枢纽建设和物流发展成效显著。完成郑州机场二期工程改造，配套建成立体化综合交通换乘中心（GTC），基本建成连接机场的快速铁路网和高速公路网，现代综合交通枢纽地位得到初步确立。编制《郑州国际航空货运枢纽战略规划》，以郑州—卢森堡"空中丝绸之路"为核心，持续优化航线航班，基本形成覆盖全球主要经济体的货运航线网络。不断引进培育航空物流项目，ZARA等一批知名物流企业也落户郑州航空港经济综合实验区，使物流节点城市辐射带动作用明显增强。新郑机场的承载力（包括机场跑道数量和候机楼面积两个指标）与其他城市相比处于中等水平，基础设施水平良好（指机场与机场所在城市之间已通地铁、高铁，郑州还建有直通机场的高速公路）。

密集度方面，通过年起降架次和年起降架次增长率指标的比较，我们发现在 27 个机场中郑州机场的运行效率较高。

2. 存在的问题

发展水平方面，通过基地航空公司数量指标的比较，我们发现与成都、重庆、西安和长沙相比，新郑机场的基地航空公司数量偏少。外向度（包括通行国际城市数量和国际航线数量）方面，新郑机场的通行国际城市数量、国际航线数量均偏少。枢纽机场构建方面，在基础设施硬件建设已基本完成的情况下，郑州航空港经济综合实验区进入发展阶段，提高外向度是未来 3 年的主要任务。服务水平方面，通过全年旅客投诉件数指标的横向比较，我们发现郑州较重庆、上海、贵阳、成都、长沙、广州、杭州和武汉的旅客投诉量都高，说明郑州应提高服务的软实力。郑州机场综合交通体系没有得到充分利用，腹地空间拓展有限，对周边省份的虹吸效应不足。2018 年郑州机场中转旅客、国际旅客占比仅为 4.5%、5.3%，落后于武汉机场、长沙机场。综合交通体系没能为企业提供材料、产品、销售等方面快速有效的解决方案，没能将生产要素快速集散到产业链中，没能充分发挥交通优势提升产业聚集度。"大枢纽带动大物流，大物流带动大产业"还没有真正形成，机场在打造对外开放高地、助推航空港经济综合实验区发展中的引领带动、核心引擎作用还需进一步加强。

二 发展经济基础方面

1. 主要成就

郑州航空港经济综合实验区（以下简称航空港经济综合实验区、实验区）获国务院批复五年来，各项工作扎实推进，取得了可喜成绩。2013～2017 年，地区生产总值从 325.6 亿元增加到 700.1 亿元，年均增长 21.09%；规模以上工业增加值从 161.4 亿元增加到 295.3 亿元，年均增长 16.3%；固定资产投资从 209 亿元增加到 680.5 亿元，年均增长 34.33%；民航旅客吞吐量由 1314 万人次增加到 2430 万人次，年均增长 16.61%；货邮吞吐量由 25.6 万吨增加到 50.3 万吨，年均增长 18.39%；手机产量累计达到 9.5 亿部，电子信息行业产值占全省电子信息行业总产值的比重稳定在 70% 以上；新郑综合保税区进出口总值占全省进出口总值的比重稳定在60%以上。2018年，航空港实验区地区生产总值突破800亿元，达到800.2亿元，同比增长12%，分别高于全省、全市4.4、3.9个百分点，增速排名全市第一。电子信息业产值突破3000亿元，达到3084.2亿元。外贸进出口总额突破500亿美元，达到527亿美元。跨境电商业务单量突破2000万单，达到2114.4万单，全市占比由2016年的3.28%提升至2018年的21.8%，比重三年提高5.6倍。规模以上工业增加值增长11.7%，分别高于全省、全市4.5、4.9个百分点。一般公共预算收入完成42.4亿元，增长16.8%，分别高于全省、全市6.3、7.8个百分点，增速全市排名第一。客货运规模继续保持中部地区"双第一"，客运达到2733.5万人次，其中国际旅客达到171.5万人次；货运达到51.5万吨，进出口货物达到32.92万吨。①

2. 存在的问题

一是本省产业支撑不强。产业结构是本地市场需求的重要因素。河南是农业大省，但粮食深加工的高附加值产品较少。产业仍以化工、有色金属、钢铁、纺织等传统产业为主，轻工业产值约占全省工业总产值的30%，适合航空运输的货物不多。2016年，以本省为始发地和目的地的货物仅占机场货邮吞吐量的43%。总体上，缺乏战略性新兴产业，外向型经济不够发达，推动航空经济发展的产业支撑能力不够，航空市场需求不足。

二是航空港经济综合实验区产业基础薄弱。在航空港经济综合实验区内，作为航空经济核心产业的航空设备制造及维修等产业，目前还是空白，特色优势不鲜明。航空服务业项目少，落地生根的少，尤其是缺乏大型物流集成商和本土货运航空公司，航空物流产业发展后劲不足。与航空关联度较高的高端制造业和高新技术产业规模偏小，对富士康的依赖性较高，规划的生物医药、电商物流、精密机械等航空偏好型产业发展相对滞后。郑州机场周边区域产业布局和航空产业布局不匹配，尚未形成具有聚合效应和辐射力极强的航空经济区，航空经济集态和增长极特征没有得以真正体现。

---

① 本章涉及郑州航空港经济综合实验区的所有数据来自实验区管委会网站及相关报告。以下不再赘述。

三是实验区航空产业关联性较弱,协同发展不足。根据第三次经济普查的具体行业数据,航空物流业、高端制造业和现代服务业是实验区发展的三大主导产业(见表7-1)。第一,从就业人数看,就业人数最多的是高端制造业(97.3%),占绝对主导地位,航空物流业和现代服务业人数很少,分别为2.5%和0.2%。第二,从营业收入看,营业收入与就业人数表现一致,营业收入最高的是高端制造业(97.5%),而航空物流业、现代服务业仅为2%和0.5%。第三,从企业数量看,三大主导产业之间的差别并不大,高端制造业、航空物流业和现代服务业的企业数量分别为52家、38家和43家。

表7-1　郑州航空港经济综合实验区三大主导产业指标比较

产业	就业人数比重(%)	营业收入比重(%)	企业数量(家)
高端制造业	97.3	97.5	52
航空物流业	2.5	2	38
现代服务业	0.2	0.5	43

从表7-1的数据可以看出,实验区产业的主体是高端制造业,而制造业中以计算机、通信和其他电子设备制造业为主,其实也就是以富士康为主的智能手机制造占据了绝对优势,是典型的一家独大。而作为航空港经济综合实验区立足之本的航空物流业是最早存在的产业,尽管发展时间最长,但从普查数据看,航空物流业规模小、效率低,对于实验区经济发展的拉动不足,需要快速提高航空运输的客货运规模。现代服务业则刚刚起步,小企业居多,能提供的服务功能有限,导致产业间联动发展能力不足,制造业与服务业融合不够,航空物流与国际贸易脱节,实验区内两大主导产业航空物流业和现代服务业都亟待进一步培育壮大。

航空物流业涉及的快递、跨境电商、冷链等物流业务主要面向消费和终端市场,属于社会物流范畴,对于第三方物流的带动作用不大,难以有效促进制造业与物流业的联动。物流业的网络化特征明显,由于缺少区域分拨中心、营运中心、结算中心等总部经济,实验区物流业务量虽大,却难以带动营业收入的增加。

三 高质量发展经济动力方面

走向高质量发展的过程，是一个加快转变发展方式、持续增强可持续发展能力、不断提升国际竞争力的过程。

1. 成绩方面

智能终端产业发展迅猛，以富士康产业集群为龙头的全球智能终端手机生产基地已经形成，规模不断壮大。2017年，新增签约项目超过65个，总投资约1016亿元；手机产量约3亿部，同比增长16.4%。新型产业逐步启动，2017年8月获批开展经营性租赁收取外币租金业务，2017年12月河南省首单飞机保税租赁业务顺利完成。产业集聚和城市建设协同推进。电子信息、精密机械、生物医药、商贸会展等产业快速集聚，跨境电子商务、云计算、大数据等新兴产业迅猛发展，其中苹果、富士康、三菱重工、伏尔加－第聂伯集团等企业进驻。2018年，电子信息业产值突破3000亿元，达到3084.2亿元，增长2.8%；外贸进出口总额突破500亿美元，达到527亿美元，全省、全市占比持续保持60%、80%以上；跨境电商业务单量突破2000万单，达到2114.4万单，全市占比由2016年的3.28%提升至2018年的21.8%，比重三年提高5.6倍；产业发展实现新突破，合晶单晶硅项目投产，华锐液晶面板项目开工，光力科技半导体封装划片机、DW电子先进集成电路芯片靶材、富士康中州研发中心等项目入驻，都填补了全省空白。航空港经济综合实验区共取得五个第一：一是地区生产总值增速12%，高于全市3.9个百分点；二是一般公共预算收入完成42.4亿元，增长16.8%，高于全市7.8个百分点；三是综合保税区外贸进出口总额完成3415.4亿元，实现封关以来"七连增"，稳居全国综合保税区第一方阵；四是郑州机场完成旅客吞吐量2733.5万人次，货邮吞吐量51.5万吨，客货运规模持续保持中部地区"双第一"；五是PM2.5、PM10累计浓度下降率在全县（市）、开发区中排名第一。航空港实验区在全省开放中的龙头作用、在郑州建设国家中心城市中的引领作用进一步增强。

2. 存在的问题

（1）产业多样化程度低，经济增长不稳定。产业多样化具有知识溢出效应和投资组合效应，前者有利于经济增长，而后者则有经济稳定。区域产业多样化类似于公司的多元投资策略，公司投资对象的多样化可以降低其投资失败的风险。而区域产业的多样化会产生多样化的产品结构，可以降低外部市场变化的影响面，稳定区域经济和就业。产业多样化的投资组合效应，在产业关联度较低的产业结构中作用可能更强，而产业多样化的知识溢出效应则更可能发生在产业关联度较强的产业之间。郑州航空港经济综合实验区产业多样化程度低，除手机产业链外，没有其他支撑港区经济增长的高端制造业。2015年郑州航空港经济综合实验区计算机、通信设备和其他电子设备制造业增加值419.4亿元，占规模以上工业增加值的97.6%；2016年郑州航空港经济综合实验区计算机、通信设备和其他电子设备制造业增加值350.8亿元，占规模以上工业增加值的97.3%。这导致郑州航空港经济综合实验区经济增长的稳定性差，2011年、2012年港区GDP增长率分别达到89.8%、77.6%，2013年骤降为25.4%，2016年又骤降为13%。

(2) 高端制造业发展缓慢。高端制造业作为航空经济区的配套产业，具有高附加值、高盈利水平、全球化的特点。航空港经济综合实验区发展高端制造业的优势在于为高素质人才、高附加值产品和提供高速、安全的客货运服务。郑州航空港经济综合实验区充分发挥航空运输的优势，定位于发展高端制造业，形成了集手机研发、整机制造、配件生产、软件开发与产品设计、手机销售于一体的全产业链；UPS、Fed Ex、南航、东航等货运航空公司均已入驻；引进了富士康、酷派、天宇、创维等119家智能手机整机或者配套企业。但是郑州航空港经济综合实验区的手机产业链并不完整，产值集中在整机制造和配件生产，而附加值更高的研发、软件开发、产品设计的产值较小。

而作为世界顶级航空经济区的法兰克福航空经济区，聚集着大量的高科技公司，这些企业的产品大都以出口为主，例如坐落在法兰克福的赫希斯特、德固赛和昌特格尔等企业的化工产品、医药、燃料在全球拥有巨大的影响力。泰维思公司的无石棉闸瓦为全球汽车制造商所使用，威迪欧是世界汽车配件和汽车技术电子操纵控制仪表的第二大制造商。相比之下，郑州航空港经济综合实验区高端制造的发展任重道远。

(3) 现代服务业发展滞后。发展现代服务业，一方面有利于航空港经济综合实验区发挥高速安全客货流的优势,另一方面有利于航空港经济综合实验区丰富产业结构,推动航空港经济综合实验区向城市经济过渡。法兰克福会展业是航空港经济综合实验区发展现代服务业的典型案例。法兰克福会展业一直坚持专业化、国际化,以高标准建设会展基础设施,不断加强与国际制造商、贸易商的合作,积极承办国际知名的品牌发布会、博览会和展销会,打造国际会展中心名片。法兰克福每年举办会展超过50个,其中有15个是世界顶级会展。航空运输惠及法兰克福地区的会展业,机场发达的航线网络将来自世界各地的国际参展物品安全、准时、可靠地运输到法兰克福。

郑州航空港经济综合实验区率先获批国际城市航空快件总包直封权,郑州至纽约、莫斯科、伦敦等13个国际城市可实现"当日寄出、次日抵达";开通了卡车航班或海关监管卡车,开通中部首家快件监管中心,获批开展保税货物结转试点,开通北京、上海、重庆等13个主要城市的卡车航班,通过"电子商务+保税中心+国际邮件直封体系"模式,为全国31个省(区、市)和8个国家的网购者提供网购服务。但是郑州航空港经济综合实验区大物流对现代服务业的带动作用不明显,形成了"通道式、过路式"的发展模式,货物不落地,不能形成必要的物流增值服务,产业难以扎根,应借力物流产业大力发展会展、航空金融租赁等现代服务业。

(4)关于城市人口和人均GDP对枢纽机场构建的作用,通过横向比较,我们发现郑州市人口数量处于中等水平,人均收入偏低。通过分析,我们认为可能有两方面原因:一是作为全国第一人口大省,河南在城镇化的速度方面有待提高,以促进人口城镇化和提高居民收入水平;二是吸引人才的力度有待加大。

(5)基础研究投入低,缺乏一流大学的研究支撑,创新创业活力不足,自主创新能力不强,应进一步完善创新激励机制,提高港区创新水平。

创新创业是实验区发展的原动力,是竞争优势的核心根源。企业家通过创新将新的想法转化为新的产品、工艺或服务,创造新的商业机会。专利反映了企业家新想法的产生频率和对新想法的商业运作能力,是衡量地区和企业创新能力的重要指标。

截至 2016 年年底，实验区只拥有高新技术企业 14 家，省级工程技术研究中心 7 家，市级工程技术研究中心 26 家，省级创新型试点企业 10 家，市级创新型试点企业 17 家。2016 年，全年新申请各类专利 537 件，其中发明专利 152 件，实用新型 144 件，外观设计 241 件。授权专利合计 500 件。截至 2016 年年底，全区累计申请各类专利 3357 件，其中发明专利 1033 件，实用新型 630 件，外观设计 1694 件。授权专利合计 2006 件。

这与先进科技园区差距巨大。2015 年硅谷地区共注册专利 18957 件，平均每 10 万人注册专利 1884 件；中国国家高新区平均每 10 万人注册专利 2069 件，其中中关村每 10 万人注册专利 2984 件。

四 开放发展方面

1. 成绩方面

开放功能和带动作用持续增强。河南自贸区上升为国家战略，服务功能和辐射范围进一步拓展，其中郑州综合保税区进出口总值位列全国综合保税区第一。新业态、新模式快速发展，在全国率先建立跨境电商保税备货模式。初步建成与沿海相当、国际接轨的"一港一区＋N 个特种商品口岸"开放口岸体系；海关快件监管中心、省电子口岸中心、口岸作业区、跨境电商信息平台、多式联运数据交易服务平台等建成投用，河南省成为功能性口岸数量最多、功能最全的内陆省份，开放平台辐射力不断增强。河南联合签证中心、综合保税区三期项目稳步推进，各类口岸业务规模不断加大。2017 年查验肉类 2.81 万吨，完成进口水果 5700 吨、鲜活海产品 2700 吨、邮件 7336 吨。郑州航空港经济综合实验区正成为全国最大的进口货物集散地和分拨中心。

2. 存在的问题

（1）社会国际化程度严重偏低。对外开放度方面，郑州航空港经济综合实验区口岸数量处于优势，但口岸通关规模小；郑州的领事馆和签证处数量少。领事馆区是城市国际化的重要标志，是城市对外交往的门户，能够促进国家间的经贸、文化、政治等多方面的交流，也反映了一个城市的政治地位、经济实力。从全国范围来看，有 17 个城市设有外国领事馆，均为国家中心城市、省会或沿海开放城市。上海作为国家经济中心，拥有 76

家领事馆，数量是除北京外最多的；广州拥有 61 个国家的领事馆。郑州航空港经济综合实验区已规划并开建 11.97 平方公里的领事馆片区，并计划在未来加快领馆区的申报与配套国际化社区等设施建设，为国际友人在郑州航空港经济综合实验区工作和生活创造优美的人居环境，同时将其打造成对外开展经贸合作、文化交流的窗口，吸引外商投资入驻的重要平台，提升港区国际化程度。近年来，郑州举办国际会议的次数不断增加，但当前年入境人数占本地人口比重和外籍侨民占本地人口的比重偏小。郑州的领事馆和签证处数量少。另外，据有关部门统计，郑州的外国航空常旅客只有 51 人。这些反映了郑州国际化程度严重偏低。在国际化程度方面，航空港经济综合实验区政府在硬件设施和制度层面都打下了坚实的基础，在这种条件下，如何逐步提高软实力以促进港区对外开放和国际化程度，从长远来看是难题，也是急需解决的问题。

（2）融资渠道单一，风险投资力度不足。国外，2016 年硅谷和旧金山地区的风险投资总额为 231 亿美元，其中硅谷地区为 93 亿美元，旧金山地区为 138 亿美元。硅谷地区中 66% 的资金投向互联网、移动通信和电信公司上。国内，2016 年中国风险投资总额为 4816 亿元，其中国家高新区创投机构风险投资总额为 280.01 亿元，约占全国风险投资总额的 5.8%。2016 年郑州航空港经济综合实验区风险投资总额非常低，郑州航空港经济综合实验区应进一步完善金融引导机制，鼓励风险投资机构发展，为园区创新创业项目提供金融支持（见表 7-2）。

表 7-2 2016 年主要经济区发展对比

地区	实际利用外资额（亿美元）	排名	GDP（亿元）	排名	面积（平方公里）	排名	进出口总额（亿元）	排名	每平方公里实际利用外资额（亿美元/平方公里）	排名
上海自贸区	325.86	1	6875	1	28.8	7	7873	1	11.31	1
深圳高新区	74	2	506.1	7	11.5	8	798.3	5	6.43	2
天津自贸区	28	3	2164.5	3	119.9	3	3253.6	2	0.23	3
广东自贸区	22.21	4	2000	4	116.2	5	1490.66	4	0.19	4
河南自贸区	7.4	6	1278	5	119.8	4	114.8	7	0.06	5

续表

地区	实际利用外资额（亿美元）	排名	GDP（亿元）	排名	面积（平方公里）	排名	进出口总额（亿元）	排名	每平方公里实际利用外资额（亿美元/平方公里）	排名
武汉高新区	17.17	5	3708.4	2	518	1	1766.2	3	0.03	6
郑州高新区	3.6	8	248.2	8	110	6	6.5	8	0.03	7
实验区	5.3	7	622.6	6	415.2	2	482	6	0.01	8

五 协调性发展方面

1. 成绩方面

2018年上半年，第二、三产业对实验区经济增长的支撑作用更加明显，第二产业增加值完成252.2亿元，增长11.1%；第三产业增加值完成82.1亿元，增长约15.3%，增速在全市16个县（区、市）中排名第一；截至6月30日，实有第三产业企业6022户，占比76.7%，增长39.9%，以第三产业为主导地位的产业结构更加合理。带动力、辐射力、影响力不断提升，进出口总额完成1205亿元，全省、全市占比分别达到56.7%、81.5%；航空运输旅客吞吐量完成1335.6万人次，居全国机场第12位，增长17.8%，增速居全国第1位。航空货邮吞吐量完成23.3万吨，居全国机场第7位，增长12.3%，增速居全国第2位。航空港经济综合实验区从高速增长向高质量发展转变的态势正加速形成。

2. 存在的问题

（1）实验区经济增长稳定性差。如前文所述：2015年郑州航空港经济综合实验区的计算机、通信设备和其他电子设备制造业增加值为419.4亿元，占规模以上工业增加值的97.6%；2016年郑州航空港经济综合实验区计算机、通信设备和其他电子设备制造业增加值为350.8亿元，占规模以上工业增加值的97.3%。这导致郑州航空港经济综合实验区经济增长稳定性差，港区GDP增长率在2011年、2012年分别达到89.8%、77.6%，2013年骤降为25.4%，2016年又骤降为13%。

（2）河南自贸区和航空港经济综合实验区的协同效应不能有效发挥。

河南自贸区的定位是"两体系一枢纽",着力打造内陆开放型经济示范区,但开放程度较高、连接其他贸易经济体更便捷的航空港经济综合实验区和郑州机场却尚未纳入。作为引领河南对外开放战略高地的河南自贸区、航空港经济综合实验区,国家层面均制定了总体方案或发展规划,例如《中国(河南)自由贸易试验区总体方案》(国发〔2017〕17号)、《郑州航空港经济综合实验区发展规划(2013—2025年)》(发改地区〔2013〕481号),而且河南省也结合实际情况制定了实施方案,但两区之间的政策、设施等没有很好衔接,"1+1>2"的协同效应发挥得不够,最明显的就是河南自贸区的开放政策尚未在航空港经济综合实验区有效落地。

(3)航空港经济综合实验区产业结构单一,向城市经济过渡缓慢。航空港经济综合实验区的经济发展一般要经历运输经济阶段、产业集聚阶段和城市经济阶段。在航空港经济综合实验区经济发展的起步阶段,航空港经济综合实验区主要表现为直接利用机场提供的主要设施进行航空运输服务和相关航空保障服务。随着机场客货流量扩大,机场周边基础设施不断完善,关联企业数量不断增长,航空港经济综合实验区逐步进入产业集聚阶段。2016年郑州航空港经济综合实验区的客流量、货流量、航空关联产业都有所发展,已经步入产业集聚阶段。但是,郑州航空港经济综合实验区2016年常住人口很少,向城市经济过渡的动力不足。航空港经济综合实验区经济向城市经济发展的主要特征是常住人口大规模增加,教育、娱乐、金融、研发和培训等航空引致产业快速发展,非航空产业产值远超航空产业产值。2016年郑州航空港经济综合实验区教育、娱乐、金融、研发和培训等航空引致产业的产值很低,航空港经济综合实验区向城市经济过渡速度较慢。

(4)过路式物流业占据主导,生产性服务业增加值低。大物流对大产业带动作用不明显,约80%的货物来自长三角地区,形成了"通道式、过路式"发展模式,货物不落地,不能形成必要的物流增值服务,产业难以扎根;应更专业地沿产业链上下游招商,以带动腹地经济发展航空指向性高的产业。现代服务业发展滞后,在金融资本、研发基础设施、专业化服务提供上存在明显短板,对高新产业发展的支持力度不够。口岸体系建设在主要临空经济区位居前列,但口岸规模效应有待增强。实验区口岸除进口肉类口岸实现全年稳定运行外,水果、食用水生动物、冰鲜水产品口岸品类还比较单一,受农产品季节性影响,波动较大,口岸资源闲置时间较长。澳大利亚屠宰活牛指定口岸运行面临比较大的困难。

(5) 实验区产业结构表现不尽合理,产业基础较薄弱。合理的产业结构不仅是经济高质量发展的一种表现,更是推动经济高质量发展的主要因素。郑州航空港经济综合实验区2017年第一、二、三产业的增加值分别为105159亿元、5250396亿元和1645376亿元,一、二、三产业分别比上年增长了-7.6%、14%和16%。

2013~2018年郑州航空港经济综合实验区三大产业结构不断优化,第三产业的作用凸显:第一产业所占的比重持续下降,第二产业所占的比重有所下降,第三产业所占的比重有所上升,但第二产业的产业增加值仍占绝对主导地位,第三产业还处于发育阶段。经济发展到高级阶段的产业结构应为"三、二、一"结构,实验区规划中高端服务业和航空物流业也是其重要的主导产业。目前,实验区的产业基础还较薄弱,传统产业仍然偏多,除智能终端产业园外,其他主导产业及相关产业的集聚态势都未能形成,航空偏好性的高新技术产业、高端制造业及高端服务业较少,产业结构亟待调整。可见,实验区产业结构的优化提升尚有很大空间。

六 高质量发展可持续方面

1. 成绩方面

截至2016年年底,实验区建成区公共绿地面积为857万平方米。建成区内的污水处理率达到95%,日污水处理能力达到15万立方米。实验区现有15万立方米/小时的燃气门站1座,建成燃气管网195公里;现有1座热源厂,供热能力160蒸吨/小时,供暖蒸汽管网16公里,供暖水管网94公里。年末有线电视用户达到16570户,增长1.2%。2018年,全区紧紧围绕"一持续两提升一转变"的发展思路,统筹规划、建设、管理三大环节,突出品质提升、管理增效,较好完成了"立新城"开局工作的各项任务,人居环境不断改善,城市承载力进一步增强,城市面貌焕然一新。投资超千亿、占地约100平方公里的超级枢纽工程发展蓝图初步呈现;新增通车里程

40 公里，累计通车里程达 443 公里；铺设供水、电力排管、燃气等管网超过 120 公里；人均公园绿化面积达到 12.7 平方米。

2. 存在的问题

（1）关于环境水平，通过所在城市空气质量达标天数指标的横向比较，发现郑州排名第 25，非常靠后，说明郑州空气污染严重，对枢纽机场的构建及绿色智慧航空都市建设不利。

（2）机场所依托城市高等大学数量指标，反映航空经济区建设的人才支撑程度和科技创新程度。

（3）航空港经济综合实验区高学历和国际人才的比重较低，人才结构不合理，工资收入不高，对创新性人才吸引力较弱。收入增长是衡量地区经济增长活力的重要指标。2016 年郑州航空港经济综合实验区从业人员平均薪酬低于中国国家高新区从业人员平均薪酬（11.2 万元/年），硅谷 3 级职业岗位工资中位数为 18 万元/年，硅谷从业人员平均工资为 70.1 万元/年。郑州航空港经济综合实验区应进一步优化发展战略，强化"以人才为资本"的价值导向，提高园区实际人均收入水平。

在人口方面，"成年人受教育程度"在硅谷指数和航空港经济综合实验区高质量指标体系中均是一项重要指标。2017 年硅谷指数显示，在过去 10 年，硅谷居民中学历为本科或以上的比例增加了 4.5%；硅谷成年人中，学历为研究生及以上的比例达 22%。硅谷居民的受教育程度明显高于加利福尼亚州和美国，受过高等教育的成年居民占比为 49%。有关统计资料表明，2016 年郑州航空港经济综合实验区本科学历人员比例明显低于硅谷园区。郑州航空港经济综合实验区应进一步加强高学历人才的引进。从国际人才集聚能力看，2016 年硅谷地区外国出生居民比例高达 38%，中国国家高新区从业人员中海外留学归国人员和外籍常驻员工比重为 1.05%，郑州航空港经济综合实验区从业人员中海外留学归国人员和外籍常驻员工比重也低于全国平均水平。郑州航空港经济综合实验区需要进一步优化生活、工作环境，吸引和集聚国际高素质人才。2016 年，西安、中关村、成都、深圳、武汉、上海张江等高新区的从业人员中本科及以上学历人员占比在 50% 上下，远高于实验区平均水平。

七 高质量发展、民生发展方面

1. 成绩方面

产业集聚和城市建设协同推进。全力推进航空港经济综合实验区的基础设施和公共服务设施建设，持续完善城市功能，城市建成区面积接近80平方公里，城市承载能力不断提升；挂牌成立城市管理局，实施精细管理，开展联合整治，城市管理不断优化升级。依据河南省和郑州市对航空港经济综合实验区民生实事建设的要求，截至2018年12月，航空港经济综合实验区2018年承担的筹措2000套青年人才公寓、推进农村畜禽养殖废弃物处理和生态健身步道建设、失业人员转移就业4项任务已完成，其他事项正在有序推进。

2. 存在的问题

（1）城市支撑能力不足阻碍了民生发展。实验区建设不同于全国其他新区建设。实验区是产业在先，城市在后。城市功能配套不足将是最近几年都必须要解决的一个重要问题。尤其是南部地区，作为实验区全区高端制造产业聚集区，目前的路网与基础设施配套还非常不足。另外，对产业从业人员需要的医疗、教育、文化设施等的需求也在迅速增加，但相对于产业的高速发展，这些公共服务设施和公共服务能力都显得有所滞后。

（2）工作人员不足问题。党的十九大提出了七大目标：幼有所育、学有所教、劳有所得、病有所医、老有所养、住有所居、弱有所扶。民生建设涉及教育、医疗、就业、养老、社保、住房、残疾人服务、精准脱贫等领域，需要部门的协同和专业人才。而作为一个航空经济发展先行先试区，一个从传统农耕文化向现代航空都市转型发展的特区，航空港经济综合实验区在民生高质量发展需求和供给方面都要进行深入研究，大量投入人力、物力。而航空港经济综合实验区的工作人员又很有限，往往多部门合一、一岗多责，这就势必对工作人员造成很大的压力，甚至影响工作效率，影响高质量民生建设，影响经济高质量发展。

（3）民生建设资金问题。航空港经济综合实验区民生建设资金一般由省市两级财政和航空港经济综合实验区按照一定的比例分担。随着航空港经济综合实验区居民数量的增加和对基本公共服务需求质量的提升，民生高质量将面临更大的资金需求，占用更大的财政资金，而财政税收收入增长难度也越来越大，加上国家对财政、投融资等领域的管控越来越规范、越来越严格，所以，高质量民生建设面临更大的资金压力。

第二节 郑州航空港经济综合实验区高质量发展面临的挑战与问题

一 实验区高质量发展将面临的新挑战

1. 全球形势多变，国家对外及区域发展战略有调整

当前世界正面临百年未有的大变局。一方面，多边主义和多边贸易体制受到严重冲击，全球经济不稳定性和不确定性进一步加剧，美国为维护石油、美元的统治地位，不惜让世界进入黑暗丛林；另一方面，全球化的传统动力，如国际合作、关税减让、离岸制造、服务外包等，仍在继续推动全球供应链和全球治理体系的改善且不可逆转，中国提出的"一带一路"倡议又为全球化注入新的动力。面对这些变化和挑战，我们需要重新审视新的世界秩序，坚定不移地推进对外开放，维护多边贸易体制，推动经济全球化和投资贸易自由化，进一步认识我国全面开放开发的新条件、新政策，进一步推进普惠、共享的对外开放政策，使中部市场无障碍地与国际市场对接。

2. 从国内形势来看

进入新时代，新思想全面贯彻，新征程全面开启，思想更加统一，目标更加明确，路径更加清晰，全国上下全面掀起建设社会主义现代化强国的新高潮。创新驱动、开放引领、供给侧结构性改革全面展开，质量变革、效率变革、动力变革不断深入，建设发展更加注重质量和效益，新业态、新模式、新技术不断涌现。任何一个区域如能抓住这一机遇，就能异军突起，实现突破性发展。我国正在进行区域经济发展战略的再平衡。虽然郑州机场 2017 年客、货运量取得中部地区"双第一"的好成绩，且在全国的排名不断前移，但客、货运量距第一梯队仍有不小差距。继全国"1+9"空港经济布局后，2017 年 12 月，国家发改委、民航局再次出台《推进京津冀民航协同发展实施意见》，提出建设京津冀世界级机场群，打造国际一流

航空枢纽。2018年2月9日，湖北鄂州机场正式获批，总投资372.6亿元，将是顺丰速运的基地机场，以货运为主，设计目标为2025年航空货运245万吨、2030年330万吨。与此同时，成都、广州、上海也都制定了超常规的航空经济发展规划，力度空前、创新不断，竞争态势日益激烈。郑州如何顺应这一再平衡，实验区如何把自己的发展战略与国家新三大发展战略高效对接，是重大考验。

"一带一路"重点地区是在西部地区和东南地区，中部地区不是重点，如何与国家经济发展的大格局紧密衔接，如何利用"空中丝绸之路"构建开放通道，通过"一带一路"提出的新的贸易联系转变全球经济，在推动中原腹地迈向开放发展前沿的同时，让它成为世界各地区的协作平台，也是实验区要思考的问题。

3. 河南省发展战略框架也在调整

先进制造业、现代服务业、现代农业与网络经济"四个强省"建设全面推进，中西部地区科技创新高地、内陆开放高地、全国重要的文化高地"三个高地"建设加快展开，郑州航空港经济综合实验区、中国（河南）自由贸易试验区、郑洛新国家自主创新示范区和中原城市群"三区一群"建设统筹实施。航空港实验区"十三五"规划被列为全省十三个专项规划之一。实验区的任务更重了，责任更大了。需要实验区严格按照省委、省政府要求，全面提升"枢纽经济"的供给能力和供给质量，打造提升供给体系质量先行区，引领全省转型发展。河南2015年开始进入工业化后期阶段（按照常住人口和平均汇率计算，2015年河南省人均GDP为6268美元），河南工业化阶段比全国落后3年左右，处于跨越中等收入陷阱的关键阶段。该阶段存在的主要矛盾有人均收入水平低且经济发展水平落后，2017年河南省人均GDP为47130元（全国59660元），仅为全国的80%；深层次结构性矛盾有创新能效较低带来的经济增长方式的路径依赖，改革和开放度低导致制度供给不足。面对人口老龄化、劳动力总量开始下降、农村剩余劳动力枯竭、人工成本大幅度上升、人口红利消失新的挑战，河南的战略框架调整为建设"四个强省"（先进制造业、现代服务业、现代农业、网络经济），打造"三个高地"（开放高地、创新高地、文化高地），倾斜发展"四大新经济"（大力发展网络经济、枢纽经济、创意经济、生态经济）。实验区发展战略如何与"三个高地""四大新经济"相适应。从"一带一路"谋划建设情况来看,"一带一路"倡议的影响不断提升,建设成果已经惠及沿线国家、地区和人民。习近平总书记支持建设郑州—卢森堡"空中丝绸之路"的讲话,为河南全面融入"一带一路",打造引领中部、服务全国、连通欧亚、辐射全球的空中经济廊道指明了方向。为贯彻落实好习近平总书记的指示精神,加快推进"空中丝绸之路"建设,2017年9月,省政府相继出台《郑州—卢森堡"空中丝绸之路"建设专项规划(2017~2025年)》和《推进郑州—卢森堡"空中丝绸之路"建设工作方案》,确定了航空港实验区"空中丝绸之路"的核心节点地位,为航空港实验区的快速发展、转型发展提供了更加有力的支撑。

4. 实验区国际航空物流中心建设面临新的挑战

(1) 缺乏国家民航的枢纽机场战略指引,国际航线开发和国际航空运输量上都与国外机场存在不小的差距。新郑机场在周边区域的竞争力不强,在区域覆盖密度和航空连通价值方面远远落后于国内枢纽机场。航空港经济综合实验区的产业基础薄弱,航空货源不足,新郑机场的货运量还只有不足50多万吨,不足航空货运前五名的1/4。郑州—卢森堡"空中丝绸之路"的发展还需要解决中欧贸易不平衡的矛盾和防范航空运输市场风险,注重各个国家的战略协同及双方政治经济合作。

(2) 实验区作为受外贸出口影响的冲击区,受中美贸易战的影响很大。要非常关注未来全球产业链、供应链可能重构,如富士康一旦进行产业链转移,将对河南的经济、社会造成影响,并对中部地区发展造成新的压力,要及早做出研判并做好预案。

(3) 微观上区域同质化竞争加剧。当前中西部各主要机场都在大力发展航空物流,合肥、武汉、长沙等城市纷纷学习郑州航空港经济综合实验区的先进经验,特别是在对航线、货源的补贴方面,资金投入力度足以改变货物流向。2018年2月湖北鄂州机场获批,将以货运为主,建设成为顺丰速运的基础机场。成都、广州、上海等城市都制定了超常规的航空经济发展规划,竞争态势日益激烈。同时,由于航空物流服务能力制约,服务的同质化现象较为明显,难以对客户市场进行细分,提供个性化、定制化、一体化、精细化的服务,货源的稳定性成为制约物流枢纽可持续发展的关键问题。"一带一路"物流体系存在物流基础设施不完善、各类物流方式难以有效对接等问题,通关效率低已严重制约"一带一路"物流通畅和效率提升。郑州国际航空物流中心的国际物流集成引力还不强,2015年新郑国际机场的国际货物占57%,与航空货运前五名的75%~90%还有差距,还没有从被动接收型物流临空经济区转变为以服务物流为主的主动型国际物流中心,"一带一路"国际物流"通道""海关""换装"等对接、衔接效能有待提高,机队、人才、航线、时刻等资源要素的组织协同有待加强。

新郑机场是大型公共基础设施,机场集团的"管理型"模式经验不足,河南还缺乏一批国际竞争力强、国际市场份额大的大型物流集团,物流业总体仍没有摆脱多、小、散、乱的格局,物流服务能力不高,特别是高端物流服务、新型物流业态等领域还十分薄弱,尚不能完全支撑河南参与"一带一路"物流体系建设,物流业发展水平亟待提升。合资的卢森堡货航还需要协同出资方利益、协同金融机构、协同软硬件等。

二 2019年实验区高质量发展急需解决的问题

1. 如何夯实发展的核心基础

(1) 航线网络门户纽带如何尽快建立。2017年,郑州新郑机场完成旅客吞吐量2430万人次,货邮吞吐量50万吨,开通国内航点82个,其中枢纽机场10个、干线机场22个、支线机场50个,开通国际航点50个,其中枢纽机场18个、干线机场25个、支线机场7个,枢纽成熟度已经可见雏形。(见表7-3、7-4)但仍存在两个突出问题:一是航线网络结构虽已基本成形,但航线之间缺乏网络衔接;二是国际航点构型良好,但门户纽带尚未建立。

表7-3 郑州新郑机场开通国内航点(82个)

机场类别	航点
枢纽机场 (10个)	北京、重庆、成都、广州、昆明、深圳、上海、乌鲁木齐、厦门、西安
干线机场 (22个)	包头、长春、大连、福州、贵阳、海口、杭州、哈尔滨、呼和浩特、合肥、拉萨、兰州、南宁、南昌、南京、青岛、沈阳、三亚、天津、西宁、银川、珠海

续表

机场类别	航点
支线机场（50）	阿克苏、阿勒泰、北海、保山、赤峰、常德、大理、东营、达州、恩施、鄂尔多斯、桂林、赣州、惠州、哈密、黄山、海拉尔、揭阳、库尔勒、喀什、克拉玛依、丽江、六盘水、柳州、绵阳、宁波、南通、泉州、琼海、秦皇岛、邵阳、石河子、台州、腾冲、吐鲁番、铜仁、温州、乌兰察布、武夷山、西双版纳、忻州、襄阳、延吉、烟台、盐城、榆林、伊宁、义乌、湛江、遵义

表7-4 郑州新郑机场开通国际及地区航点（50个）

机场类别	航点
枢纽机场（18个）	阿姆斯特丹、曼谷、芝加哥、法兰克福、香港、伦敦、洛杉矶、慕尼黑、莫斯科、纽约、巴黎、首尔、新加坡、旧金山、西雅图、东京、台北、温哥华
干线机场（25个）	雅典、奥克兰、巴塞罗那、波士顿、柏林、布鲁塞尔、杜塞尔多夫、胡志明、夏威夷火奴鲁鲁、汉堡、雅加达、吉隆坡、澳门、墨尔本、米兰、马德里、曼彻斯特、大阪、釜山、罗马、悉尼、斯德哥尔摩、多伦多、苏黎世、卢森堡
支线机场（7个）	巴厘岛、福冈、普吉岛、名古屋、马累、高雄、台中

（2）"国际航空港"如何提速。目前，实验区国际航空港建设任务远未完成。如何建设辐射境内外、联通东中西的国际航空物流枢纽中心，如何加快推进航空、铁路国际国内"双枢纽"建设，建设功能最全、效率最高的通关口岸体系，建设领事馆区、国际社区、国际医院、国际学校与国际商贸、文化、技术、信息、人才交流交易中心等国际化要素保障平台，创建具有全球影响力的枢纽经济集聚区，申建内陆型自由贸易港，高标准推进实验区高铁南站、机场三期建设，构建最优开放经济新体系等，都是亟待解决的问题。

2. 产业基础相对薄弱，粗放型增长痕迹较重问题如何解决

（1）郑州航空港经济综合实验区产业基础相对薄弱，食品加工制造等传统产业仍然占据一定比重，距离成长为成熟的航空特色产业集群尚有一定差距。工业外向型程度低、产品附加值低，在大部分产业的价值链上处于比较低端的地位，以资源消耗为特征的粗放型增长痕迹较重。实验区传统产业和一般制造业比重较大，自主知识产权和自主品牌较少。

（2）产业集中度不高，主导产业仍不突出，除电子通信行业外，尚未

形成集群发展格局。龙头企业缺乏,在龙头企业引进上尚未取得突破,缺乏对集群发展的引领效应。以先进制造业为支撑、以现代服务业为主导的产业体系尚未形成。

3. 如何激发开放、创新齐头并进"显成效",向高质量发展转变

唯有高质量发展,才能符合全球经济发展大势,持续保持强劲动力,强化发展后劲;唯有高质量发展,才能不断提升我们的建设品质和发展水平,真正满足人民群众日益增长的美好生活需要;唯有高质量发展,才能不断提升我们的带动力、辐射力、影响力。目前,郑州航空港经济综合实验区企业研发投入不足,工业企业研发经费支出占GDP的比例不到1%。与先进地区相比,航空港经济综合实验区科研投入和科技创新能力的提高任重道远。主导产业有科技含量的产品数量少,研发能力薄弱。

4. 资源利用效率如何进一步提高

集约发展水平不高,工业产出能耗较大,能源利用效率仍有差距。近年来,郑州航空港经济综合实验区规模以上单位工业增加值能耗持续下降。然而,与国内外先进地区相比,航空港经济综合实验区工业产出能耗仍有不小的差距,能源利用效率亟待提高。一些产业集聚区项目用地粗放,不适应日趋严格的环保要求。在资金的利用上,实验区基础设施建设不少是通过BT模式进行筹资,导致实验区目前的几个融资平台的负债率较高,这会进一步限制当前融资平台的融资能力。在土地的利用上,实验区建设节约集约工作意识薄弱,需要进一步完善节约集约用地指标体系,合理制订配套政策措施。

第三节 新时代实验区高质量发展的政策建议

郑州航空港经济综合实验区发展不单单是一个区域、一个行业的事情,而是需要港、产、城等内部努力和外部努力互相配合和支持。相关各方亟须认清支持新时代实验区高质量发展的新任务。

一 进行机制体制改革和人事制度改革

解决实验区管理人手、能力、方法与高质量发展不匹配问题和行业服

务技术人才培养与高质量发展不匹配问题。具体表现在：实验区体制机制改革创新落后并制约本地区的发展，行业发展新趋势对服务型和技术型人才新要求无法得到满足，行业人才供给与岗位需求存在严重的结构性差异，行业高水平专家智库缺位等。围绕精简高效创新行政管理体制，着力在实验区推行政府雇员制。深化"两级三层"管理体制，根据发展需要扩大经济社会管理权限，优化行政组织架构和运行机制，进一步理顺条块关系，形成权责一致、分工合理、执行顺畅、监督有力的行政管理体制，实现空间管理全覆盖、机构设置全职能。采取"小政府、大社会"的发展思路，实施大部制扁平化管理。在人员使用方面，打破公务员、事业单位、企业的身份限制，实现双向任意流动，切实弥补实验区专业管理人员缺乏和编制不足的短板。创新干部人才制度，在航空港经济综合实验区管委会和民航部门试行政府雇员制，突破身份界限吸纳人才；设立专业技术类公务员职位，拓宽专业干部上升通道；加大力度推动政府部门、企事业单位之间的干部交流，加强青年干部的国际化培养锻炼。

二 实验区应强调协同发展

认清经济形势，确立主攻方向，通过战略再定位协调各方协同发展，推动自贸区和港区协同发展。实验区与领先高新产业区的主要差距在于生产效率，以2011年美元的不变价购买力折算（扣除汇率、通胀的波动和各国的物价差异），2017年美国就业人员人均创造的产品或服务增加值相当于实验区的2.5倍，日本和韩国分别相当于实验区的1.7倍和1.5倍。生产效率提高是人均GDP持续增长的前提，自主创新和高端产业的发展是生产效率提高的关键。

认清形势有助于确立目标，指明新时期实验区经济高质量发展的努力方向。实验区应重点研究国际航油价格、富士康外迁对实验区的影响，研究新外向型体制下如何借助实验区使河南的市场、人力资源、基础设施和产业体系优势得以发挥。自贸区和港区两大国家战略均聚焦综合交通枢纽和现代物流体系建设，航空港经济综合实验区是河南自贸区落实"两体系一枢纽"的重要抓手。要加强统筹协调，使这两大战略的叠加效应发挥得更好。一是加强设施的联通和空间上的融合，积极争取将航空港经济综合实验区纳入河南自贸区范围，认真梳理并完善两区之间的交通、物流等设施连接通道。二是推进政策协调，推进河南自贸区政策在航空港经济综合实验区的复制，落户航空港经济综合实验区的企业可以在河南自贸区注册并享受相关优惠政策，鼓励在河南自贸区注册的企业在航空港经济综合实验区开展业务并享受综合保税区政策。

三 强化枢纽建设，申建"空中丝绸之路"实验区

推进省市枢纽建设规划，申建"空中丝绸之路"实验区。

1. 以建设枢纽为重心，以扩大对外开放为抓手，推动郑州航空港经济综合实验区的发展

以建设枢纽为重心，孵化和带动航空经济的全面发展；以扩大对外开放为抓手，以韩国的首尔机场为标杆，落地（有限程度）第八航权，提升通关效率，积极引进航空经济指向性国际龙头企业。

面对新的《国际航权资源配置与使用管理办法》，实验区应充分发掘"空中丝绸之路"现有航空资源的潜力，以最大限度地满足市场增量需求的视角，全省统一统筹兼顾，推进国家物流枢纽布局建设和省市枢纽建设规划，在国家物流枢纽网络布局框架下均衡发展。

2. 推动河南物流枢纽创新，着力枢纽经济集约化，培育枢纽经济新范式，发展枢纽平台

开展郑州国际货运枢纽建设。为我国民航在货运设施、运行管理、物流信息、多式联运等领域积累丰富经验，打造以高端供应链服务资源集聚为先导，以现代产业为支撑，航空经济和高铁经济协同发展的现代枢纽经济体系，建设具有全球影响力的枢纽经济集聚区。

郑州新郑机场由于缺乏强大的基地航空公司，难以做到依托航空公司与航空联盟搭建枢纽网络，因此，必须深化改革开放力度，转换发展思路，走依托机场建设枢纽平台的发展路径。依托郑州新郑机场，服务、协同并支持航空公司在郑州新郑机场的业务发展，组建枢纽建设联盟，联动航线网络与航班时刻规划，构建基于机场的、卓越的联程联运商业模式，提供卓越的中转换乘服务，提供卓越的中转旅客过境旅游及过境商务服务活动，发展枢纽平台。

（1）分两层次优化航班，配套开发过境中转服务。第一，以国际带国内，依托国际航线，优化衔接国内干线及支线航线；第二，以国内干线带国内支线，依托国内干线，优化衔接国内支线航线；第三，对于中转时间过长的联程联运业务，配套开发过境中转服务——包括过境旅游及过境商务服务等。

（2）联合网络售票企业与航空公司，开发依托郑州新郑机场的联程联运业务。在郑州新郑机场，发展联程联运业务，包括起始地出票、全程票价定价、中转附加服务等内容。改革与优化腹舱载货的中转流程，全面提升货邮中转效率。

（3）国际物流中心建设提质增效。以郑州作为"天空开放"试点，摸索国内航空运输自由化政策。以郑州作为经停点，涉及郑州的国际货运航班（对国外开放，不允许国内段航班起落）在航权方面不受到限制，吸引有竞争优势的承运人选择新郑国际机场，使郑州凭借独特的地理位置和以国家战略打造的机场和中转效率，推动航空运输市场的发展。当然，郑州要有基础设施的支撑、空域的配套和管理能力，要提高行业资源配置能力，在打破航空要素市场垄断，增强产业技术自主创新能力以及制定系统的国际航空运输服务贸易政策等方面给出系列对策，推动河南民航运输产业大力发展。

加快推进高铁南站、机场三期建设，进一步提升枢纽经济集聚区的国际影响力。加快"郑州—卢森堡"双枢纽建设的步伐。建议加快制定郑州—卢森堡"空中丝绸之路"经贸合作发展规划，以贸促物，以科促产（郑—卢"双园双基金"），做大做强郑—卢双枢纽，深化合作内容，提升"双枢纽"功能。建立"欧洲进口药品集散中心"，建立海外"跨境电商产品展示中心""海外仓"等重点合作领域，进行专题对接。力争双方在经贸合作方面取得新突破，为河南经济高质量发展增加外援动力。

（4）积极把实验区打造为物流友好型航空城，提前规划第二机场。建议郑州及早启动第二机场建设规划，开辟专用物流通道，实施货运优先战略，建设航空货物门到门快速运输系统，设立专项经费，支持国内外大型商贸流通企业在航空港经济综合实验区建设大型商品集散中心、采购中心和结算中心，促进货物集聚。依托郑州的多类国家物流枢纽城市布局载体

(陆港型物流枢纽城市、航空经济区型物流枢纽城市、商贸服务型物流枢纽城市、生产服务型物流枢纽城市)的地位,实验区需要整合各类枢纽资源,宣传郑州航空港经济综合实验区的枢纽经济新范式:航空经济区型国际航空物流枢纽+生产服务型电子产品物流+口岸冷链物流枢纽,形成"一主二辅"的物流枢纽组团布局,并考虑配合军民融合应急物流枢纽建设,申建国家级枢纽经济示范区,形成有航空特色的物流枢纽组团,有效推动枢纽经济发展的有益经验的推广,并通过培育综合物流集成商,加强战略联盟、资本合作、设施联通、功能联合、平台对接,形成统一协同的运营主体来推动各类设施的集约整合。

通过郑州新郑机场和郑州南站空铁设施共建、产业共有、利益协同的方式,推进航空与高铁以及卡车航班的物流合作,在货源信息共享、货物分拨转运、快速集疏等方面探索制定高铁货运组织形式、空铁联运设施标准和转运流程,建立快速直达的高铁联运快件货物通道,实现国际航空货运与国内高铁快运在装载单元、组织形式、流程设计等方面的一体融合,协同不同企业对设施、运力、仓储、单据等资源的差异化需求,从郑州南站引入高铁货线接入航空经济区核心区内的空铁联运区,实现高铁快件直达机场货运区,深化枢纽空铁共享服务功能。

四 强化创新引领,推动高质量动能转换

针对发展动力弱化的问题,重点要强化引领性发展、建设与创新驱动有关的制度供给,以创新为驱动,推动高质量动能转换。

1. 增强知识资本,提升人才和科教支撑

围绕航空港经济综合实验区、河南自贸区和"一带一路"建设,实施更大力度的引才引智工程,加大力度吸引包括外籍人才在内的高端人才,尤其是要吸引熟悉国际营商环境、战略管理、法律等的人才。做好航空港经济综合实验区科教园区规划,引进国外高水平院校联合办学;加强民航系统高校、科研机构合作,支持与本地院校联合办学,设立科研基地等。加强校企合作,支持省物流职业学院(已批准设立)提高办学水平;研究创办民航职业学院等,提高服务人员专业技能和人力资源保障能力。支持行业协会发展,繁荣行业智库和学术研究、交流。加快推进航空港经济综

合实验区智库建设，积极落实"智汇郑州"人才工程，启动"航空城英才"工程，推动各类人才加快集聚，争取全年引进高层次人才（团队）10 名（个）以上。积极组织开展产、学、研、政合作对接活动，加快科技成果转移转化，全年力争与国内外 5~10 家知名院所高校签订合作协议，承接院所高校科技成果转化项目 10 项以上，推进产学研协同创新，打造全省承接高校院所科技成果转化的高地。启动科技类专业园区认定工作，推动园区提质增效；修订完善双创扶持政策，加快优势企业引育，力争全年新增高新技术企业 5~10 家，培育科技型中小企业 40 家。开展"三级孵化"模式实践，积极引进大院大所、科研机构、知名企业，合作共建产业技术研究院，力争年底各级孵化平台数量达到 10 家，引育市级以上研发平台及机构 5~10 个。

2. 完善激励制度，扩大创新投入，搭建促进"成果转化、一站到底"的创新服务平台

后工业化阶段，高端产业和轻资产的服务业成为增长的主动力，依靠固定资产投资高速增长加速资本积累、促进经济发展的效用不断减弱，知识资本积累的重要性快速提升。因此，新时期投资活动的重点应逐步转移到科技创新上来，完善创新投入的激励制度，解决创新投入的资金来源。第一，坚持以企业为主体选择创新方向。在技术赶超期，许多技术领域已经进入或接近世界前沿水平，没有现成的路径可以模仿。因此，推动企业试错，以市场机制选择技术进步的路径和方向，效率高于政府主导模式，如腾讯和华为都属于企业自主确定战略方向的成功案例。第二，政府对创新行为给予财税支持。由于创新活动具有天然的技术外溢性，除知识产权保护外，政府还应适度增加对科研和教育机构的财政拨款，补贴企业研发支出，实行减免退税政策；在基础研究和战略领域，为加快突破核心技术瓶颈，政府可设立创投引导基金加大支持力度。第三，完善重点单位创新激励机制。对于国有企业，从短期利润考核向科技创新考核转变；对于金融机构，适度开发和销售与创新风险相匹配的金融产品；对于科研单位，准许通过技术入股、期权等方式激发人才创新活力。加大研发投入力度，让企业真正成为创新主体，促进科技交流合作"走出去"和"引进来"相结合；支持和鼓励有条件的高校、科研院所、企业创建创新型孵化器，搭

建风险投资与创业创新成果对接平台，推进科技成果熟化转化。

3. 创新招商服务，打造一流营商环境

招商仍然是实验区破解产业基础薄弱瓶颈、增强创新动能、持续保持较快发展的根本保证与核心要务。要将更多的精力聚焦在战略新兴产业上，聚焦在龙头企业上，聚焦在高新技术项目上。重点围绕以智能终端为代表的世界级电子信息先进制造业集群，围绕具有全球影响力的枢纽经济集聚区，突出电子信息、精密机械、生物医药等先进制造业与航空物流、金融租赁、总部经济、电子商务等现代服务业，紧盯行业龙头，紧盯创新型企业，以"龙头带动、集群配套、创新协同、链式发展"为路径，发扬"咬定青山不放松"的精神，积极收集各类投资信息，研判确定主攻方向，一个项目，一个团队，一份方案，一套政策，全力推进招商引资工作。

4. 打造优势产业集群

推动智能终端产业集群高质量发展，围绕核心企业聚焦上下游企业，延长产业链条，完善服务配套，提高集群规模和竞争力。尽快培育物流集群，加快食品、服装、电子信息等特色物流发展，支持生鲜、时尚服装等重大物流项目并做大做强；加大力度推进冷链、电商和快递物流发展，形成优势；加快引进大型物流服务集成商、多式联运经营人，完善支持中小型物流企业专业化、精细化发展的扶持政策，推动物流集群发展壮大。依托现有生物医药产业园，加快培育生物医药产业集群。发挥友嘉精密机械的龙头带动效应，大力引进精密机械企业，培育精密制造产业集群。

5. 培育一流企业，构造发展主力

企业是实体经济的主体和转型发展的源头活水。从实验区情况看，目前企业群体发展还很不充分，与经济发达省份实验区相比差距不小。上半年，河南省政府印发了《企业成长促进行动实施方案》，重点是要推动各地分类建立重点培育清单，完善针对性政策，支持一批基础好的企业尽快成长为科技小巨人或独角兽公司。

高质量发展的经济必须孕育世界一流的企业。与之对应，实验区目前在高技术行业的国际一流公司相对较少，在消费和服务领域尚未能培育起国际一流公司。

实验区虽然打造了八个高新技术产业集群，但未能培育出国际一流的高技术企业。国际一流企业具备规模优势，是区域自主创新（基础研究投入）和参与全球治理（行业标准制定）、实现弯道超车的主力军，培育一流企业是经济高质量发展的重要任务之一。围绕特色产业需要，加快发展现代服务业。培育现代服务业集群，推动服务业与制造的融合发展。针对航空旅客、高端人才、产业工人的不同人群需求，完善生活配套服务设施，高起点发展生活性服务业创新中心，围绕航空制造、电子信息等产业，加大力度引进高端制造业研发中心、实验室等机构，提高科研服务支撑能力。大力发展专业会展、电子商务、金融租赁、离岸结算、检验检测等生产性服务业。

五 突出产业体系的协调发展

针对发展不协调的问题，强化特色，加快建设高端航空经济产业体系。要重点强化与建立实体经济、科技创新、现代金融、人力资源协同发展的产业新体系相关的制度供给。

1. 强力吸引供应链资源整合企业，完善高端航空产业链，厚植电子信息产业链优势

大力支持细分行业供应链管理类企业发展，加强沿产业链上下游链式招商，吸引航空偏好性产业及具有明显航空运输指向性的加工制造业和有关服务业，航空物流辅助加工业，航空制造业，航空运输指向性较强的高新技术产业以及国际商务服务业、会展业和航空竞技业等，快速形成高端航空产业链条，为航空枢纽建设提供源源不断的产业支持。

2. 加快发展跨境电商贸易，以贸促物，推进医药跨境电商发展

用"做标准"思维做大做强跨境电商，郑州EWTO先行，为跨境电商行业构建订立标准和规范，使其掌握行业话语权。打通欧洲、美洲等国医药健康产业的产品线，发挥全货机医药、危险品、活体运输优势，发挥郑州航空货运优势。

3. 改善物流补贴模式，引导流量经济转化为河南产业发展优势

建议对河南出港货物采取分类补贴，对在河南本地组装或生产的货物采取高补贴，对省外适度降低补贴，促使大物流真正带动河南的大产业。

4. 推动生产性服务业与高新制造业融合发展，提升实验区发展的产业支持力度

大力推动服务业与高新产业融合发展，以高效生产性服务供给为导向，提升供给质量效率。坚持优势集成、突出示范带动，大力推动服务业向园区化、集聚化、特色化发展，提高服务业对实验区经济的贡献率。

5. 创新投融资体制，推进投融资便利化

强化企业投资主体地位，充分发挥政府投资引导作用，建立投资主体自主决策、融资渠道丰富多元、市场环境深度开放的投融资体制机制。

六 加快内陆地区对外开放重要门户建设

1. 加快航空自由贸易港建设，推进航空口岸便利化建设

要抓紧研究航空自由贸易港的发展条件、路径，推动综合保税区向临空自由贸易港转型升级。全力推进开放工程，着力打造"空中丝绸之路"先导区。开放带来进步，封闭必然落后。以开放促改革、促发展，是我国现代化建设不断取得新成就的重要法宝。尤其是我们航空港实验区，主导发展航空经济，其最大的属性就是国际化。实验区建设也才6年时间，刚刚完成"打基础、成规模"的任务，自我发展的能力还很弱，必须紧抓开放这一"一举求多效"的关键举措，以"空中丝绸之路"建设为引领，加快"国际航空港"建设。

2. 全面提升对外开放的国际化水平

加快国际化社区等设施的建设，推动更多的签证中心在航空港经济综合实验区落户。积极做好空空、空地中转服务，为国内外旅客、货物提供最高效、最便捷的联运服务。充分利用"72小时过境免签"等政策，开发空空、空地中转衍生服务，提升国际化程度，将港区打造成为内陆开放高地和高效、智能、绿色的产城融合示范区。

3. 努力破解郑州药品进口口岸申建难题

加快口岸药检所、口岸药品监督管理局相应资质申报进度，创新创造完善相应条件，积极向国家食药总局和海关总署汇报衔接，力争2019年申建工作取得突破。加快推进口岸体系建设，进一步提升对外开放水平。要紧抓海关、国检整合机会，加快推进通关体制改革，加快推进综合保税区、

特种商品进口口岸与机场之间的互联互通，加快推进金关二期、综合保税区运维平台智能化建设，推进"单一窗口"标准版的融合对接，进一步优化通关环境。加快推进综合保税区菜鸟、唯品会、港新冷链、华懿等一批续建项目与恒丰、南洋优鲜、苏宁、领业等一批重点新建项目建设，持续深化一般纳税人、选择性征税改革，不断提升综合保税区竞争能力。加快推进综合保税区扩区申报，尽快满足更多项目的入区需求。

4. 紧抓"放管服"改革，持续深化"法治型政府""服务型政府""创新型政府"建设，营造更优的政务环境

加快政务服务审批大厅建设，全面推行"一窗通办"，实现"一厅受理、一站式办结"，进一扇门，办所有事。全面推行投资项目审批"一口受理"，推进"容缺办理、容错纠错"机制，实行"多规合一、多评合一、区域评估、联合审验"，确保投资项目审批时间实现大幅压缩。积极推行项目建设告知承诺制，探索实施"政府定标准、企业作承诺、过程强监管、失信有惩戒"的投资项目新型管理模式。建设覆盖全区的政务服务e家网络系统，利用自助终端让政务服务进社区、进片区、进企业，实现"能查、能下、能联、能办"功能，打通服务群众的"最后一公里"，进一步提升审批服务便利化水平。完善国际化营商环境。提升参与国际产业分工层次，构建开放型经济体系，建设富有活力的开放新高地。

5. 推动各类功能性口岸之间的区区联运

利用好综合保税区、综合保税物流中心、出口加工区三种自由贸易平台，研究对各类功能性口岸之间货物短驳运输进行政策扶持，促进"四港"之间货物加快流转和一体化发展。打造"四港"信息网络通道和信息技术交互平台，推进航空、铁路、公路、口岸等设施场站对接和一体化发展，推动各口岸单位之间数据共享、信息交换和业务协同，实现"多种运输贸易方式自由转换、货物进出集拼转功能全覆盖、物流转运需求一次性采集"。

七 以提升城市建设品质为根本，高质量建设国际化现代化航空城

进一步强调《郑州航空港经济综合实验区发展规划（2013—2025年）》（以下简称《规划》）的基础性地位，坚持一张蓝图绘到底，严格按照该规

划明确的总体要求、目标任务、空间布局等推进实施，尤其要做好土地利用规划控制，限制商业地产过度开发，避免发生地产挤占产业发展、基础设施建设用地现象。机场周边土地对于落实上述《规划》要求、发展现代物流业非常宝贵，应实行严格的管控，在开发利用上应征求机场及民航部门的意见。做好规划衔接，重点加强航空港经济综合实验区规划与河南自贸区、综合交通体系等各相关规划的衔接，保持规划一致性、协调性。减少因具体阶段性专项任务而编制的规划，改用实施措施等替代，避免出现规划过多、交叉重叠、有规划不遵循等问题。

会同民航局认真做好《郑州国际航空货运枢纽战略规划》的编制工作，并切实组织实施。加强对规划实施情况的跟踪分析和督查，定期开展实施情况评估。根据规划制订年度工作目标，由省政府组织对实验区管委会、省机场集团等责任主体进行考核；突出考核重点，对航空港经济综合实验区侧重于考核招商引资、产业发展、城市建设等方面，对省机场集团则侧重于考核客货运指标、枢纽建设成效等方面；加强目标考核结果分析研判和应用，将其结果与干部选拔任用等结合起来。

着力推进基础设施、海绵城市、重大交通枢纽、合村并城等各类规划与城市设计编制。加快推进航空港经济综合实验区规划区外代管区域空间发展规划的编制工作，高水平开展实验区地下空间开发利用专项规划修编，进一步提升实验区地下空间规划建设管理水平。进一步完善领事馆片区和国际高教创新区两个片区控规。尽快完成规划提升，努力将双鹤湖、高铁南站等特色商务区打造成国内高端商务核心区示范工程。加快完成高铁南站、机场三期、河东安置区等重点项目周边路网建设，切实提升城市管理水平。

八 以增强人民群众获得感为目标，高质量提升民生社会事业保障水平

1. 注重制度创新，以民生建设高质量助力经济高质量发展

引入更多的研究机制，通过同科研院所合作，不断收集材料、梳理问题、聚焦高质量发展，准确把握河南省市政府对航空港经济综合实验区发展的要求，深刻理解辖区企业、居民和社会对航空港经济综合实验区民生

建设的需求，按照教育、就业、医疗、社保、住房等事关群众生产生活的问题，找准吃透，创造性地将省市政府要求与航空港经济综合实验区的民众诉求结合起来，提升工作的针对性与时效性。

2. 加大人员投入，提高民生建设服务能力

从形势研判到政策制定与落实，都离不开大量愿干事、能干事、会干事的工作人员组成的队伍。而且，这支队伍需要来自多个部门、具有不同的专业背景，很多时候需要爱心和耐心，具有一定的慈善和社会工作知识。所以可以根据各片区、办事处和社区（行政村）对民生和社会服务事业的需求，排出工作时间表，依据岗位和工作量要求，科学配置相应人员和岗位。

3. 拓展资金来源，保障民生建设高质量发展

多年来，河南省市财政在民生实事费用支付方面占据很大的比例。但是，随着财政收支结构、国家投融资政策的变化，航空港经济综合实验区需要创新投融资体系，扩大财政资金来源与使用效率，调动企业、社会乃至拆迁居民的主人翁意识，防范和化解金融风险，借助国家先行先试的政策资源，以及精准扶贫、精准脱贫、新型城镇化、乡村振兴等政策资源，广泛调动社会参与的积极性。

4. 注重宣传，扩大民生实事的社会影响

很多民生实事，比如学校校舍扩建、就业创业促进、新生儿疾病筛查、宫颈癌筛查等事项，很多居民对此并不是很了解，更不会主动传播这些惠民实事。所以需要教育、人社、医疗、媒体等部门加大宣传力度，不断提高居民认知水平，让好事办得更加舒心。通过民生实事，联通民心，开启民智，不仅能够增强人民群众的获得感、幸福感，还能够增强干部的成就感和事业心。

参考文献

〔德〕奥古斯特·勒施,1995,《经济空间秩序——经济财货与地理间的关系》,商务印书馆。

白劲宇,2006,《首都机场临空经济核心区发展图景》,《北京规划建设》第1期。

包世泰、李峥、王建芳,2008,《空港经济产业布局模式及规划引导研究——以广州白云国际机场为例》,《人文地理》第5期。

曹江涛,2007,《临空经济区与区域经济发展的互动关系研究》,硕士学位论文,南京航空航天大学。

曹允春,2009,《临空经济:速度经济时代的增长空间》,经济科学出版社。

曹允春,2009,《临空经济演进的动力机制分析》,《经济问题探索》第5期。

曹允春,2006,《中国临空经济的现状及发展趋势》,《经济日报》6月1日。

曹允春,2001,《中枢机场在区域经济发展中的作用》,《经济地理》第2期。

曹允春、王铮,2010,《青岛临空经济发展模式研究》,《改革与战略》第8期。

曹允春、席艳荣、李微微,2009,《新经济地理学视角下的临空经济形成分析》,《经济问题探索》第2期。

曹允春、踪家峰,1999,《谈临空经济区的建立和发展》,《中国民航学院学报》第3期。

董娟,2008,《航空港经济综合实验区经济区产业特征与空间布局模式研究》,博士学位论文,长安大学。

冯芸清,2018,《广州打造"天空之城":五大临空产业齐聚》,《第一财经》8月16日。https://www.yicai.com/news/100012154.html。

傅婕芳，2009，《浅谈会展经济与航空业发展》，《中小企业管理与科技》（下旬刊）第12期。

高峥，2006，《京津航空一体化战略定位与发展》，《中国民用航空》第6期。

郭睿君，2003，《我国机场管理改革问题的探讨》，硕士学位论文，对外经济贸易大学。

郝爱民、薛贺香、金真，2014，《航空经济区形成机理与发展演化》，《科技管理研究》第24期。

河南省社会科学院课题组，2015，《推进郑州航航空产业综合实验区建设若干问题研究》，《区域经济评论》第2期。

黄璐璐、张浩，2012，《航空产业发展新机遇分析及提升路径研究——以江苏省为例》，《科技和产业》第10期。

黄天元，1999，《宁波航空港经济综合实验区的区位优势及其可持续发展战略研究》，《人文地理》第6期。

金企信（北京）国际信息咨询有限公司，2011，《2011-2015年中国临空经济行业专项调研与投资商机研究分析报告》。

黎继子、刘春玲、常亚平、李柏勋，2006，《集群式供应链组织续衍与物流园区发展的耦合分析——以苏州IT产业集群为例》，《中国软科学》第1期。

李健，2005，《临空经济发展的若干问题探讨与对策建议》，《科技进步与对策》第9期。

李明俊，2017，《2018-2023年中国临空经济发展模式与投资战略规划分析报告》，前瞻产业研究院。

李晓江，2001，《航空港经济综合实验区地区经济发展特征》，《国外城市规划》第2期。

练振中，2011，《临空经济论》，博士学位论文，中共中央党校。

临空经济发展战略研究课题组，2006，《临空经济理论与实践探索》，中国经济出版社。

刘栋，2008，《国际航空产业转移环境下中国航空产业发展战略研究》，硕士学位论文，西安电子科技大学。

刘光全，2005，《重庆国际机场近邻区——渝北区临空经济区经济综合开发研究》，硕士学位论文，重庆大学。

刘少成、戈锐，2006，《中国航空货运发展的政策选择》，《中国民用航空》第8期。

刘武君，1998，《国外机场地区综合开发研究》，《国外城市规划》第1期。

刘雪妮，2008，《我国临空经济的发展机理及其经济影响研究》，博士学位论文，南京航空航天大学。

刘雪妮、宁宣熙、张冬青，2007，《发展临空产业集群的动力机制研究》，《现代经济问题探讨》第1期。

吕斌、彭立维，2007，《我国空港都市区的形成条件与趋势研究》，《地域研究与开发》第2期。

孟培，2011，《日本临空经济发展的经验与借鉴》，《商业文化》第6期。

民航总局运输司，2004，《日本及澳大利亚航空运输管理考察报告》，《中国民用航空》第11期。

穆松林、周彬、郭群，2014，《临空经济发展特征及其路径》，《开发研究》第2期。

倪海云，2005，《中国航空货运未来发展的五大趋势》，《中国民用航空》第1期。

聂晶晶、王勇，2012，《美国对本国航空公司的扶持与管制政策及其启示》，《改革与战略》第9期。

任新惠、刘震，2010，《澳大利亚支线航空补贴政策以及对我国的启示》，《空运商务》第6期。

深泽羽，2017，《建国后中国民航运输业发展简史》，https://chuansong-me.com/n/1480871951714。

宋晓黎，2009，《北京临空经济区发展战略研究》，硕士学位论文，北京交通大学。

苏婉波、林晓丽，2005，《广州欲借流量经济提升中心城市地位》，《广州日报》12月6日。

孙波、金丽国、曹允春，2006，《临空经济产生的机理研究》，《理论探讨》第6期。

孙蔚、苏立、席小红，2008，《我国加快发展航空租赁业务初探》，《经济问题探索》第 4 期。

王东、吕佳，2001，《建设国际枢纽机场促进区域发展》，《北京规划建设》第 6 期。

王花兰、周伟、王元庆，2006，《中心城—卫星城间交通发展对城市空间扩展影响模型》，《经济地理》第 4 期。

王献平，1995，《从丹佛新机场看美国机场业的发展趋势》，《民族经济与技术》第 7 期。

王旭，2005，《空港都市区：美国城市化的新模式》，《浙江学刊》2005 年第 5 期。

王章留、郝爱民、杨波，2013，《航空经济理论与实践》，经济科学出版社。

王志清、欧阳杰、宁宣熙，2006，《京津冀地区发展民航产业集群研究》，《中国工业经济》第 3 期。

吴涛、王运泉，2005，《广州新白云机场对花都区经济发展影响分析》，《广州大学学报》（自然科学版）第 3 期。

夏来保、孟祥芳，2012，《天津航空航天战略性新兴产业竞争力研究》，《天津经济》第 1 期。

肖华、刘伟，2009，《航空产业结构调整和优化》，《国际航空杂志》第 1 期。

肖芸，2012，《航空业发展对中国旅游业的影响研究》，《经济研究导刊》第 20 期。

熊国华、张桂春、程瑶，2004，《地区经济与地区民航事业发展关系初探》，《综合运输》第 5 期。

徐飞，2003，《我国飞机租赁面临的主要问题及政策激励》，《上海管理科学》第 4 期。

徐晓东、禄建恒，2006，《我国机场综合发展战略初探》，《中国民用航空》第 6 期。

薛泽海、练振中，2010，《临空经济发展的动力机制研究》，《民航管理》第 10 期。

严剑峰，2010，《美国支持民用航空工业发展的政策及启示》，《中国军转民》第 10 期。

杨松、王威，2006，《航空业运输量增长与国内生产总值增长的关系研究》，《中国民用航空》第1期。

杨友孝、程程，2008，《临空经济发展阶段划分与政府职能探讨——以国际成功空港为例》，《国际经贸探索》第10期。

曾晓新，2012，《国内飞机租赁业振翅高飞有点难——国内租赁公司从事飞机租赁业务面临的问题及建议》，《中国民用航空》第7期。

张蕾、陈雯，2012，《临空经济区产业结构演变特征——以长三角枢纽机场为例》，《地理科学进展》第12期。

张蕾、陈雯、宋正娜，2011，《空港经济区范围界定：以长三角枢纽机场为例》，《地理科学进展》第10期。

张宁，2019，《西安临空经济示范区发展思路探析》，《郑州航空工业管理学院学报》第3期。

张小英，2019，《北京顺义利好，首都机场临空经济示范区获批，未来定位明确》，《北京日报》3月25日。https：//baijiahao. baidu. com/s? id = 1628939333491015090&wfr = spider&for = pc。

章连标、张黎，2011，《天津滨海新区航空租赁业融资的新思路》，《财务与会计》第3期。

赵驹，2012，《会展业促进经济发展的原理与途径》，《重庆工商大学学报》（社会科学版）第1期。

赵晓芳，2016，《临空经济区的极化与扩散效应研究——以郑州航空港区为例》，硕士学位论文，郑州大学。

中国科技发展战略研究院，2018，《中国区域科技创新评价报告2018》，科学技术文献出版社。

Baier, S. L., Bergstrand, J. H. 2001. "The Growth of World Trade: Tariffs, TransportCosts, and Income Similarity." *Journal of International Economics* 53: 1 – 27.

Barrell, R., Pain, N. 1999. "Domestic Institutions, Agglomerations and Foreign Direct Investment in Europe." *European Economic Review* 43: 925 – 934.

Benell, D. W., Prentice, B. E. 1993. "A Regression Model for Predicting the Economic Impacts of Canadian Airports." *Logistics and Transportation Review*

29: 58 – 139.

Brueckner, J. K. 2006. "Economic Contribution of the Aviaition Sector to Hong Kong: A Value-added Approach." *The Chinese Economy* 39: 19 – 38.

Button, K., Lall, S., Stough, R., Trice, M. 1999. "High-technology Employment and Hub Airports." *Journal of Air Transport Management* 5: 53 – 59.

Debbage, K. G. 1999. "Air Transportation and Urban-economic Restructuring: Competitive Advantage in the US Carolinas." *Journal of Air Transport Management* 5: 211 – 221.

Desalvo, J. S. 2002. "Note: Direct Impact of an Airport on Travelers' Expenditures: Methodology and Application." *Growth and Change* 33: 485 – 496.

Erie, S. P., Kasarda, J. D., Mckenzie, A. 1998. "A New Orange County Airport at El Toro: An Economic Benefits Study." Irvine: The Orange Business Council.

Fan, C., Scott, A. 2003. "Industrial Agglomeration and Development: A Survey of Spatial Economic Issues in East Asia and a Statistical Analysis of Chinese Regions." *Economic Geography* 79: 295 – 319.

Fleming, K., Ghobrial, A. 1994. "An Analysis of the Determinants of Regional Air Travel Demand." *Transportation Planning and Technology* 18: 37 – 44.

Groenewold, N., Nagger, A. J. 1995. "Regional Unemployment Dynamics: The Big Neighbour Effect." *Australiasian Journal of Regional Studies* 1: 197 – 214.

Gulyani, S. 2001. "Effects of Poor Transportation on Lean Production and Industrial Clustering: Evidence from the Indian Auto Industry." *World Development* 29: 1157 – 1177.

Henderson, V., Lee, T. 2001. "Scale Externalities in Korea." *Journal of Urban Economics* 49: 479 – 504.

Huddleston, J. R., Pangotra, P. P. 1990. "Regional and Local Economic Impacts of Transportation Investments." *Transportation Quarterly* 44: 579 – 594.

Irwin, M. D., Kasarda, J. D. 1991. "Air Passenger Linkages and Employment Growth in US Metropolitan Areas." *American Sociological Review* 56: 524 – 537.

Ishikura, T. , Tansei, K. , Sugimura, Y. 2003. "An Air Transport Demand Model for Assessing Interaction with Industrial Structure: A Computable General Equilibrium Approach. " *Journal of the Eastern Asia Society for Transportation Studies* 10: 52 – 437.

Kasarda, J. D. , Green, J. D. 2005. "Air Cargo as an Economic Development Engine: A Note on Opportunities and Constraints. " *Journal of Air Transport Management* 11: 459 – 462.

Kasarda, J. D. 2010. Global Airport Cities. London: Insight Media.

Lyona, D. , Francis, G. 2006. "Managing New Zealand's Airports in the Face of Commercial Challenges. " *Journal of Air Transport Management* 12: 220 – 226.

Martin, P. , Ottaviano, G. I. P. 1999. "Growing Locations: Industry Location in a Model of Endogenous Growth. " *European Economic Review* 43: 281 – 302.

Miller, B. , Clarke, J. P. 2007. "The Hidden Value of Air Transportation Infrastructure. " *Technological Forecasting & Social Change* 74: 18 – 35.

Poyhonen, P. 1963. "A Tentative Model of the Volume of Trade Between Countries. " *Weltwirtschaftliches Archive* 90: 93 – 100.

Walz, U. 1996. "Long-run Effects of Regional Policy in an Economic Union. " *The Annals of Regional Science* 30: 165 – 183.

Weisbrod, G. E. , Neuwirth, R. M. 1993. "Airport Area Economic Development Model. " Paper Represented at the PTRC International Transport Conference, Manchester England.

附 录

中国民航及航空经济发展大事记[*]

1980 年

1月1日，北京首都机场新航站楼和一条可供起降大型宽体客机的跑道正式启用。

2月14日，邓小平副总理与民航局局长沈图谈话，指示："民航局由国务院直接领导，这是一个重大改革。民航一定要企业化，这个方针已经定了。"

2月27日，中国民航从美国订购的波音747SP型飞机第一架到货，4月1日起正式加入航班飞行。

3月5日，民航总局不再由空军代管。

3月18日，民航从1980年起不再补充义务工，现有义务工改为固定工或退役。

5月3日，由民航北京管理局与香港中国航空食品有限公司合资经营的北京航空食品公司正式开业。这是我国政府自1978年实行对外开放政策后批准的第一个中外合资企业。

5月17日，国务院、中央军委《关于民航管理体制若干问题的决定》：民航总局是国家管理民航事业的行政机构，统一管理全国民航的机构、人员和业务，逐步实现企业化管理。8月4日，《人民日报》发表社论《民航要走企业化的道路》。

---

[*] 带 ➜ 符号为航空经济大事记。资料来源于中国民用航空局官网《新中国民航60周年大事记》，www.caac.gov.cn（2009－11－10）；2010~2018年资料来源于民航总局及各分局网站。

9月10日，中国正式加入1970年12月16日在海牙签订的《制止非法劫持航空器的公约》（简称《海牙公约》）和1971年9月23日在蒙特利尔签订的《制止危害民用航空安全的非法行为的公约》（简称《蒙特利尔公约》）。两公约自1980年10月10日起对中国生效。

9月17日，中国和美国两国政府《航空运输协定》在华盛顿签订。

9月20日，民航总局下发《中国民用航空飞行事故调查条例》。

9月23日，中国民航租机谈判小组与美国汉诺威公司就采用投资减税杠杆租赁方式签订中国民航引进的波音747SP型飞机租赁协议书，开创中国民航业利用外资融资租赁飞机的历程。

10月11日，国务院批准空军（民航）第十四航校更名为"中国民用航空飞行学校"，由民航总局直接领导。

11月15日，中国民航开辟北京—卡拉奇—法兰克福—伦敦国际航线，同日，民航总局就贯彻中共中央书记处、国务院联席会议对民航安全生产的指示，发布《关于保证飞行安全提高服务质量的命令》。

12月8日，民航总局决定组建中国民航报社。

1981年

1月7日，中国民航开辟北京—上海—旧金山—纽约国际航线。

4月1日，根据公安部公告，从即日起，在中国境内各民用机场，对乘坐国际航班飞机的中外旅客及携带的行李物品，由安全检查机构实行安全检查。

7月11日~9月底，四川省发生特大洪水，成渝、成昆、成宝及陇海铁路陕兰段先后中断，民航派出飞机共疏运旅客7.5万余人。

8月10日，中国民用航空专科学校改为中国民用航空学院。

1982年

1月31日，中国和也门两国政府《民用航空运输协定》在萨那签订。

6月11日，国务院常务会议决定，为了使机构名称规范化，同意去掉民航总局中的"总"字，称"中国民用航空局"。8月23日全国第五届人民代表大会常务委员会第24次会议审议通过。

6月27日，中国民航利用科威特阿拉伯基金委员会贷款修建厦门高崎机场协议书在厦门签字，中国民航开始利用外资修建机场。

7月26日，民航北京管理局第二飞行总队改为"中国民航工业航空服务公司"。

8月12日，国务院决定授予杨继海机组"中国民航英雄机组"的称号。

8月23～28日，民航局在北京召开全国民航安全飞行先进单位授奖大会。

12月1日，国务院发布《关于保障民用航空安全的通告》。通告就保障民用航空的安全，防止劫机、破坏民航飞机和破坏民用航空事件的发生，作了七条具体规定。

12月3日，中国海洋直升机服务公司在深圳成立。

1983年

2月25日，国家经委批准组建中国海洋直升机专业公司。

5月3日，中国和阿曼两国政府《航空协定》在马斯喀特签订。

5月8日，国务院发布《关于加强防止劫机的安全保卫工作的命令》。此后，中国民航各机场建立旅客隔离区和安全检查站。

7月10日，人民武装警察部队北京总队首都机场国内安全检查站开始对中外旅客普遍进行安全检查。

10月22日，厦门高崎机场建成通航。

同年，中国民航订购波音747-200型客机2架、波音737型客机5架和MD-80型客机2架。

1984年

1月24日，国产运-7型客机由西安飞机制造公司交付中国民航使用。

7月25日，中国厦门航空有限公司成立。

8月29日，中国民航干部学校改为中国民航管理干部学院。

9月1日，中国民航局、国家物价局、国家旅游局、国务院侨务办公室联合发出《关于国内航线实行一种运价的通知》。

9月7日，中国民航开辟北京—广州—悉尼国际航线。这是中国民航开辟通往大洋洲的第一条国际航线。同日，中国和澳大利亚两国政府《通航协定》在北京签订。

9月22日，上海虹桥国际机场第一次扩建国际候机楼使用。

10月9日，中央财经领导小组召开会议，专题研究民航改革和发展问题，决定：民航管理体制按政企分开原则进行改革；同意中国民航向中国银行贷款购买或向国外租赁所需飞机，并拨给民航相应外汇额度；"七五"和"八五"期间民航得到的外汇收入和利润由国家和民航按"一九"分成；调动地方修建机场的积极性并逐步下放机场管理权；在调查研究后提出改革空管体制方案，经批准后改革我国空管体制。

1985 年

1月1日，中国新疆航空公司成立。

1月7日，国务院批转民航局《关于民航系统管理体制改革的报告》，现行民航管理体制要按"政企分开、简政放权"的原则进行改革。将民航局、地区管理局、省（自治区、市）局、航空站四级管理改为民航局和地区管理局两级管理，组建6个国家骨干航空公司，并将机场和航务管理分开。

2月12日，民航西藏自治区管理局成立。

3月5～14日，全国民航工作会议讨论了民航管理体制改革实施方案。李鹏副总理到会作了重要讲话。

3月10日，美国联合航空公司开辟纽约经旧金山、东京至北京航线。

3月18日，中国民航与美国麦克唐纳·道格拉斯飞机公司签订购买60架 MD－82 型飞机的协议。

3月19日，胡逸洲任中国民用航空局局长，郭允中任中国民用航空局党委书记。

5月7日，中国民航第一座训练中心在天津中国民航学院成立。

5月28日，国务院颁发《关于开办民用航空运输企业审批权限的暂行规定》。

6月13日，中国民航局组建中国联合航空公司。

6月20日，中国民航第一批飞行员赴美接受波音喷气客机改装训练。9

月底，随第一架到货波音飞机回国。

6月27日，中国民航与苏联全苏航空出口公司签订购买8架图-154M型飞机的协议。

7月11日，国务院办公厅、中央军委办公厅颁发《关于建设机场和合用机场审批程序的若干规定》。

8月1日，民航上海管理局新到欧洲空客飞机工业公司A310型飞机2架，开始投入航线使用。

10月4~9日，中国和波兰两国航空当局代表团在华沙举行谈判，草签了两国航空协定。

10月10日，中国民航局与国家工商行政管理局发出《关于开办民用航空运输企业审批程序的通知》。

11月2日，中国民用航空局对乘务员定员作出规定。

11月25日，国务院批转公安部、民航局《关于简化购买国内飞机票手续问题的请示》，国内旅客凭身份证和介绍信购买机票。

12月10日，中国民航局为航空工业部哈尔滨飞机制造公司生产的运-12型飞机颁发型号合格证。

12月30日，上海航空公司正式成立。

同日，国务院、中央军委颁发《关于军民合用机场使用管理的若干暂行规定》。

1986年

1月8日，国务院发布《国务院关于通用航空管理的暂行规定》。

1月30日，国务院、中央军委决定设立国家空中交通管制局，负责全国空中交通管制工作。8月25日开办。郭允中任局长。

2月17日，中国政府和新加坡政府签订《中华人民共和国政府和新加坡共和国政府关于旅游、民航及展览合作的协定》。

3月5~19日，中国与美国签署了《中美航空技术合作协议》。

3月17~20日，中国、波兰两国政府在北京签署了两国民航协定。

4月6日，国务院发布《民用机场管理暂行规定》。

4月29日，国产运-7型飞机载客首航典礼在安徽合肥机场举行。

4月30日,《中国民航(简讯)》正式更名为《中国民航报》。

5月,武汉航空公司成立。

6月30日,中国民航使用波音747型飞机开辟北京—沙迦—罗马—法兰克福航线。

7月24日,胡逸洲任中国民用航空局党委书记。

9月9~12日,中国和德国在北京就两国航空协定(英文本)达成协议。

9月19日,四川航空公司成立。

9月20日~10月10日,中国政府民航代表团出席在加拿大蒙特利尔市举行的国际民航组织第26届大会。中国继续当选为国际民航组织理事国。

10月22日,民航局与航空工业部签订购买40架国产运-7飞机的总协议书。

10月27日,中日两国航空当局达成协议,从1987年4月开始,全日空航空公司开辟东京—北京国际航线;中国民航开辟北京—福冈、上海—福冈、北京—大连—东京航线。

12月24日,中国民航局向哈尔滨飞机厂颁发运-12Ⅱ型飞机生产许可证,这是我国第一个按适航证要求取得生产许可证的民用飞机。

12月25日,中国联合航空公司在北京成立。

1987年

1月1日,经中宣部和国家新闻出版署批准,《中国民航报》公开发行。同日,执行新的民航飞行人员执照制度。

1月30日,国务院批准中国民航局《关于民航管理体制改革方案和实施步骤报告》。

2月11日,中国飞龙专业航空公司成立。

2月18日,中国和德国两国政府《民用航空运输协定》签订。

3月6日,中国民航订购的美国波音767-200ER型客机到达北京。

3月16日,民航成都管理局使用波音707型飞机开辟北京—成都—拉萨航线。

3月26日,国务院批准撤销空警建制,由民航组建航空安全员队伍。

4月27日，民航局颁发《国际航空运输销售代理人管理暂行规定》。

4月30日，中国民航使用波音707型飞机开辟北京—乌鲁木齐—沙迦—伊斯坦布尔航线。

5月4日，国务院颁布《中华人民共和国航空器适航管理条例》，自1987年6月1日起施行。

同日，中国民航使用波音767型飞机开辟北京—莫斯科—柏林航线。

5月6～26日，在大兴安岭特大森林火灾中，民航沈阳、北京、成都管理局及工业航空公司共调派56架飞机参加灭火救灾。

7月17日，作为民航管理体制改革试点的民航西南管理局、中国西南航空公司、成都双流机场完成组建工作，开始试运行，10月15日宣布正式成立。

7月27日，中国民航局为西安飞机制造公司颁发"运-7飞机生产许可证"。

7月31日，中美合作制造的第一架MD-82型客机交付中国民航沈阳管理局，该机从8月1日起正式投入航班飞行。

9月6日，中国民航使用波音747SP型飞机开辟北京—上海—温哥华航线。

9月20日，中国民航订购美国的首架波音757-200型飞机到达广州。

10月6日，民航工业航空服务公司利用双水獭飞机试航塔克拉玛干沙漠钢板跑道成功，为沙漠石油钻井工人提供服务和运送急需物资。

10月15日，邓小平同志为"中国国际航空公司"名称题字。

12月15日，国家教委批准，中国民航飞行专科学校升格为中国民航飞行学院。

12月21日，国务院办公厅批复中国民航局和福建省人民政府《关于改变厦门国际机场管理体制的请示》，同意该机场下放给厦门市人民政府管理。

12月30日，国家空中交通管制局撤销。

1988年

3月29日，民航北京管理局使用波音747飞机开辟北京—上海—沙迦—巴黎航线。

4月21日，民航局颁发中国民用航空规章第27部《一般类旋翼航空器适航标准》、第29部《运输类旋翼航空器适航标准》。

5月25日，中国和捷克斯洛伐克两国政府《民用航空运输协定》在北京签订。

6月25日，民航上海管理局实行政企分开，分别成立民航华东管理局、中国东方航空公司和上海虹桥国际机场。

7月1日，民航北京管理局实行政企分开，分别成立民航华北管理局、中国国际航空公司和北京首都国际机场。

8月25日，中国国际航空公司使用波音767型飞机开辟北京—莫斯科—斯德哥尔摩航线。

10月22日，中国民航厦门航站作为机场管理体制改革试点下放地方政府管理。

10月25日，七届人大一次会议批准的国务院机构改革方案，保留中国民用航空局。

11月15日，国家机构编委印发《中国民用航空局"三定"方案》的通知。

12月20日，中国和印度两国政府《航空运输协定》在北京签订。

1989年

1月15日，民航国内航线新客票启用。新客票分一联和二联两种形式，票面印有中英文两种文字。

2月20日，国务院发布《国内航空运输旅客身体损害赔偿暂行规定》，自5月1日起实施。

3月2日，国务院颁发《民用航空运输不定期飞行管理暂行规定》。

3月13日，中国民航工业航空公司更名为中国通用航空公司，下属分公司亦相应更名。

3月20日，中国民航局和中国人民保险公司决定在全国范围内开办航空运输人身意外伤害保险业务。

3月31日，中国和马来西亚两国政府《航空运输协定》在北京签订。

10月6日，中国民航开辟广州—吉隆坡国际航线。

4月8日，中国和蒙古两国政府《民用航空运输协定》在北京重新签订，以代替1958年1月17日签订的协定。

4月16日，沈阳桃仙机场通航。

5月26日，中国民用航空飞行校验中心正式成立。

5月31日，世界卫生组织向中国国际航空公司颁发"戒烟健康奖"。

7月28日、9月26日，中国民航分别恢复乌鲁木齐—阿拉木图国际航线和开辟哈尔滨—哈巴洛夫斯基（伯力）国际航线。

8月1日，北京飞机维修工程有限公司（Ameco）成立。

8月13日，中国民航工业航空服务公司改为"中国通用航空公司"。

9月5日，经国务院批准，调整了民航国内航线旅客运价，调整后的运价平均上调幅度为77%。71条主要旅游热线仍对中外旅客统一实行公布票价。

9月14日，中国和阿拉伯联合酋长国两国政府《民用航空运输协定》在沙迦签订。

9月19日~10月6日，中国在第27届国际民航组织大会上再次当选为该组织理事会理事国。

10月25日，波音747-400飞机投入国内航线飞行。

10月28日，中国民航建立的计算机旅客订座系统正式启用。

11月30日，广州飞机维修工程有限公司（Gameco）正式成立。

12月6日，中国民航西北管理局、西北航空公司和西安西关机场正式成立。

1990年

1月22日，新建重庆江北机场举行开航典礼。

2月27日~3月2日，中国民航局在北京与英国民航局进行地区航线谈判，签署了会谈纪要，取得了我3家企业在内地8个点至香港地区航线飞定期航班的权利。

3月12日，民航成都飞机维修工程公司成立（原民航103厂）。

3月16日，民航局发出《关于在北京进近和上海—广州航路进行雷达管制试点的通知》，12月1日在北京实行雷达监控试点。

4月1日，即日起，我国各大航空公司及未实行政企分开的地区管理局将在业务活动中使用由国际航协分配的航空公司两字代号和三字运输凭证数字代码。

4月19日，在北京成立第11届亚洲运动会组委会飞行指挥部。中国民航飞机承担此届亚洲运动会的火种运送任务。中国民航亚运会航空运输保障：6月21日至10月6日，中国国际航空公司、通用航空公司派出直升机3架、运－5型飞机2架为亚运会提供服务，共飞行170架次、122小时。中国国际航空公司在40天内，共迎送飞机6140架次，迎送旅客587494人次。保质保量圆满完成了亚运会任务。

7月，中国通用航空公司3架里－2型飞机退役，至此，为民航服役40年的里－2型飞机已全部退役。

10月10日，民航局转发《国务院、中央军委空中交通管制委员会关于向国际开放两条过境航路问题的通知》，即香港经武汉、北京、二连至苏联，平壤经开源至苏联航路，1991年1月13日20时正式对外航开放。

10月25日，中国国际航空公司在美国西雅图接收首架波音747－200F型货机。

10月26日，民航上海飞机维修工程公司成立（原民航102厂）。

10月29日~11月2日，中国和肯尼亚两国在内罗毕谈判并草签了《中华人民共和国政府和肯尼亚共和国政府民用航空运输协定》。

11月1日，国务院口岸办、海关总署、民航局联合发文，同意国际航班国内段可载运外国旅客、华侨、港澳台胞，以充分利用动力。

11月26日，民航局局长胡逸洲签署第14号中国民用航空局令，颁发《我国民用航空不定期飞行管理规则》。

12月2日，民航局颁发《民用航空器国籍登记规定》。

12月26日，中国西南航空公司重庆分公司成立。

1991年

1月13日~8月20日，因中东战争，应国际民航组织亚太地区办事处要求，我国开通了香港—广州—北京—二连—蒙古（至苏联、欧洲方向）

应急航路。

1月20日，蒋祝平任中国民用航空局党委书记。

1月31日，中国和印度尼西亚两国政府《民用航空运输协定》在雅加达签订。6月18日，中国国际航空公司开辟北京—厦门—雅加达国际航线。

2月1日，中国南方航空公司成立。

2月26日，蒋祝平任中国民用航空局局长。

3月4日，航空航天部与中国民航局在北京联合召开运-7型飞机"双十五万"（安全飞行小时和安全起落超15万）表彰经验交流会。

4月1日，中国北方航空公司成立。

4月4日，民航局向中国南方航空公司颁发《航空运输企业经营许可证》。

4月12日，民航局向中国航空股份有限公司（中国航空公司）颁发《航空运输企业经营许可证》。同时批准中国航空股份有限公司章程。

7月1日，民航系统8名有突出贡献的工程技术专家管德、李岑、张嘉林、林立仁、刘仁、刘明治、邢学祥、吴问涛荣获1991年政府特别津贴。

7月27日，中国国际航空公司、首都国际机场、东方航空公司等17家民航直属企业，分别同蒋祝平局长签订承包经营责任书。民航直属企业全民所有制企业全面实行承包经营责任制。

9月27日，民航颁发贵州航空公司《航空运输企业经营许可证》。

9月29日，中国民用航空局发布《民用机场管理暂行规定实施办法》。

10月8日，中国国际航空公司开辟北京—迪拜—开罗航线。

10月10日，中国民用航空协会在北京成立。

10月11日，中国航空结算中心成立。

10月12日，深圳黄田机场通航。

10月14~18日，第27届亚洲及太平洋地区民航局长会议在北京举行。中国民航局局长蒋祝平当选为会议主席。

10月15日，中美两国政府《关于进口航空产品适航审定批准或许可协议》互换外交照会确认生效。

10月31日，三叉戟客机从中国民航全部退役。

11月18日，美国联邦航空局把上海组装MD-82飞机生产许可的审查监督责任移交给中国民航局。

1992 年

本年度西南航空港经济开发区成立。西南航空港经济开发区1992年经四川省人民政府批准的省级重点开发区，是西部唯一集航空、铁路、公路、航运为一体的开发区。

3月1日，民航局、财政部、国家物价局联合颁发《关于征收民航机场管理建设费的通知》。

3月8日，我国与越南重签《中华人民共和国政府和越南社会主义共和国政府民用航空运输协定》。

同日，民航局、财政部、国家物价局颁发《关于调整民用机场收费标准的通知》，即日起执行。

3月10日，中国航空器材公司、中国东方航空公司向荷兰订购7架福克100型客机。

3月31日~10月31日，中国开辟和恢复通往蒙古、越南、奥地利、西班牙、吉尔吉斯斯坦、日本、科威特、老挝等9条国际航线。

5月7日，中国飞龙航空专业公司购买8架法国"小松鼠"直升机用于航空护林。

5月17日，我国与马绍尔两国政府《民用航空运输协定》正式签订。

6月5日，中国国际航空公司开辟北京—巴基斯坦卡拉奇—奥地利维也纳国际航线。

6月16日，民航东北管理局、沈阳桃仙机场、民航东北管理局航务管理中心正式成立。

6月17日，新疆通用航空公司成立。

7月13日，中国航空公司、香港中旅（集团）有限公司与汇丰银行达成协议，中航与中旅购入汇丰控股持有的10%的香港国泰航空公司股权。

7月18日，新疆航空公司"湿租"的两架客机抵达乌鲁木齐机场，这是国内首例以"湿租"方式引进飞机。7月20日，首航乌鲁木齐—北京航线。

7月28日，中国云南航空公司成立。

8月12日，第一家中外合资航空油料企业——深圳承远航空油料有限公司正式运营。

9月2日，长城航空公司成立。

9月6日，大连经南京至广州航空邮路投入运营。

9月19日，民航青海省管理局和中国南方航空海南公司成立。

9月26日，在国际民航组织第29届大会上，中国再次当选为理事国。

10月5日，东南亚经我国（香港经桂林、成都、乌鲁木齐至阿拉木图）、俄罗斯至欧洲的欧亚航路开通。

10月11日，中国航空公司（香港）有限公司正式注册成立。

10月26日，中国国际航空公司恢复北京—巴基斯坦卡拉奇—科威特国际航线。

11月25日，深圳航空公司成立。

12月17日，中国南方航空公司向美国波音公司订购6架波音777-200型客机。

12月20日，民航广州管理局实施体制改革，民航中南管理局、广州白云国际机场正式成立。

12月25日，经国务院正式批准，以中国东方航空公司为核心企业组建中国东方航空集团。

12月26日，国家计委、国家体改委、国务院经贸办批准组建中国国际航空集团和中国南方航空集团。

1993年

1月1日，经国务院批准，民航局向国内航空运输企业的国际、国内航线运输收入按比例征收民航基础设施建设基金。

1月8日，海南航空公司注册成立。

1月22日，民航局局令发布《湿租外国航空器从事商业运输暂行规定》。

2月3日，中国民用航空局发布《民用航空器维修许可审定的规定》。

3月3日，国务院经济贸易办公室同意赋予中国国际航空集团、中国南方航空集团进出口经营权。

4月7~24日、5月6~18日，蒋祝平局长等参加国家空中交通管制考察团，对美国、澳大利亚、俄罗斯进行考察。9月8日国务院、中央军委转发了该团的考察报告和分三步实现我国空管体制改革的意见。

4月19日，中国民用航空局改称中国民用航空总局。

4月21日，中国和新加坡两国政府《航空运输协定》在北京签订。

5月2日，海南航空公司正式投入运营，是我国第一家直接接收外资的公司。

5月4日，中国国际航空公司在由北京飞往广州的2448号客机上，首次使用机载卫星电话。

5月5日，中国与文莱、达鲁萨兰国两国政府《航空运输协定》正式签订。

5月17~20日，中国与周边地区的朝鲜、俄罗斯、蒙古、日本、哈萨克斯坦、缅甸、巴基斯坦、越南、尼泊尔、老挝等国及香港地区在北京修改签订了新的双边管制移交协议。

6月6日，中国新华航空公司在北京成立，基地设在天津张贵庄机场。6月8日，首航天津—深圳航线。

6月21日，中国和古巴两国政府《航空运输协定》在北京签订。

同日，中国和保加利亚两国政府《航空运输协定》在北京签订。

✈ 6月22日，上海虹桥临空经济园区发展有限公司在长宁区市场监督管理局登记成立。公司经营范围包括房地产开发与经营；销售建筑材料、钢材、普通机械等。

7月5日，中国和乌克兰两国政府《航空运输协定》在北京签订。

7月29日，中国民用航空总局发布《定期国际航空运输管理规定》。

7月30日，民航飞行学院所属1、2、3、4分院分别更名为中国民用航空飞行学院新津、广汉、洛阳、绵阳分院。

8月12日，中国民航总局批准中国南方航空公司和北京航空航天大学联合组建飞行学院。

9月1日，中共中央总书记江泽民、国务院总理李鹏分别审查了北京首都国际机场新航站楼设计方案模型。

9月15日，中国和匈牙利两国政府《航空运输协定》在布达佩斯签订。

10月6日，中国东方航空集团在上海宣布成立。

10月10日，中国南方航空集团在广州宣布成立。

10月11日，中国和以色列两国政府《航空运输协定》在北京签订。

10月15日，我国实施新的高度层配备，6000米以上的飞行垂直间隔由1000米减为600米。

10月16日，国家技术监督局批准发布《民用航空器飞行事故等级》标准，7月1日施行。

10月18日，中国和哈萨克斯坦两国政府《航空运输协定》正式签订。

10月21日，中国和新西兰两国政府《航空运输协定》在惠灵顿签订。

11月8日，中国和朝鲜两国政府《航空运输协定》在平壤重新签订。

12月6日，民航总局、公安部联合下发《关于严格审查处理劫持、爆炸飞机嫌疑人员的通知》《中国民用航空总局、中华人民共和国公安部关于民航安全的通告》。8日，国务院下发《关于加强民用航空安全工作的通知》。13日，民航总局、公安部联合下发经国务院批准的《关于加强反劫机的措施》。17日，国务院办公厅下发《关于积极配合民航部门认真做好空防安全工作的通知》，对各级人民政府协助民航系统做好空防安全工作提出了要求。

12月10日，中国国际航空集团在北京成立。江泽民总书记题词："大力发展国际航空，为改革开放铺路搭桥。"李鹏总理题词："祝贺中国国际航空集团公司成立，为改革开放做出贡献。"

12月20日，国务院决定，中国民用航空总局的机构规格由副部级调整为正部级。

12月21日，陈光毅任中国民用航空总局局长。

同日，民航总局发布关于规范使用"中国民航"用语和局徽的通知。

12月30日，民航总局通知，从1994年1月1日起，与人民币汇率并轨同幅度调整国内航线公布票价。

1994年

✈ 1994年，珠海航空城集团成立，提出大力发展以珠海机场为基础的航空城，形成我国航空经济的雏形。

1月1日，中国民航航空结算中心代表国内各航空公司加入国际航空协会清算所，实现中国民航财务清算与国际民航接轨。

1月26日，运-8型（货运）飞机取得型号合格证。与其配套的涡桨-6型发动机和J-17GB型螺旋桨也取得型号合格证。

2月1日，《中国民用航空空中交通管制工作规则》经修改后，即日起施行。

3月2日，中国和马尔代夫两国政府《航空运输协定》正式签订。

3月12日，山东航空公司成立。

4月19日，中国和乌兹别克斯坦两国政府《航空运输协定》正式签订。

6月15日，运-7H500型飞机获中国民航型号合格证书。

7月3日，运-12型飞机获中国民航总局颁发的型号合格证。

7月11日，中国和巴西两国政府《航空运输协定》正式签订。

10月16日，西藏昌都邦达机场竣工，机场标高4334米，为世界上海拔最高的机场。

10月18日，中美合作生产的第35架MD-82型飞机在上海交付，历时9年中美合作生产的35架麦道飞机项目全部完成。

10月31日，中国和韩国两国政府《航空运输协定》在汉城签订，并签署合作开发民用客机备忘录。

12月1日，中国航空器材波音北京零备件中心正式成立。

12月26日，中国民航总局与上海市人民政府签订交接议定书，将上海虹桥国际机场现有各单位的人员和财产全部移交给上海市人民政府管理。

12月30日，国家科委发文，将原民航局第一研究所更名为中国民航科学技术研究中心。

12月31日，国家体改委批准设立中国南方航空股份有限公司和中国东方航空股份有限公司。

1995年

1月6日，中国国际航空公司飞行总队安全飞行40周年表彰大会在人民大会堂隆重召开。

1月12日，民航总局批准公布《中国民航新航行系统（CNS/ATM）实施政策》，并于9月由国际民航组织第31届大会对外公布。

1月17日，中国政府与白俄罗斯政府在北京签署了《中华人民共和国政府和白俄罗斯共和国政府民用航空运输协定》。

3月23日，中美双边适航协议新的实施程序细则生效。

3月26日，中国运-12Ⅳ型号飞机获美国联邦民航局型号合格证。这是中国制造的民用飞机首次获美国联邦民航局适航证。

4月28日，成都—昌都航线开通。

5月18日，邮政航空公司购买3架运-8型邮政飞机，11月26日，首架交付使用。

5月23日，陈光毅局长陪同朱镕基副总理会见毛里求斯副总理纳巴布·辛格，并在北京出席两国政府航空协定签字仪式。

6月23~29日，第八届全国人民代表大会常务委员会第十四次会议审议《中华人民共和国民用航空法》。

8月30日~9月15日，民航圆满完成世妇会航空运输保障任务。共利用1238个班次，运送195个国家和地区及50个组织的与会代表29203人次，以及我国各省、区、市的与会代表4000人次。

9月1日，首都机场36R仪表着陆系统开始使用，成为我国首先使用Ⅱ类仪表着陆进近的机场。

9月15日~10月1日，国际民航组织第31届大会上，中国再次当选为理事国。

10月30日，第八届全国人大常务委员会第十六次会议通过《中华人民共和国民用航空法》，国家主席江泽民签发第五十六号令公布，自1996年3月1日起施行。

1996年

1月31日，民航总局党委作出《关于发展通用航空若干问题的决定》。

3月1日，中国国际、东方、南方航空公司与台湾中华航空公司联运协议生效，开始互相接受航空运输凭证，内地经香港至台湾实现一票到底。

3月18日，国家技术监督局发布《公共航空运输服务质量标准》（GB/T 16177—1996），自9月1日起施行。这是中国运输行业第一部服务质量国家标准。

4月12日，新疆航空公司执行首次旅客去麦加朝觐的包机任务。

5月21日，中国和津巴布韦两国政府《民用航空运输协定》在北京签订。

5月23日，中国和荷兰两国政府《中荷民用航空运输协定》在北京签订。

6月3日，中国和智利两国政府《中智民用航空运输协定》正式签订。

6月13日，中国和黎巴嫩两国政府《中黎民用航空运输协定》在北京签订。

6月30日，北京—上海、上海—广州两条航路交由民航管制。

7月4日，中国和吉尔吉斯斯坦两国政府《中吉民用航空运输协定》在比什凯克签订。

11月12日，"中国民航集中式计算机货运系统"获国家"八五"科技攻关重大科技成果奖。

11月25日，中国邮政航空公司成立。

同年，中国东方航空公司招收日本籍空姐。首开中国民航聘用外籍乘务员的先例。

1997 年

5月15日，中国航空器材进出口公司向法国空中客车工业公司预订30架空客310系列客机的框架协议签字仪式在人民大会堂举行。

6月25日，国务院决定，中国政府加入《关于国际民用航空公约第56条的议定书》等五项关于修改《国际民航公约》的议定书。国际民航组织通知自7月23日起生效。

6月26日，国家计委、民航总局联合发出《关于国内航线票价管理办法有关问题的通知》，规定自7月1日起国内航线票价取消双轨制，境外旅客在境内购买中国民航国内航班机票，与境内旅客执行同价，在国外购票仍使用"公布票价"。

6月29日~7月2日，民航圆满完成中国政府代表团出席香港政权交接仪式暨香港特别行政区政府成立庆典活动的专机任务。这是中国民航历史上规模最大的专机飞行。

9月1日，中国和马耳他两国政府《中马民用航空运输协定》在北京签订。

9月8日，民航总局下发《关于国内航线票价暂试行幅度管理的通知》，规定自15日起国内航线票价试行幅度管理。

9月23日，中国和马达加斯加两国政府《中马民用航空运输协定》在北京签订。

10月26日，民航总局向陕西飞机制造公司颁发Y8F－200型飞机TC003A型号合格证。

10月30日，中国和美国两国政府在华盛顿签署《关于加强中美两国民航领域合作关系的纪要》，中国民航向美波音公司预购50架飞机。

12月10日，中国和斐济两国政府《中斐民用航空运输协定》在北京签订。

12月25日，中国航空结算中心完成的中国民航收入管理计算机系统荣获国家科技进步二等奖。

12月30日，北京终端管理区开始实施雷达管制。

1998年

1月5日，民航总局批准东方航空集团公司对中国通用航空公司实行兼并。

1月31日，国务院总理李鹏对民航工作作出重要批示。

2月20日，财政部下发《关于民航总局直属企业"九五"后3年财税体制的通知》。

2月24日，中国与巴林两国政府《民用航空运输协定》在北京正式签订。

3月5日，中国西南航空公司最后一架波音707飞机退役。至此，国内所有的波音707飞机已全部退役。

3月10日，贵州航空股份有限公司成立。

3月29日，国务院关于机构设置通知，国务院机构设有"中国民用航空总局"。

4月1日，京沪、沪穗两条航路正式开始实施雷达监控，飞行间隔由

150公里缩小到75公里。

4月28日,民航总局向中国国际航空公司颁发航空承运人运行合格证。

4月29日,民航总局向西安飞机工业公司颁发Y7-200A飞机VTC009A型号合格证。

同日,民航总局下发《关于调整国内航线票价最大优惠幅度的紧急通知》,规定自1998年5月8日(售票时间)起,国内航线票价最大优惠幅度调整为20%。

5月28日,上海机场(集团)有限公司正式挂牌成立。

6月1日,中国民航停止使用莫尔斯人工无线电报通信方式。

6月18日,刘剑锋任中国民用航空总局党委书记。

6月25日,刘剑锋任中国民用航空总局局长。

7月5日,具有国际先进水平的中国民航旅客服务计算机订座系统新主机系统顺利投产,其数据处理能力达到原来的4倍以上。

7月24日~8月31日,长江、嫩江、松花江流域发生特大洪涝灾害。民航系统大力支援抗洪救灾,共抢运物资400多吨,保障救灾飞行1000多架次。

8月18日,中国第一家专业航空货运公司——中国航空货运有限公司在沪成立。

9月27日,民航总局将周恩来总理专机(伊尔-14型678号)捐赠给天津市周恩来、邓颖超纪念馆。

9月28日~10月1日,国际民航组织举行关于《国际民航公约》中文正式文本的外交会议,通过了《关于国际民用航空公约(1944年,芝加哥)6种语言正式文本的议定书》,规定中文为公约的正式文本。

11月4日,第九届全国人民代表大会常务委员会第五次会议决定:批准《制止在用于国际民用航空的机场发生的非法暴力行为以补充1971年9月23日订于蒙特利尔的制止危害民用航空安全的非法行为的公约的议定书》,同时声明:我国在加入《制止危害民用航空安全的非法行为的公约》时对该公约第14条第1款所作的保留同样适用于该议定书。

12月3日,中国和摩洛哥王国两国政府《民用航空运输协定》在北京签订。

1999 年

2月2日，中国和南非两国政府《民用航空运输协定》在开普敦签订。

3月2~4日，中国分别与爱沙尼亚和拉脱维亚签订了《航空运输协定》。

4月8日，中国和美国两国政府《民用航空运输协定》再次签订。

4月9日，中国和卡塔尔国两国政府《民用航空运输协定》在北京签订。

4月15日，民航总局同意台湾"中华航空公司"、长荣航空公司在北京设立办事处。

4月28日，云南迪庆机场通航。

5月9~11日，中国国际航空公司刘晋平机组出色完成赴南斯拉夫首都贝尔格莱德接回中国驻南斯拉夫大使馆人员的专机任务。

5月10~28日，国际民航组织在蒙特利尔召开航空法大会，制订审议和通过新的《统一国际航空运输某些规则的公约》(《蒙特利尔公约》，又称《新华沙条约》)。经国务院批准和授权，由民航总局、外交部及香港特别行政区政府代表组成的中国政府代表团出席大会，并签署大会的最后文件和公约。

7月21日，内地和香港、澳门特区民航的有关部门在广州市举行了管制会议，重新签署了涉及珠江三角洲飞行程序、管制指挥和移交方法的协议。

9月15日，江西南昌昌北机场通航启用。

9月16日，上海浦东国际机场通航。

11月1日，首都国际机场新航站楼正式启用。

12月19~20日，中国国际航空公司机组圆满完成澳门回归的专机保障任务。

同年，澳门回归后澳门民用航空器国籍标志为"B"。

2000 年

1月5日，广州空中交通管制区域实施雷达管制指挥。这是中国民航首次在一个大的飞行区域范围内进行雷达管制，飞行间隔缩小到20千米。同日，经修改的《中国民用航空空中交通管理规则》开始施行。

3月10日，中国和秘鲁两国政府《民用航空运输协定》正式签订。

3月21日，中国民用航空学院空中交通管理学院成立。

4月1日，即日起，国内25家航空公司在108条多家共飞航线上实现联营，以避免各航空公司间的恶性竞争，促进全行业的健康发展。

4月3日，民航总局发布《民用运输机场应急救援规则》（CCAR-139-II），自发布之日起施行。

6月7日，中国和摩尔多瓦共和国两国政府《民用航空运输协定》在北京签订。定于2000年12月22日生效。

6月24日，中国第一条欧亚新航行系统航路L888试飞成功。

6月30日，国务院、中央军委空中交通管制委员会于1998年10月27日批准的《全国军民航管制区域调整方案》和《全国军民航航路移交和航线管制指挥方案》正式实施。

7月24日，《中华人民共和国飞行基本规则》由中华人民共和国国务院总理和中央军事委员会主席签署命令发布，自2001年8月1日零时起施行。

8月18日，中国航空油料股份有限公司成立。

10月18日，中国民航信息网络股份有限公司成立。

11月27日，刘剑锋局长签署民航总局第94号令，发布《民用航空飞行标准委任代表和委任单位代表管理规定》（CCAR-183-FS），自发布之日起施行。

2001年

1月1日，即日起，全国共有3765家航空运输销售代理企业使用自动打票机销售BSP中性机票。手写机票在中国成为历史。

1月5日，北京空中交通管制区域实施雷达管制指挥，飞行间隔由75公里缩短到20公里。

1月6日，民航总局副局长鲍培德会见了台湾国民党"三通参访团"和新党"三通参访团"。

1月9日，中国邮政航空公司获得了民航总局颁发的运行合格证。

1月15日起，北京空中交通管制区实施雷达管制指挥。

1月16日，首都国际机场与天津滨海国际机场正式宣布联合组建机场集团，这是中国民航首次跨越区域的机场合并。

2月6日，民航总局批准发布民用航空行业标准《公共航空运输服务事故等级》（编号 MH/T 1011-2001），自2001年7月1日起施行。

2月8日，中国民航学院科研项目"飞机飞行操纵品质监控工程"获得国家科技进步二等奖。

2月11日，民航总局机场司司长蒋作舟荣获"全国工程设计大师"称号。

2月13日，山东航空公司与庞巴迪公司签署了购买4架"挑战者"604宽体公务机的协议。

2月17日，云南航空公司向加拿大庞巴迪宇航公司订购了6架CRJ200支线客机。

2月，民航总局发布《民用机场不停航施工管理规定》。

3月19日，中国民航总局关于修订《中国民用航空空中交通管理规则》的决定。自2001年8月1日起施行。

3月20日，新疆航空公司宣布其5架图-154飞机同时退役，这将标志着中国民航直属航空公司中将不再有图-154飞机。

3月25日，东航商务旅客推出"东航快线"服务，成为国内首家在同一航线推出公交化航班的航空公司。

3月26日，东航正式开通北京直飞巴黎的航线，从而改变了过去国内航班北京飞巴黎需经上海转乘的历史。

3月28日，国务院第97次总理办公会议讨论了民航总局《关于深化民航体制改革总体框架及直属航空运输企业重组方案》，原则同意按该方案实施改革，民航直属航空运输和服务保障企业改革重组工作正式启动。

4月16日，中国首次颁发民用直升机型号合格证。

4月17日，山东航空公司、上海航空公司、深圳航空公司、四川航空公司、武汉航空公司、中国邮政航空公司签署《组建中国中天航空企业集团协议书》。

5月1日，《民用机场旅客航站区无障碍设施设备配置标准》正式实施。

5月18日，中国南方航空与德国MTU发动机公司合资组建摩天宇航空发动机维修有限公司在珠海成立。

5月20日，即日起，民航总局在实行收入联营的广州至北京、上海、昆明航线，深圳至北京、上海、成都航线，上海至重庆航线，海口至北京、上海、广州、深圳、成都、重庆、昆明航线和三亚至广州航线上，在正常票价基础上，试行符合购票时限等限制条件的特种票价。

5月30日，东方航空公司首次试飞芝加哥—上海极地航路成功。7月15日，南方航空公司试飞纽约—北京极地航路成功。

6月14日，经民航总局批准，新疆通用航空公司与西北航空公司签订了西北航参股新疆通用航空有限责任公司协议书，以共同开发西北通用航空市场。

6月中旬，中国西南航空公司与俄罗斯布拉戈维申斯克航空公司就出售4架图－154客机达成了协议。

6月20日，民航西北管理局向长安航空公司颁发了Y－7客改货飞机适航证书。

6月23日，新疆航空公司开通乌鲁木齐至香港的旅游包机航线，这是新疆首条直飞香港的航线。

6月30日，我国第一条雷达管制航路—北京至广州航路（京广航路）正式开通。

6月，中国西南航空公司招收中国民航史上首批藏族大学生飞行学员。

7月24日，中国民航同时也是亚洲航空公司引进的首架波音737－600型客机飞抵成都双流国际机场。

8月1日，国务院、中央军委重新颁布了《中华人民共和国飞行基本规则》正式实施。

8月8日，上海航空公司最新引进的HAWK800XP公务机抵达上海浦东国际机场，该机于8月12日投入运营。

8月9日，民用机场高度表拨正程序和过渡高度层改革正式实施，8400米以上飞行高度层间隔为600米，6000米至8400米的飞行高度层间隔由600米改成300米，使之与国际标准基本接轨。

✈ 8月28日，我国第一个空港国际物流区在天津滨海国际机场举行奠基仪式，标志着我国航空港国际物流的发展步入了一个全新的阶段。

8月30日，中国与伊朗两国政府《民用航空运输协定》在北京签订。

8月，亚洲首架奖状 X 型 B-7021 飞机交付中国民航使用。

9月25日~10月5日，在加拿大蒙特利尔举行的国际民航组织第33届大会上，中国民航以147票再次当选二类理事国。

10月3日，中国航空器材进出口总公司与波音公司签署了订购30架波音737飞机的协议。

10月12日，由台湾全部6家航空公司负责人组成的"两岸空运直航访问团"拜会了中国民航协会海峡两岸航空运输交流委员会，并受到了鲍培德副局长的接见。

10月24日，中国北方航空公司接收引进第一架空客321飞机。

10月31日，民航总局发布《民用航空物资设备招标投标管理规定》，自2001年12月1日起施行。

10月，经民航总局批准，深圳黄田机场更名为宝安机场。

11月9日，中国与巴西两国政府签署了《中国和巴西民用航空安全技术合作谅解备忘录》。

11月20日，云南航空公司接收首架 CRJ200 支线客机。

11月22日，北京首都国际机场通过世界卫生组织验收，成为亚洲第二家通过世界卫生组织确认的国际卫生机场。

11月28日，民航总局在昆明宣布云南民航分立重组，新的民航云南省局、云南航空公司和民航昆明空管中心正式成立。

12月26日，民航总局决定，每年1月1日至3月10日和7月1日至9月15日寒、暑假期间，对乘坐国内航班（包含国际航班国内段）的师生实行长期优惠政策，教师优惠25%，学生优惠40%。

12月28日，杭州萧山机场首航。

2002 年

2002年，民航全行业完成运输总周转量165亿吨公里，同比增长16.8%；旅客运输量8594万人，同比增长14.2%；货邮运输量202万吨，比上年增长18.2%。2002年中国民航定期航班运输总周转量（不含港、澳）在国际民航组织缔约国中排名第5位。2002年全行业完成通用航空飞行 5.76 万小时，比上年增长 2.9%。至年底航线总数 1176 条，通航里程 163.77 万公里（不重复距离）。国内通航城市 130 个，通航机场 139 个（不含港澳），国外通航 32 个国家的 67 个城市。内地有 37 个城市通航香港，8 个城市通航澳门。截至 2002 年底，民航全行业运输飞机 602 架，比 2001 年增加 36 架。全行业在册运输飞机平均日利用率为 8.6 小时，比上年提高 0.3 小时；正班客座率 64%，比上年提高 2 个百分点；正班载运率 60.7%，比上年提高 2.2 个百分点。2002 年全行业平均航班正常率 75.65%。2002 年全行业实现主营业务收入 1134 亿元，亏损 16 亿元。2002 年全行业完成基本建设投资 120 亿元。

1 月 1 日，北京时间零时起，各民用航空机场正式启用修改后的《国际航空气象电码》。

2 月 3 日，山东航空公司彩虹公务机有限公司正式成立。

2 月 7 日，国务院批准中国民航总局组建空中人民警察队伍。

3 月 3 日，国务院《关于印发民航体制改革方案的通知》同意国家计委会同有关部门和单位研究提出《民航体制改革方案》。

3 月 12 日，中国民航首度使用白皮书。

同日，山东航空集团公司正式成立。

3 月 15 日，24 家航空公司组成旅客维权网以保护航空旅客的合法权益。

3 月 16 日，西安飞机公司（集团）有限责任公司、武汉航空公司与深圳金融租赁公司签订购买及租赁 3 架新舟 60 飞机合同和 5 架意向协议，这是我国首次通过租赁方式销售国产飞机。

3 月 20 日，经民航总局批准第二批民用机场高度表拨正程序和过渡高度层改革开始实施。

4 月 9 日，通用航空专家委员会成立。

5 月 10 日，天津经济技术开发区滨海通用机场落成开航。

5 月 16 日，杨元元任中国民用航空总局党委书记。

5 月 21 日，杨元元任中国民用航空总局局长。

6 月 1 日，民航总局、外贸部联名发布《外商投资民航业的政策规定》。

同日，《中国民用航空人员医学标准和体检合格证管理规则》开始实施。

6 月 21 日，由民航总局、外经贸部、国家计委以民航总局第 110 号令公布《外商投资民用航空业规定》，自8月1日起施行。

7月11日，哈尔滨飞机公司的H4110A直升机获得中国民航总局颁发的型号合格证。

7月12日，国内首支武警反劫机中队在上海成立。

7月中旬，我国第一台行李自动处理系统在贵阳龙洞堡机场投入试运行。

8月1日，中国军航、民航开始开始实施统一的《飞行间隔规定》。

8月7日，民航总局与上海市政府共同决定：将虹桥机场定位为国内机场，保留部分国际机场备降的功能，浦东机场定为国际机场，并从2002年月日10月28日开始实施。

8月16日，中国国际航空公司使用波音737飞机成功跨越北极，圆满完成北京—纽约航班的极地飞行验证任务。

8月18日，中国东方航空武汉有限责任公司成立。

8月29日，四川航空股份有限公司成立。同时，四川航空集团公司成立。

10月1日，中国民航总局与中国环保总局联合发布并正式实施《环境影响评价技术导则——民用机场建设工程》，这是民航总局首次发布关于机场建设工程中环境保护方面的标准。

10月11日，中国航空集团公司、中国东方航空集团公司、中国南方航空集团公司三大航空运输集团和中国民航信息集团公司、中国航空油料集团公司、中国航空器材进出口集团公司三大航空服务保障集团在北京宣告成立，标志着中国民航企业联合重组和行政管理体制改革进入新阶段。

11月4日，民航总局发出《关于国内航线联营问题的通知》，决定取消国内航线联营。

11月6日，民航总局适航司向国产运-8F400型飞机和16克飞机座椅颁发了型号合格证和TSOA证。

11月18日，中国和卢森堡两国政府《民用航空运输协定》在北京签订。

11月20日，民航总局印发《山东、湖南、青海三省民航行政管理和机场管理体制改革试点实施方案》。全面启动民航省（区、市）行政管理和机场管理体制改革试点工作。

11月22日，民航总局副局长高宏峰在北京会见台湾"中国台商发展促进协会"理事长章孝严先生及台湾航空公司的代表，就春节期间两岸包机问题进行洽谈。

11月28~29日，民航总局党委首次提出在本世纪头20年实现从民航大国到民航强国历史性跨越的民航行业发展战略。

12月4日，民航总局批准通过《中国民用航空专机工作细则》。于2003年2月1日正式实施。

12月23日，民航总局颁发直-11型直升机的民用生产许可证。

12月28日，民航总局局长杨元元和天津市副市长王述祖一起为首都机场集团公司揭牌，标志着首都机场集团公司正式宣告成立，同时也标志着京津两大机场正式实现联合。首都机场集团公司是以北京首都机场集团公司为基础，联合天津滨海国际机场、中国民航机场建设总公司、金飞民航经济发展中心、中国民航工程咨询公司组建的大型国有企业。

2003 年

1月1日，重新修订的《民用航空机场特殊天气报告标准与规定》（民航空发〔2002〕168号）正式实施。

1月10日，国务院总理朱镕基、中央军委主席江泽民签署命令批准颁发《通用航空飞行管制条例》，该条例自2003年5月1日施行。这是我国民航首次颁布此类条例。

1月14日，民航总局下发《关于恢复民航地区管理局通用航空企业审批权限的通知》（民航运发〔2003〕9号），从4月开始恢复民航地区管理局乙、丙类通用航空企业审批等权限，并增加有关职责。

1月26日，执行台商春节包机首航任务的台湾"中华航空公司"的波音747-400大型客机降落在上海浦东机场，成为53年来首架降落祖国大陆的台湾民航客机。

2月11日，由国际民航组织发起的中国、韩国、蒙古和朝鲜四国参加的北亚区运行安全及持续适航合作组织成立。

3月4日，民航总局印发了《中国民用航空地区行政机构改革实施方案》和相关配套文件。

同日，中国和埃塞俄比亚两国政府《航空运输协定》在北京签订。

3月28日，中国民用航空湖南省安全监督管理办公室挂牌成立。

4月1日，即日起，新加坡货运航空公司开辟新加坡经我国澳门、南京至美国芝加哥的航线，并在厦门、南京拥有上下国际货物的权利。这是中国政府首次向外国航空公司开放货运输第五航权。

4月2日，中国和冰岛两国政府《航空运输协定》在雷克雅未克签订。

4月8日，民航总局成立非典型肺炎预防控制工作领导小组。全面布置了民航系统防控非典型肺炎工作。4月21日，民航总局就民航系统进一步做好非典型肺炎防治工作发出特急通知。

4月15日，民航总局、公安部、人事部、财政部联合下发《中国民航空中警察组建方案》。6月17日组建工作全面启动。

4月18日，民航总局下发《关于印发〈民航总局机关有关部门主要职责〉的通知》和《关于印发〈民航总局机关各部门人员编制、司局级领导职数和内设处级机构方案〉的通知》。

6月19日，青海民用机场有限责任公司、民航青海安全监督管理办公室同时挂牌运转。

7月7日，民航总局党委研究通过《关于特聘技术专家和中青年技术带头人选拔管理办法》，决定每年在民航重点专业技术领域选拔30名特聘专家、100名青年技术带头人予以重点扶持和培养，以组建民航专家队伍。

7月15日，民航国内航空运输价格改革方案听证会在北京举行。

7月28日，民航总局向重组合并后的中国国际航空公司颁发了运行合格证书和运行规范。

8月19日，中国与尼泊尔两国政府《航空运输协定》在北京签订。

8月30日，民航总局和公安部联合印发了《民用机场公安机构改革方案》，确定除首都机场集团公司所属机场（含首都国际机场、天津滨海国际机场）、西藏自治区内机场及中国民航飞行学院所属机场的公安机构外，机场公安机场和民航省（区、市）局公安处随同机场下放，一并移交地方人民政府管理。

9月1日，北京、上海、广州进近塔台实施英语陆空对话。

10月30日，北京—上海—广州航路实施雷达管制。

11月6日，民航总局局长杨元元和新加坡交通部长姚照东为中新机场管理培训学院揭牌。

11月16日，北京首都国际机场新航站区设计方案确定，来自英国、荷兰组成的机场设计联合体的设计方案中标。

11月21日，中国民用航空江西安全监督管理办公室、江西机场集团公司正式挂牌成立。

11月22日，中国民用航空山东安全监督管理办公室、济南国际机场股份有限公司正式挂牌成立。

11月25日，中国民用航空安徽安全监督管理办公室、安徽机场管理有限责任公司正式挂牌成立。

11月26日，中国民用航空重庆安全监督管理办公室、重庆机场（集团）公司正式挂牌成立。

同日，中国民用航空江苏安全监督管理办公室正式挂牌成立。

11月28日，中国民用航空吉林安全监督管理办公室、吉林省民航机场（集团）公司正式挂牌成立。

12月12日，中国国际货运航空有限公司在北京挂牌。

12月17日，国务院总理温家宝乘中国民航2472号专机出访时对民航工作作重要题词："深化民航体制改革，建设一支过得硬的高素质民航队伍。为此要严格管理，严明制度，严肃纪律，切实做到安全第一，提高服务质量，提高经济和社会效益，民航的改革和发展大有可为。"

12月18日，陕西省机场管理集团公司正式挂牌成立。

同日，中国民用航空黑龙江安全监督管理办公室、黑龙江省机场管理集团有限公司正式挂牌成立。

12月19日，中国民用航空内蒙古自治区安全监督管理办公室、内蒙古自治区机场（集团）有限责任公司正式挂牌成立。

12月20日，中国民用航空山西安全监督管理办公室、山西机场（集团）有限责任公司正式挂牌成立。

12月26日，中国民用航空广西安全监督管理办公室、广西机场管理集团有限责任公司正式挂牌成立。

12月28日，中国民用航空浙江安全监督管理办公室正式挂牌成立。

12月29日，中国民用航空河南安全监督管理办公室、河南省机场管理公司正式挂牌成立。

12月30日，中国民用航空辽宁安全监督管理办公室、辽宁省机场管理集团公司正式挂牌成立。

同日，中国民用航空河北安全监督管理办公室、河北省机场管理集团公司正式挂牌成立。

同日，中国民用航空贵州安全监督管理办公室、贵州机场集团有限公司正式挂牌成立。

同日，中国民用航空福建安全监督管理办公室正式挂牌成立。

同年，中国与埃塞俄比亚、冰岛、尼泊尔政府《航空运输协定》正式签订。

2004年

1月1日，中国民航空中警察上岗执勤。

同日，商务部允许港澳服务企业在内地以合资、合作、独资的形式设立国际货运代理企业。

1月12日，中国和泰国签署全面开放两国国际航空运输市场的协议。

1月14日，中国民航总局发布《一般运行和飞行规则》，自6月1日起施行。1990年5月26日发布的《中国民用航空飞行规则》同时废止。

1月19日，东航首次开通上海（浦东）至塞班包机。

2月20日，南航股份公司"运行管理与控制研究与运用"课题获得国家科学技术进步二等奖。

2月25日，广东省机场管理集团有限公司正式成立。

2月26日，中国民航总局与美国联邦航空总局在北京就进一步加强中美民用航空领域在安全、效率和能力方面的合作签署协议。

2月28日，湖北机场集团公司挂牌成立。

3月5日，天津民航安全监督管理办公室成立。

同日，民航总局下发《民航总局关于进一步加强民航空管工作有关问题的意见》。

3月12日，桂林两江国际机场公司、南宁吴圩国际机场公司、北海机场公司、柳州机场公司正式成立。

3月16日，经民航总局批准，由首都机场集团公司投资组建的民航机场管理有限公司在京正式成立。

3月18日，民航总局、国家发改委联合下发《中国民用航空总局、国家发展改革委员会关于国内航空运价管理有关问题的通知》，配合《民航国内航空运输价格改革方案》的实施就有关问题进行了说明。

3月23日，中国和澳大利亚两国政府《民用航空运输协定》在堪培拉正式签订。

3月29日，四川省机场集团有限公司挂牌成立。

4月7日，中国民航总局和香港特别行政区民航处在京共同签署《航空器事故调查和搜寻救援合作安排》。

同日，中国民航总局和美国贸易发展署在京签署《航空合作项目备忘录》。

4月9日，南航在广州与空客公司签订协议，购买21架空客飞机，其中包括15架320和6架319。

4月12日，民航宁夏安全监督管理办公室和宁夏民用机场集团有限公司挂牌成立。

4月13日，天津市政府与民航总局签署了《关于天津机场建设与发展问题会谈纪要》。

4月16日，民航新疆管理局、民航新疆管理局空管局、新疆机场集团有限责任公司挂牌成立。

4月20日《民航国内航空运输价格改革方案》正式实施。

4月26日，民航总局与云南省政府共同签署了《关于云南省民航机场移交书》，标志着云南省10个民航机场的属地化改革工作圆满结束。

6月1日，民航总局第120号令《一般运行和飞行规则》，即CCAR-91部开始实施，使通用航空飞行从此有法可依。

6月28日，中国与阿根廷两国政府《航空运输协定》和《谅解备忘录》在北京签订。

7月7日，奥凯航空有限公司经国家民航总局批准成立。

7月8日，民航总局正式将兰州、敦煌、嘉峪关、庆阳四个机场移交甘肃省人民政府管理，民航机场属地化管理画上句号。这标志着国务院2002年6号文件规定的民航新一轮体制改革各项任务完成。

7月24日，中国与美国两国政府《民航运输协定》在北京正式签订。同时，中美两国的航空部门正式签署了为期6年了《中美扩展航空服务协议》。

7月28日，民航总局下发《关于维护民用航空秩序保障航班正常运行的通告》。11月14日，民航总局与公安部联合发布该《通告》。

8月4日，中国国际航空公司成为北京2008年奥运会航空客运合作伙伴。

8月5日，广州新白云国际机场正式启用。

8月6日，中国与塞舌尔两国政府《航空运输协定》在北京草签。

8月8日，中国国际航空公司西藏分公司在拉萨成立。

8月21日，南方航空和天合联盟（Skyteam）签署加入天合联盟的谅解备忘录。

8月23日，民航总局发布《外国公共航空运输承运人运行合格审定规则》（编号CCAR-129），自2005年1月1日起执行。

9月1日，中国BSP国内电子客票正式实施。

10月2日，在国际民用航空组织第35届大会上，中国以150票的高票数首次当选为该组织一类理事国。

10月9日，东航在北京与空客公司签署协议，购买20架空客330-300飞机。

10月28日，成都双流国际机场股份有限公司正式挂牌成立。

11月8日，中国石油、中国石化、中国航油联合设立中国航空油料有限责任公司。

11月17日，民航总局和澳门特别行政区民航局两地航空运输备忘录在澳门签订。

11月23日，《外国公共航空运输承运人审定及监督程序手册》发布。

11月26日，民航华东地区管理局向扬子江快运航空有限公司颁发《航空承运人运行合格证》。

12月12日，中国民航总局发布《中国民用航空统计管理办法》。

同年，我国与澳大利亚、阿根廷、墨西哥正式签署航空运输协定。

2005 年

1月24日，民航总局、商务部和国家发改委共同发布民航总局第139号令《外商投资民用航空业规定的补充规定》（CCAR-201LR-R2），自2月24日起施行。

1月29日，在美国华盛顿和法国巴黎，中国代表团分别签下了共60架飞机的购机协议。

同日，中国南方航空股份有限公司与空中客车公司签署订购5架空客380飞机的框架协议。

1月29日~2月20日，祖国大陆民航飞机与台湾民航飞机首次双向对飞。

2月1日，由中国和巴西合作生产的第6架ERJ145支线飞机交付南航使用。

2月28日，第十届全国人民代表大会第十四次常务委员会批准《统一国际航空运输某些规则的公约》（《1999年蒙特利尔公约》），公约将于7月31日对中国生效。

3月15日，通过考试的5名藏族飞行学员被国航西南分公司正式接收为飞行员，这是国内航空公司接收的首批藏族本科飞行员。

3月21日，南航宣布将以租赁方式引进25架空客飞机，其中包括5架330-200和10架321。

4月1日，《航空煤油销售价格改革方案（试行）》开始执行。

4月14日，中国民航总局宣布已与印度民航部签署关于扩大中印两国间航空运输安排的谅解备忘录。

同日，民航总局下发《民航航班时刻管理试行办法》，对民航航班时刻管理办法进行改革。

4月15日，杭州萧山国际机场有限公司与香港机场管理局签署合资协议，杭州萧山国际机场成为中国内地首个整体合资的民用机场。

4月18日，中国和加拿大两国政府《新航空运输协定》在北京草签。

4月21日，中国三家航空公司在北京签署协议，共购买30架空客飞机。

5月18日，中国民航华东地区管理局向美国西北航空公司颁发了

《CCAR129 部运行规范》。

5月27日，中国和西班牙两国政府签署了《关于促进中西两国航空运输发展谅解备忘录》。

6月1日，《大型飞机公共航空运输承运人运行合格审定规则》（CCAR-121部）第二次修订施行。

✈ 7月1日，自即日起，海关实行旅客申报制度改革，要求从空港进出境的旅客一律填写《中华人民共和国海关进出境旅客行李物品申报单》，向海关申报。

7月11日，民航总局印发《中国民航2008年北京奥运行动计划》。

7月21日，中国国际航空公司、中国航空器材进出口集团公司与空客公司签署协议购买20架330-200飞机。

7月29日，中国民航总局批准设立中国联合航空有限公司。

7月31日，《统一国际航空运输某些规则的公约》（简称《蒙特利尔公约》）对中华人民共和国生效。

8月15日，《国内投资民用航空业规定（试行）》正式施行。该规定放宽了民航业的投资准入及投资范围。

✈ 9月16日，国家发改委《建设事业"十五"计划纲要》专项规划（计划）之二明确提出：根据城镇体系规划布局及其对区域交通建设的要求，本着城镇发展与区域交通相互协调、相互促进、共同发展的原则，建议航空业发展应根据城镇体系布局和发展趋势，对现有机场进行合理的分工和调整，完善干线机场的建设，建设支线机场，形成干、支机场结构合理的航空运输网。北京、广州、上海、厦门、武汉、西安、成都、昆明为主要国际航空港，直辖市和各省、自治区政府所在地城市，深圳及主要旅游城市作为主要的国内干线航空港，半径100公里内没有干线机场的大城市应作为国内支线航空港①。

9月26日，中国航空运输协会在北京正式成立。

同日，民航总局成立突发事件应急工作领导小组及办公室。

10月7日，《民用航空器飞行事故应急反应和家属援助规定》发布

---

① 《"十五"全国城镇发展布局规划》，发展改革委网站，2005年9月16日，http://www.gov.cn/ztzl/2005-09/16/content_64388.htm。

实施。

10月16日，民航总局与天津市政府共建"民航科技产业化基地"签字仪式在天津举行。

10月18～23日，中国和美国两国政府签署了中美双边航空安全协定、中美航空合作项目的协议。

11月8日，安徽民航机场集团有限公司成立挂牌。

11月20日，中国航空器材进出口集团公司与波音公司签订购买70架737-700和737-800的框架协议。

11月26日，民航总局下发《民航总局关于促进支线航空运输发展的若干意见》。

11月27日，东星航空公司分别与空客和美国通用金融租赁公司（GE-CAS）签署协议，意向购买10架及租赁10架空客320系列飞机。

12月5日，中国航空器材进出口集团公司与空客公司签订150架320系列飞机的框架协议。

12月6日，由全国40个干线机场和旅游城市机场共同合作建立的"民航运输机场应急救护协作网"正式开始运行。

12月7日，民航总局与新疆维吾尔自治区人民政府在乌鲁木齐签署了《关于加快新疆民航发展的会谈纪要》。

12月12日，中国和秘鲁两国关于修改双边航空运输协定及扩大两国航空运输安排的谅解备忘录在北京签订。

12月19日，内蒙古自治区政府与首都机场集团公司签订内蒙古民航机场集团托管协议。

12月，民航总局在北京与俄罗斯民航局举行双边会谈，签署谅解备忘录。

同年，我国航空运输总周转量世界排名由第三位上升至第二位。我国与加拿大、肯尼亚正式签署航空运输协定。2005年《新一代空中交通服务平台、关键技术及其应用》获得国家科学技术进步一等奖，《机场行李自动分检系统》获得国家科学技术进步二等奖。

2006年

1月16日，民航总局局长杨元元签署《中国民用航空国内航线经营许可规定》（民航总局令第 160 号），自 2006 年 3 月 20 日起施行。

同日，中国民航空警总队和国航股份公司在北京为民航空警总队一支队暨国航空中保卫支队举行正式成立挂牌。

1 月 18 日，民航总局局长杨元元与内蒙古自治区主席杨晶签署了关于加快内蒙古民航发展的会谈纪要。

1 月 20 日至 2 月 7 日，2006 年两岸春节包机进一步实现了"增开厦门航点""扩大旅客范围"和"大陆先遣人员赴台"等新突破。海峡两岸 12 家航空公司在北京、上海、广州、厦门至台北、高雄间共飞行了 72 班往返包机。

1 月 23 日，《国家处置民用航空器飞行事故应急预案》发布实施。

2 月 8 日，内蒙古民航机场集团公司与二连浩特市政府签订委托管理协议，开始受托管理二连浩特机场。

2 月 21 日，中国飞龙专业航空公司首家荣获 CCAR-135 部运行合格证。

2 月 28 日，中国民航总局发布《国内航空运输承运人赔偿责任限额规定》，3 月 28 日起正式施行。

3 月 6 日，国家民政部批准成立中国民航科普基金会。

3 月 7 日，中国与阿富汗伊斯兰共和国举行双边航空会谈，就航线表、运力额度、第五航权和包机飞行等事宜达成谅解备忘录。

3 月 20 日，《中国民用航空国内航线经营许可规定》施行。

3 月 21 日，民航总局印发《关于深化民航改革的指导意见》。

3 月 28 日，陕西省机场管理集团公司和青海省民用机场有限公司联合重组协议签字仪式在西宁举行。7 月 24 日，陕西省机场管理集团公司更名为陕西机场管理集团公司，其下辖西安、银川、榆林、延安、汉中、安康、西宁、格尔木 8 个机场。

3 月 29 日，经国务院学位委员会终审批准，我国第一个飞行硕士学位授予点在中国民用航空飞行学院诞生。

3 月 31 日，中国航空运输协会在北京宣布《中国民用航空运输销售代理资格认可办法》正式实施。

4 月 15 日，民航总局空管局印发《民用航空飞行气象情报发布与交换办法》开始施行。

4月18日,民航总局和美国联邦空管局《关于在进出对方国境的本国航班上部署空中警察并开展相关合作的谅解备忘录》正式签订。

4月25日,新疆通用航空有限责任公司获得民航总局颁发的CCAR–91部运行合格证。

4月28日,首都机场集团公司与黑龙江省国资委签署协议,正式托管整合黑龙江省机场管理集团有限公司。

5月22日,中国和坦桑尼亚两国政府《航空运输谅解备忘录》在北京签订。

同日,中国国际航空股份有限公司与星空联盟在北京签署了国航加入星空联盟的谅解备忘录。

5月24日,中国民航安全学院在北京正式挂牌成立。

5月25日,民航华东地区管理局向长城航空有限公司颁发航空承运人运营合格证和运行规范。

同日,中国民航总局为上海国际货运航空有限公司颁发公共航空运输企业经营许可证。

5月30日,教育部正式批准同意"中国民用航空学院"更名为"中国民航大学",8月26日揭牌。

同日,中国东方航空公司4架大型运输飞机承载着1036名灭火官兵和数十吨设备,执行了首次从大西南到大东北的紧急运兵任务,这是新中国成立以来首次大规模武警森林部队的南兵北调。

6月1日,全国试行由国家税务总局统一监制的航空运输电子客票行程单作为旅客购买电子客票的付款、报销凭证。

6月8日,国家发展和改革委员会、空中客车公司联合发布,空客320系列飞机中国总装生产线选址天津。

6月14日,两岸客运包机节日化框架性安排正式实施。

6月27日,民航华东地区管理局向上海国际货运航空有限公司颁发了航空承运人运行合格证。

6月30日,民航华北地区管理局向中国国际货运航空公司颁发了公共航空运输承运人运行合格证和运行规范合格证,国货航成为独立航空运输承运人。

7月3日，民航总局局长杨元元与西藏自治区人民政府主席向巴平措签署了《关于加快西藏民航发展的会谈纪要》。

7月20日，台湾"中华航空公司"一架编号为18707的波音747-400全货机安全降落上海浦东国际机场，揭开了两岸不经第三地中转的专案货运包机业务新篇章。

7月24日，ARJ21-700飞机型号审定审查组现场办公室在上海正式启动。

同日，首都机场集团公司正式并购江西景德镇机场。

7月28日，民航总局向中国货运邮政航空有限责任公司颁发国际运行暨CCAR-121-R2合格审定证书。

8月25日，民航总局正式向金鹿公务机公司颁发了公共承运人运营执照，批准其更名为金鹿航空有限公司。

9月1日，西藏林芝机场顺利通航。

9月4日，中国和希腊政府推进中希航空运输的谅解备忘录在北京签订。

9月29日，台湾长荣航空公司BR712航班载着306名旅客从台北飞抵上海浦东国际机场，顺利完成了2006年两岸中秋包机首航。

10月11日，经民政部批准，中国民用机场协会正式成立。

10月19日，民航总局和湖北省政府共同签署了《中国民用航空总局、湖北省人民政府关于加快湖北民航事业发展的合作备忘录》，审议通过了《武汉实施民航运输综合改革试点工作方案》。

10月23日，中国航空器材进出口集团公司、荷兰埃尔凯普飞机租赁公司及法国东方汇理银行三方正式宣布共同投资成立经营性飞机租赁公司，启动中国飞机租赁公司合资项目。

11月22日，民航总局与欧洲航空安全局签署了与空客公司合作项目的谅解备忘录，为空客320飞机天津总装线提供适航支持环境。

11月29日，民航总局与安徽省政府签署了《关于加快安徽民航发展会谈纪要》。

12月10日，国航CA907航班从北京起飞，经停西班牙首都马德里至巴西圣保罗，这是中国与南美之间开辟的第一条空中航线。

同年，我国与缅甸、阿富汗、阿尔及利亚正式签署航空运输协定。

2007 年

1月15日，中国与塔吉克斯坦两国政府《民用航空运输协定》正式签订。

2月14日，中国民航总局制定的《通用航空经营许可管理规定》正式实施。

2月27日，民航二所研制的"机场生产运营指挥高度系统"荣获2006年国家科技进步二等奖。

3月17日，民航总局下发《关于限制携带液态物品乘坐民航飞机的公告》，于5月1日起施行。

✈ 3月22日，29家国内外航空公司、11家国内外机场管理机构、国际航空协会、大型国际货运代理公司及民航总局等400多名航空业精英汇聚广州，共话白云机场的中枢建设前景。民航总局副局长杨国庆表示，民航总局将继续把建设航空枢纽作为行业科学发展的重要战略，支持航空公司以广州白云、北京首都、上海浦东等大型门户机场作为枢纽运营，全力打造现代化国际枢纽航空港。广州白云机场将通过加快扩建工程、建设立体式的地面综合交通换乘枢纽、改造中转流程、加强与基地航空公司的合作、发挥联邦快递亚太转运中心的带动效应等举措来加速中枢建设。

3月28日，中国民用航空上海航空器适航审定中心成立。

4月20日，中国民航维修协会正式在北京挂牌成立。

4月23日，新西兰和中国航空服务协议修正案正式生效，两国航空公司将被允许签订商业代码共享协议。

4月25日，民航总局和广西壮族自治区人民政府在南宁共同签署了《关于加快广西民航发展的会谈纪要》。

5月9~10日，以"全球民航业的和谐与发展"为主题的2007年中国民航发展论坛在北京举行。中国民用航空总局发表了《中国发展新一代民用航空运输系统的愿景》的主旨演讲。

5月29日，南航宣布首次招收自费飞行学员，这是对航空公司传统的招飞模式的变革。

同日，奥运安保机场工作部在北京成立。

6月2日，中国民用航空总局与美国联邦航空局签署了《中国民用航空总局与美国运输部联邦航空局会谈纪要》。

6月6日，北京首都国际机场新专机楼正式启用。

6月12日，两岸端午节包机首航。

同日，北京首都机场集团公司与香港机场管理局签署《3号航站楼接收项目合作备忘录》，标志着京港机场合作正式展开。

6月14日，由民航总局制定的《中国民用航空总局规章制定程序规定》即日起施行。

6月17日，西部机场集团与甘肃省天水市签订了天水机场项目合作协议，西部机场集团成为管辖陕、甘、宁、青四省（区）12个民用机场的大型国有民航企业。

6月22日，新华航空控股有限公司获颁运行合格证。

7月4日，民航总局下发《关于调控航班总量、航空运输市场准入和运力增长的通知》。

7月10日，中国和美国两国政府《民用航空运输协定》在西雅图正式签订。

7月23日，中国与沙特两国政府《民用航空运输协定》正式签订。

7月28日，呼和浩特白塔机场新航站楼投入使用，同时更名为呼和浩特白塔国际机场。

8月6日，由国航、东航、上航、南航、海航5家航空公司共同实施的"京沪空中快线"开飞。

9月10日，中国民用航空总局与江西省政府就加快江西省机场建设和航空运输业发展有关问题进行会谈并签署纪要。

9月18日，国际民航组织第32次缩小垂直间隔工作组会议在北京召开，会议决定同意中国民航于当年11月22日实施缩小垂直间隔。

9月22日，在加拿大蒙特利尔举行的国际民航组织第36届大会上，中国以历史上最高票连任国际民航组织一类理事国。

9月28日，民航总局与江苏省人民政府在无锡签署了《关于加快江苏民航发展的会谈纪要》。

10月22日,第44届国际民航组织亚太地区民航局长会议在西安举行。

10月27日,甘肃天水军民合用机场举行首航开通仪式。

11月15日,南航正式加入天合联盟,成为中国内地首家加入国际航空联盟的航空公司。

11月22日,从即日零时起,在我国8400米以上、12500米以下的空域实施缩小飞行高度层垂直间隔,飞机的巡航高度层将由过去的7个增加到13个。

11月28日,民航总局宣布为银河航空颁发公共航空运输企业经营许可证。

同日,民航总局为纪念周恩来总理对中国民航重要批示50周年座谈会在北京人民大会堂举行。

11月29日,海航集团宣布大新华航空公司正式成立并投入运营。

12月27日,李家祥任中国民用航空总局副局长、代局长。

12月29日,中国民用航空沈阳航空器适航审定中心在沈阳成立。

2008年

1月27日,《全国民用机场布局规划》获得国务院批准。

1月30日,东方航空公司与波音公司在上海签订协议,购买30架波音737NG系列飞机。

1月10日~2月4日,南方冰冻灾害,民航安排610班疏散因冰雪害受阻的旅客、8架次货包机运送50吨除冰液等物资。

2月8日,民航总局印发《关于加强国家航空运输体系建设的若干意见》,对国家航空运输体系建设目标、原则、具体措施等进行了明确的规定。

2月29日,作为奥运重点工程之一的北京首都国际机场3号航站楼建设正式投入使用。

2月,中国大陆的国航、东航、南航、海航、上航、厦航和台湾的华航、长荣、远东、复兴、华信、立荣12家航空公司实施两岸春节包机。

3月1日,《民用机场收费改革方案》和《民用机场收费改革实施方案》经民航总局、国家发展改革委员会批准，自即日起执行。

3月11日，十一届全国人大一次会议审议通过了《国务院机构改革方案》。将交通部、中国民用航空总局的职责，建设部的指导城市客运职责，整合划入交通运输部。同时，组建国家民航局，由交通运输部管理。不再保留交通部、中国民用航空总局。

3月18日，李家祥任交通运输部党组副书记、副部长兼民航局局长、党组书记（正部长级）。

3月21日，国务院《关于部委管理的国家局设置的通知》指出：中国民用航空局由交通运输部管理。

3月26日，上海浦东国际机场第二航站楼和第三跑道正式启用。

4月7日，即日起禁止旅客随身携带打火机、火柴乘坐民航飞机。

4月1日~5月3日，奥运火炬境外传递航空运输保障共历时33天，飞行97000公里，共飞越48个国家和地区，降落25个境外城市，飞行了27个航段，共计安全飞行145小时。此次包机创中国民航多项纪录。

5~7月，中国民航在四川汶川特大地震抗震救灾中，从5月12日至31日协调安排专门包机255班；运送人员21993人；运送物资5505吨。国际救援物资方面，截至7月1日批复17个国家和组织的26家外国航空公司货运包机65班，承运救援物资492吨；批复国内公司国际包机16班，承运救灾物资流1405吨；协调国内航空公司转运24个国家的救灾物资（这些物资主要通过68个国际航班运抵我国）由北京、上海及广州等地及时转运到成都，共约705吨。

6月17日，中国与朝鲜《政府航空运输协定》在平壤重新签订。

6月18日，漠河机场正式通航。

6月26日，民航总局发出通知，要求全行业各单位认真学习、贯彻落实胡锦涛总书记考察北京奥运会交通设施、专程视察首都国际机场T3扩建工程并对民航工作重要指示精神。25日，胡总书记指出："看到新航站楼建筑恢宏大气，服务设施完备，管理运行有序，我们深感自豪。首都国际机场是'中国第一国门'，北京奥运期间将承担为各国奥运健儿和宾客提供首站服务的光荣使命。从这个意义上说，你们的形象代表着国家的形象，你们的服务水平体现着北京奥运会的服务水平。希望同志们坚持以旅客为中心，进一步提高服务质量，进一步落实安保措施，以实际行动为北京奥运会作出贡献。"

6月27日，国航宣布向空客购买20架330系列飞机。

7月1日，8时（北京时间）起，民航北京、上海、广州区域和终端范围内在原有基础上进一步缩小间隔标准区域范围内为10公里，进近范围为6公里。

8月13日，乌海市政府将乌海机场的经营管理权移交给内蒙古民航机场集团有限公司。

8~9月，在北京召开奥运会和残奥会期间，中国民航共保障涉奥飞行9278架次，保障人员抵离131629人；保障国际贵宾1395批，共计9286人，包括总统、总理等100余位注册国际贵宾。在13天内保障了火炬包机飞越48个国家和地区，降落25个境外城市、53个境内城市，飞行了59个航段，还保障了运行团队境内转场33个航班。为残奥会火炬传递保障火炬团队转场13个航班。奥运会和残奥会火炬传递航空运输总里程达25万公里。

10月7日，中国首家以大型客机和支线飞机为主要服务内容的上海飞机客户服务有限公司成立。

10月10日，民航局局长、党组书记李家祥在《人民日报》第七版发表《安全发展是实践科学发展观的必然要求》，提出民航"持续安全理念"。

10月19日，奥凯航空引进的国产新舟60涡桨飞机成功首航。

10月22日，康定机场正式通航。

10月26日，中国民航的MD-82飞机正式告别中国市场。

10月28日，第十一届全国人民代表大会常务委员会第五次会议审议批准《移动设备国际利益公约》和《移动设备国际利益公约关于航空器设备特定问题的议定书》在我国生效。

11月12日，成都至拉萨夜航航班首飞成功，拉萨机场结束了43年无夜航的历史。

12月15日，海峡两岸空中双向直达航路正式开通。

2009年

1月6日，全国民航工作会议在北京召开。民航局局长李家祥在会议上强调《树立持续安全理念，促进行业安全发展》的工作报告。中共中央政治委员、国务院副总理张德江出席会议，并发表了重要讲话。民航局副局长杨国庆作了题为《深入贯彻落实科学发展观，实现民航平稳较快发展》的工作报告。民航局副局长李健作了题为《树立持续安全理念，严格落实安全责任，继续发展平稳较好的航空安全形势》的报告。

2月16日，云南腾冲机场正式通航。

3月2日，国务院办公厅下发《关于印发中国民用航空局重要职责、内设机构和人员编制规定的通知》，根据《国务院关于部委管理的国家局设置的通知》，设立中国民用航空局（副部级），为交通运输部管理的国家局。

3月16日，中国国际航空股份有限公司台湾办事处在台北市开业。

3月18日，南航空客330-343/B6098号客机成功完成了拉萨RNP运行验证试飞，标志着中国民航在全世界首次获得宽体机RNP运行的能力。

4月13日，国务院总理温家宝签署了第553号国务院令，公布了《民用机场管理条例》，将于2009年7月1日起正式施行。

4月26日，海峡两岸关系协会与台湾海峡交流基金会在南京签署了《海峡两岸空运补充协议》。

4月30日，民航总局运输司颁发《残疾人航空运输办法（试行）》。

5月15日，东方航空公司台湾办事处在台北隆重开业。

5月18日，首架由空中客车（天津）总装有限公司完成总装的空客320飞机在天津滨海机场测试飞行成功。

5月22日，中国商飞适航工程中心在上海正式挂牌成立。

5月26日，中国民航大学通用航空学院在天津正式成立。

6月8日，民航华北局在天津航空基地向天津航空有限公司颁发航空承运人运行合格证。

6月16日，民航总局正式向幸福航空有限责任公司颁发公共航空运营许可证。

6月19日，中国民用航空局局长、党组书记李家祥在《中国民航报》发表《世界民用航空与中国民用航空的发展》的报告。

6月23日，空中客车天津总装厂首架空客320飞机向四川航空股份有限公司交付仪式在天津举行。

6月30日，中国民航局和河南省人民政府签订了《关于促进河南民航发展的会谈纪要》。

7月29日，民航西北地区管理局向幸福航空有限责任公司颁发了航空承运人运行合格证。

8月1日，青海玉树巴塘机场正式通航。

8月13日，中国南方航空公司台湾分公司正式成立。

同日，中国国际航空公司台湾分公司正式成立。

8月18日，中国国际货运航空公司（简称国货航）装载着海协会调集的40多吨救灾物资从北京首都国际机场起飞到台湾高雄国际机场，这是祖国大陆第一次通过货运包机空运救灾物资到台湾。

9月1日，大庆萨尔图机场正式开航启用。

同日，中国航空运输协会航空食品委员会在京成立。

9月13日，首都机场分别与新加坡樟宜国际机场、纽约新泽西州港务局和法国巴黎机场管理公司代表签订了合作备忘录，成为友好机场。

9月16日，新疆机场集团乌鲁木齐国际机场三期改扩建工程项目通过竣工验收。29日，该项目通过民航局行业验收。

9月21日，中国民航局与比利时民航局举行了双边民航会谈。双方就修改中比两国政府间航空运输协定的指定条款及航线表等达成了协议。

10月7~9日，民航局副局长王昌顺率领的中国民航代表团在加拿大蒙特利尔出席了国际民航组织（ICAO）国际航空与气候变化高级别会议。会议最终形成并通过了有利于中国民航的，国际民航组织在即将于哥本哈根举行的联合国气候变化大会上的立场。

10月14日，中国民航总局局长李家祥会见了首次来华访问的美国联邦航空局局长兰道夫·巴比特。双方就修订《中国民航局与美国联邦航空局技术合作协议备忘录》一事交换了意见，并就近期中美民航合作项目进行了交流。

10月15日，中国商飞、川航集团、成都交投集团在成都签署合作协议，三方将对鹰联航空进行重组。

10月17日，民航总局局长李家祥出席2009中国国际通用航空大会并为中国民用航空局通用航空产业试点园区授牌并致辞。

10月19～21日，中国民用航空局领导和中国人民解放军总参作战部副部长兼国家空管委办公室副主任孟国平率领由民航总局和国家空管委组成的中国代表团在蒙特利尔出席了国际民航组织全球军民空管合作论坛。国际民航组织首次在全球范围内召开以此为主题的会议①。

2010 年

2010 年民航运输总周转量、旅客运输量和货邮运输量分别达到 536 亿吨公里、2.67 亿人和 557 万吨，分别比 2009 年增长 25.6%、15.8% 和 25.1%。运输总周转量、货邮运输量首次突破 500 亿吨公里 20 和 500 万吨大关。通用航空保持较快增长，全行业完成通用航空作业飞行 13.6 万小时，比去年增长 9.6%。全行业利润总额 434 亿元，经济效益创历史最高水平。

1月4日，民航局第195号令发布《大型飞机公共航空运输承运人运行合格审定规则》（CCAR－121－R4），自2010年3月10日起施行。

1月11日，由民航局空中交通管理局、民航数据通信公司和北京航空航天大学共同承担的"空地协同的民航空域监视新技术及装备"项目获国家技术发明一等奖。

同日，民航局同意鹰联航空有限公司更名为成都航空有限公司。1月22日，该公司挂牌成立。

1月13～14日，2010年全国民航工作会议在北京召开。中共中央政治局委员、国务院副总理张德江出席会议并发表《注重质量效益，确保持续安全，努力促进我国民航事业科学发展》的讲话；民航局局长李家祥作题为《中国民航人要为建设民航强国而努力奋斗》的报告，从四个方面论述民航强国建设。

1月25日，民航局出台《关于促进西藏民航事业发展的若干意见》。

1月25日，中国民用航空局局务会议通过《中国民用航空应急管理规定》（CCAR－397）（中国民用航空局令第196号），3月16日公布，自2010年5月1日起施行。

2月8日，中国东方航空股份有限公司、上海航空股份有限公司召开联

---

① http://www.caac.gov.cn/website/old/D1/60ZNQD/DSJ/200911/t20091106_28715.html.

合重组工作总结大会,宣告中国东方航空股份有限公司和上海航空股份有限公司成功完成联合重组。

2月25日,民航局批准民航第二研究所组建中国民用航空航油航化适航审定中心。3月16日,该中心挂牌成立。

3月3日,上海虹桥国际机场扩建工程通过民航行业验收,飞行区等级4E,跑道长3300米,总投资1392800万元。

3月16日,虹桥机场2号航站楼、第二跑道启用,虹桥机场从此开启双跑道同时运行、双航站楼分居跑道两侧的全新运行模式。

3月8日,民航局批准中国东方航空股份有限公司设立四川分公司。

3月11日,民航局印发《民航航班时刻管理办法》,明确航班时刻分配、使用的过程及办法,并对航班时刻管理的监督工作提出要求。

3月16日,民航飞行校验中心、民航第二研究所、广州民航职业技术学院和民航局机关服务中心的管理关系调整为民航局直属。

同日,民航局第196号令发布《中国民用航空应急管理规定》(CCAR-397),自2010年5月1日起施行。

3月19日,金鹿航空有限公司引进中国首架波音BBJ顶级豪华公务机。

3月22日,中国民用航空局局务会议通过《民用航空气象人员执照管理规则》(中国民用航空局令第202号),2011年1月1日起施行。

3月22日,民航局批准将金鹿航空有限公司经营许可证所载企业名称变更为北京首都航空有限公司。5月2日,该公司挂牌成立。

3月27日,新疆乌鲁木齐国际机场3号航站楼启用。

3月28日后,民航局只对涉及三大城市四个机场(北京首都、上海虹桥、上海浦东、广州白云)的区际航线经营许可和和航班实施核准管理。

3月29日,中国民航科学技术研究中心更名为中国民航科学技术研究院。

同日,民航局197号令发布《民用航空飞行签派员执照管理规则》(CCAR-65FS-R2),自2010年5月1日起施行。

4月13日,国家发改委与民航局联合下发《关于民航国内航线头等舱、公务舱票价有关问题的通知》。自2010年6月1日起,民航国内航线头等舱、公务舱票价实行市场调节,具体价格由各运输航空公司自行决定。

4月14日，青海玉树发生7.1级强烈地震，民航局立即启动应急响应，在西宁成立抗震救灾指挥部，全力保障救灾飞行。截至5月5日，民航共执行青海玉树地震救灾专包机飞行任务606架次，运送救灾人员1.3万人次，救灾物资1300余吨，伤员4000多人。

4月18日，民航局局长李家祥赴青海玉树检查指导抗震救灾工作，要求在3个月内完成玉树机场新建目视助航灯光、站坪以及联络道工程。

4月23日，财政部和国家税务总局联合下发《关于国际运输劳务免征营业税的通知》。自2010年1月1日起，对我国境内单位或个人提供的国际运输劳务免征营业税。据此规定，航空公司国际航空运输在去程免征营业税的基础上，回程也可免征营业税。

✈ 5月6日，《国务院办公厅关于进一步支持甘肃经济社会发展的若干意见》中关于加强基础设施建设中指出，加快民航建设，增强兰州机场枢纽功能，加快兰州机场改扩建，合理规划建设兰州国际航空港，积极开辟兰州至日韩、港澳等国际和地区航线①。

5月11日，中国民用航空局局长李家祥会见国际民航组织秘书长雷蒙·邦雅曼。双方签署《中国民用航空局与国际民航组织谅解信函》，该协议为中国民航未来5年内选派借调人员赴国际民航组织工作奠定法律基础。

同日，国际民航组织亚太飞行程序项目办公室在北京举行揭牌仪式并召开第一次项目指导委员会会议。

同日，中国民用航空局局长李家祥会见美国联邦航空局局长巴比特，双方签署《中国民用航空局与美国联邦航空局民航技术合作协议备忘录》。

5月18日，新疆吐鲁番机场迁建工程通过行业验收，7月9日正式通航，飞行区等级4D，跑道长2800米，总投资43611万元。

同日，民航局为新舟600飞机颁发型号合格证，标志着新舟600飞机已满足我国运输类飞机的适航要求。

5月21日，民航局印发《促进新疆民航事业发展的若干意见》。

5月26日，民航局党组印发《关于在民航基层党组织和党员中深入开展创先争优活动的实施意见》。

---

① 《国务院办公厅关于进一步支持甘肃经济社会发展的若干意见》，国务院办公厅，http://www.gov.cn/zhengce/content/2010-05/06/content_1597.htm。

5月27日，内地与香港签署了《〈内地与香港关于建立更紧密经贸关系的安排〉补充协议七》，于2011年1月1日起实施。

5月28日，内地与澳门签署了《〈内地与澳门关于建立更紧密经贸关系的安排〉补充协议七》，于2011年1月1日起实施。

同日，上海航空股份有限公司作为中国东方航空股份有限公司的全资子公司正式挂牌运营。

➔ 5月27~28日，由中国民用机场协会主办，北京天维环亚国际商务咨询有限公司承办的"2010中国临空经济国际高峰论坛"在北京召开，论坛"以助推增长催化发展"为主题。

6月8日，中国南方航空股份有限公司与天合货运联盟在上海签订入盟意向书，11月3日，正式签署入盟对标协议，成为国内首家加入国际货运联盟的航空公司。

6月14日，因6月10日吉尔吉斯斯坦南部奥什地区发生骚乱，中国南方航空股份有限公司紧急派出包机执行撤侨任务。截至6月17日，共执行9架次飞机，接回滞留在吉尔吉斯斯坦的侨民1321人。

6月18日，民航局与新疆维吾尔自治区人民政府签署会谈纪要，加快推进新疆民航跨越式发展。民航局局长李家祥和新疆维吾尔自治区党委书记张春贤出席签字仪式。截至7月20日，19个对口援疆省市与新疆的空中通道已全部连通。

6月19日，河北唐山三女河军民合用机场改扩建工程通过行业验收，7月13日通航，民航飞行区等级4C，跑道长2700米，总投资29316万元。

6月21日，由全国政协提案委员会牵头，国家发改委、财政部等有关部门参与组成的联合调研组就"关于建议国务院出台《关于加快发展民航业的意见》的提案"在北京进行调研。7月22日，调研组在北京举办座谈会，民航局领导针对《关于建议国务院出台〈关于加快发展民航业的意见〉的提案》做进一步介绍。

6月24日，宁夏固原六盘山机场通过民航行业验收，6月26日通航，飞行区等级4C，跑道长2800米，总投资45875万元。

6月29日海协会与台湾海基会在重庆签署《海峡两岸经济合作框架协议》（以下简称《框架协议》），于2010年9月12日正式生效。根据《框架协议》文本的规定，包括民航业开放内容在内服务贸易早期收获措施也于 2011 年 1 月 1 日正式实施。

同日，民航局与河北省人民政府签署《关于加快推进河北民航发展的会谈纪要》。民航局局长李家祥和河北省省长陈全国在会谈纪要上签字。

同日，河北航空公司成立大会暨"冀中能源号"首航仪式在石家庄机场举行。该公司是由河北航空投资集团公司控股、四川航空集团公司和沈阳中瑞公司参股，重组东北航空成立的。

6 月 30 日，民航局与四川省人民政府签署《关于加快推进四川民航发展的会谈纪要》。民航局局长李家祥和四川省委书记刘奇葆出席签字仪式。

7 月 1 日，西藏阿里昆莎机场通航，飞行区等级 4D，跑道长 4500 米，总投资 164740 万元。

7 月 9 日，新疆博乐民用机场工程通过行业验收，7 月 10 日正式通航，飞行区等级 4C，跑道长 2600 米，总投资 32613 万元。

7 月 15 日，重庆黔江舟白机场试飞成功，2010 年 11 月 22 日正式通航，飞行区等级 4C，跑道长 2400 米，总投资 31518 万元。

7 月 22 日，民航局局长李家祥应约会见美国驻华大使洪博培，双方就中美民航关系和合作进行交流。

7 月 23 日，成都双流国际机场第二跑道投入使用。

7 月 28 日，中国东方航空云南有限公司（筹）揭牌。该公司是由中国东方航空股份有限公司与云南省国资委共同投资组建的合资公司，其前身是东航云南分公司。公司注册资本 36.6 亿元，其中东方航空股份有限公司占注册资本的 65%，云南省国资委占注册资本的 35%。

7 月 28 日，民航空管工程技术研究所在四川成都挂牌成立。

8 月 5 日，国家发改委与民航局联合印发《通用航空民用机场收费标准》，自 2010 年 9 月 1 日起施行。

8 月 19 日，中共中央、国务院、中央军委召开青海玉树全国抗震救灾总结表彰大会。民航 6 个单位被授予"全国抗震救灾英雄集体"荣誉称号，6 名个人被授予"全国抗震救灾模范"荣誉称号。

同日，国务院、中央军委印发《关于深化我国低空空域管理改革的意见》。

8月30日，2010年国际民航组织国际航空保安公约外交大会在北京召开，这是新中国民航成立60年来第一次承办的以法律为主题的国际性会议。会议通过2010年《北京公约》和2010年《北京议定书》，这是民航史上第一个以中国城市命名的国际公约。中共中央政治局委员、国务院副总理张德江出席开幕式并致辞。

8月31日，民航局发布《民用航空情报工作规则》（CCAR-175TM-R1）（民航局令第198号），《民用航空情报员执照管理规则》（CCAR-65TM-Ⅲ-R4）（民航局令第199号），2011年1月1日起施行。《民用航空电信人员执照管理规则》（CCAR-65TM-Ⅰ-R3）（民航局令第200号），2011年1月1日起施行。《民用航空空中交通管制员执照管理规则》（CCAR-66TM-Ⅰ-R4）（民航局令第201号），《民用航空气象人员执照管理规则》（CCAR-65TM-Ⅱ-R3）（民航局令第202号），自2011年1月1日起施行。

9月9日，中共中央政治局委员、国务院副总理张德江视察青海玉树机场灾后重建应急工程。

9月20日，民航局公布了《民用航空气象探测环境管理办法》（中国民用航空局令第203号），2011年1月1日起施行。

9月26日，江苏淮安涟水机场通航，飞行区等级4C。

10月2日，在加拿大蒙特利尔举行的国际民航组织第37届大会上，中国以151票高票当选一类理事国，这是自2004年以来中国第三次连任一类理事国。

10月12日，民航局批准中国邮政航空有限责任公司实施股权重组。重组后，中国邮政速递物流股份有限公司持有中国邮政航空有限责任公司100%股权。

10月15日，因巴基斯坦发生水灾，中国政府紧急向巴基斯坦提供人道主义救援。8月19日-10月15日，民航局先后调派大型客货飞机21架，飞行98架次，累计空运救援人员471名，轮式装备7台，各类救援物资1337吨。

10月18日，民航局印发《关于推进民航行业文化建设的指导意见》。

10月25日，中国民用航空局局务会议通过《民用航空空中交通管理运行单位安全管理规则》（CCAR-83）（中国民用航空局令第204号），11月10日公布，自2011年1月1日起施行。

10月26日，民航局和陕西省人民政府签署《加快陕西民航发展会谈纪要》，民航局局长李家祥和陕西省代省长赵正永在会谈纪要上签字。

10月28日，2010年民航强国论坛暨民航行业文化建设与传播理事会成立大会在北京召开，民航行业文化建设与传播理事会名誉理事长、民航局局长李家祥在会上作题为《建设民航强国需要大力弘扬民航文化》的主旨演讲。民航行业文化工程正式启动。

10月30日，西藏日喀则机场通航，该机场飞行区等级4C，跑道长5000米，总投资53265.6万元。

11月1日，民航局印发《民航局关于鼓励和引导民间投资健康发展的若干意见》。

11月5日，民航局批准春秋航空有限公司重组改制为股份有限公司。

11月10日，民航局第204号令发布《民用航空空中交通管理运行单位安全管理规则》（CCAR-83），自2011年1月1日起施行。

11月23日，中国民用航空局局长李家祥与俄罗斯联邦运输部部长列维京在圣彼得堡签署《中华人民共和国政府和俄罗斯联邦政府航班协定》及《中华人民共和国政府和俄罗斯联邦政府航班协定议定书》。

12月6日，具有中国自主知识产权、由民航局主持的"十一五"国家863计划重大项目"新一代国家空中交通管理系统"通过科技部验收，国家科技支撑计划空管重大项目"中国民航协同空管技术综合应用示范"启动。

12月9日，民航局和青海省人民政府签署《关于加快推进青海民航发展的会谈纪要》。民航局局长李家祥、青海省委书记强卫、青海省省长骆惠宁出席签字仪式。

同日，财政部、海关总署、国家税务总局联合下发通知，在"十二五"期间，对国内航空公司用于支线航线飞机、发动机维修的进口航空器材（包括送境外维修的零部件）免征进口关税和进口环节增值税。

12月21日，重庆江北国际机场第二跑道及配套设施扩建工程投入使用。新建跑道长3200米，总投资348846万元。

12月21~22日，全国民航航空安全工作会议在北京召开。民航局局长李家祥作题为《确保安全必须进一步严把飞行员资质能力关》的讲话。

12月23日，民航局与湖南省人民政府签署《关于加快推进湖南民航发展的会谈纪要》。

12月24日，民航局向中国商用飞机有限责任公司颁发C919大型客机型号合格证受理申请通知书。

12月30日，国务院批准民航机场管理建设费"十二五"期间继续征收，并与民航基础设施建设基金合并为民航发展基金。

12月31日，民航局第205号令发布《外商投资民用航空业规定》的补充规定（四）（CCAR-201LR-R4），第206号令发布《外商投资民用航空业规定》的补充规定（五）（CCAR-201LR-R5），自2011年1月1日起施行。

2011年

1月1日，免征支线飞机执飞国内支线航班机场管理建设费。

1月7日，民航局党组向中共中央政治局委员、国务院副总理张德江作专题工作汇报，张德江对民航2011年工作和"十二五"期间的发展作出重要指示。

1月10日，中国民航科学技术研究院成立大会在北京人民大会堂举行。中共中央政治局委员、国务委员刘延东出席大会并发表重要讲话。这是中国民航第一所综合性科学技术研究院。

1月11日，全国民航工作会议召开。会议传达中共中央政治局委员、国务院副总理张德江对民航工作的重要指示精神。民航局局长李家祥作题为《切实落实安全生产主体责任，扎实推进民航持续安全战略》的讲话。

1月13日，民航局批准中国货运航空有限公司、上海国际货运航空有限公司、长城航空有限公司实施联合重组，以中国货运航空有限公司为主体，整合上海国际货运航空有限公司和长城航空有限公司。5月31日，重组后的中国货运航空公司在上海挂牌成立，股权结构为：中国东方航空股份有限公司持股51%，中国远洋运输集团公司持股17%，长荣航空股份有限公司持股16%，新加坡货运航空有限公司持股16%。

1月17日，中共中央政治局委员、国务院副总理张德江到民航局检查指导民航春运保障工作。

➤ 1月30日,《2011年河南省人民政府工作报告》指出,今后五年河南省内陆开放高地基本形成,经济实力、区域竞争力和抗风险能力显著增强为蓝图,并将郑州航空港打造成为国家重要的航空客货运输及多种交通方式零换乘枢纽,区位交通优势巩固提升①。

同日,民航局印发《民航业人才队伍建设中长期规划(2010—2020年)》。

1月31日,因埃及爆发大规模反政府示威游行,民航局派出飞机执行接回我国公民任务。截至2月1日,共派出8架次飞机赴埃及,接回滞留旅客1796名。

2月17日,民航局印发《民航业人才队伍建设中长期规划(2010—2020年)》(民航发〔2011〕14号)。

2月23日,民航执行大规模从利比亚撤离我国公民紧急航空运输任务。截至3月5日,民航共执行包机91班、182架次,派出机组和工作人员2200余人次,接回我国公民26240人。在如此短的时间内安排包机大规模接运人员,在中国民航史上尚属首次。

2月24日,国务院新闻办公室召开中国民航发展和"十二五"展望新闻发布会。民航局局长李家祥应邀介绍中国民航"十一五"发展情况以及"十二五"发展思路,并回答中外记者提问。

3月1日,中国民用航空局局长李家祥和瑞士联邦驻华大使顾博礼(Blaise Godet)在北京重新签署《中华人民共和国政府和瑞士联邦委员会航空运输协定》。

3月7日,民航局发布《民航局关于建设民航统一清算体系的指导意见》。

3月8日,民航局与江苏省人民政府签署《加快推进江苏民航发展会谈纪要》,民航局局长李家祥和江苏省省长李学勇在会谈纪要上签字。

3月13日,由于日本发生强烈地震和海啸,福岛核电站爆炸引发核泄漏。自该日起,民航执行运送至日本灾区救灾人员、援助物资和接回我国公民任务。截至3月21日,民航共执行300余个定期航班,安排56个加

---

① 《2011年河南省人民政府工作报告》,《河南日报》,2011年1月30日,http://www.gov.cn/test/2011-01/30/content_1795482_2.htm。

班，运回 66500 余人。

3月15日，民航局发布《航空发动机适航规定》（第207号令），自2012年1月1日起施行。

3月16日，按照民航业国际化人才培养"百人计划"工作安排，首批到国际民航组织借调人员启程赴加拿大蒙特利尔，开始为期1年的借调工作。

同日，中国东方航空股份有限公司浦东至纽约航线 ADS-B 验证飞行成功，成为国内首家获得 ADS-B 正式批准的航空承运人。

3月20日，民航局出台《关于加快推进节能减排工作的指导意见》。

3月24日，民航局批准厦门航空有限公司实施股权重组，重组后公司的股权结构为：中国南方航空股份有限公司持股51%，厦门建发集团有限公司持股34%，河北航空投资集团有限公司持股15%。

3月31日，民航局与辽宁省人民政府签署《关于加快推进辽宁民航发展会谈纪要》，民航局局长李家祥和辽宁省省长陈政高在会谈纪要上签字。

✈ 4月2日，民航局印发《中国民用航空发展第十二个五年规划》，该《规划》显示，未来5年，中国将加速构筑北方机场群、华东机场群、中南机场群、西南机场群、西北机场群等五大"机场群"。基于此，各级政府部门都开始提出依托机场建设临空经济区、综合保税区，建设航空产业园，大力发展临空产业。

4月7日，全国民航规划暨机场工作会议在贵阳召开，民航局局长李家祥发表题为《更好地发挥民航业在加快转变经济发展方式和调整经济结构中的战略作用》的讲话。

同日，民航局与贵州省人民政府签署《关于加快贵州民航事业发展会谈纪要》。民航局局长李家祥和贵州省省长赵克志在会谈纪要上签字。

4月11日，中国民用航空局局长李家祥会见欧盟新任驻华大使艾德和，双方就中国与欧盟间民航领域双边关系交流与合作问题交换意见。

同日，民航华北地区管理局为北京航空有限公司颁发运行合格证，该公司正式投入运营。

4月19日，北京飞机维修工程有限公司获得民航局颁发的安全管理体系（SMS）运行手册，成为中国民航首家获得 SMS 运行批准的维修企业。

4月21日，中国民用航空局局长李家祥与喀麦隆交通国务部长马伊加里在北京签署《中华人民共和国政府与喀麦隆共和国政府关于在两国领土之间及其以远地区建立定期航班的航班协定》。至此，我国已与16个非洲国家正式签署政府间航空运输协定，与6个非洲国家草签航空运输协定。

4月25日，民航局与广东省人民政府签署《关于加快广东省民航科学发展战略合作框架协议》。

4月26日，四川航空股份有限公司云南分公司挂牌成立。

5月5日，南航集团与重庆市人民政府，在重庆签订了重庆航空枢纽建设战略合作协议，李家祥对南航与重庆市达成的协议予以了高度肯定。他说，提升一个区域的经济社会发展的品质和质量，离不开航空运输的支持与拉动，就如同过去海洋、河流、铁路、高速公路在世界经济增长中发挥的巨大带动作用一样，航空将是下一个地区经济增长的"发动机"。重庆市选择航空作为转变经济发展方式和调整经济结构的一个抓手，是有远见的战略举措。此次结对的南航不仅在国内航线、机队结构等方面在国内航空公司中首屈一指，同时其总部也在广州，双方合作有区位优势。

5月10日，中国民用航空局局长李家祥会见国际民航组织秘书长雷蒙·邦雅曼。双方就进一步深化中国民航与国际民航组织合作等问题交换意见。

5月11日，中国民用航空局与美国运输部签署关于建立中美民航发展政策高官对话机制协议。

5月11~12日，以"民航业与转变经济发展方式"为主题的2011中国民航发展论坛在北京举行。民航局局长李家祥在论坛上作题为《中国航空公司要加快谋划"飞出去"战略》的主题演讲。

5月17日，民航局与广西壮族自治区人民政府召开加快推进广西民航发展座谈会。民航局局长李家祥与广西壮族自治区主席马飚签署《关于加快推进广西民航发展的会谈纪要》。

5月23日，南昌昌北国际机场新航站楼正式投入使用。

5月24日，民航局与宁夏回族自治区人民政府召开座谈会，民航局局长李家祥与宁夏回族自治区党委书记张毅签署《关于加快推进宁夏民航发展的会谈纪要》。

5月26日，民航局与甘肃省人民政府召开加快推进甘肃民航发展座谈会，并签署了《加快推进甘肃民航发展会谈纪要》。

6月2日，民航局批准上海吉祥航空有限公司重组改制为股份有限公司。

6月10日，中国和格鲁吉亚在第比利斯签订《中华人民共和国政府和格鲁吉亚政府民用航空运输协定》。

6月21日，中国东方航空股份有限公司携其全资子公司上海航空股份有限公司正式加入天合联盟仪式在北京人民大会堂举行。中共中央政治局委员、国务院副总理张德江出席签字仪式。

6月22日，中央电视台"心连心"艺术团赴民航慰问演出。

✈ 6月23日，中国城市经济学会在北京成立临空经济研究中心。

6月28日，民航局空管局与南京信息工程大学共建的民用航空气象研究中心（基地）成立。

同日，民航局局长李家祥为中共中央党校学员作题为《更好地发挥民航业在加快转变经济发展方式和调整经济结构中的战略作用》的专题报告。

6月29日，民航庆祝建党90周年暨表彰大会在北京召开。民航系统32个先进基层党组织、50名优秀共产党员和22名优秀党务工作者受到表彰。

6月30日，浙江温州永强机场新国际候机楼启用。6月5日，国务院批复同意该机场升级为一类口岸。

7月1日，民航举行统一清算签约仪式，所有机场航空性服务收费都通过1个统一清算平台集中清算。

7月5日，全国政协副主席、科技部部长万钢视察中国国际航空股份有限公司飞行训练中心和运行控制中心。

同日，天津航空有限责任公司设立内蒙古分公司。

同日，西藏航空有限公司获得民航局颁发的公共航空运输企业经营许可证，26日，该公司首航并正式投入运营。这是全球首家高高原航空公司。

7月18日，中国东方航空云南有限公司获得民航局颁发的公共航空运输企业经营许可证，8月2日举行成立仪式。该公司由中国东方航空股份有限公司与云南省共同投资组建，双方出资比例分别为65%和35%。

7月19日，扩建后的长沙黄花国际机场航站区正式启用。

7月21日，民航局批准成立大连航空有限责任公司。12月5日，民航局为该公司颁发公共航空运输企业经营许可证。

7月26日，深圳宝安国际机场第二跑道启用，该机场实现双跑道运行。

8月，民航局发布了《"十二五"中国民航科技发展规划（2011—2015年）》（民航发〔2011〕62号）。

8月3日，民航局印发了《中国民航安全生产"十二五"规划（2011—2015年）》和《中国民用航空安全规划纲要（2011—2020年）》。

8月9日，民航局发布《民用运输机场突发事件应急救援管理规则》（民航局令第208号），自2011年9月9日起施行。

➔ 8月11日召开的青海民航工作会议上指出，"十二五"期间，青海将加快构建青藏高原区域中心机场，将按照干线与支线衔接，运输与通用互补，建设与运营并重原则，构建布局合理、规模适宜、层次分明、定位准确、功能完善、特色突出、服务发展的民用机场体系。加快推进曹家堡临空经济区建设，在机场周边集聚一批仓储、物流、国际加工等服务贸易企业，积极培育和聚集高附加值新兴产业和会展、物流、商贸、旅游等现代服务业。与此同时，青海省将以加快发展航空主业为抓手，努力构建以西宁机场为中心，辐射高原、加密省内、通达全国、连接国际的青海机场航线网络①。

8月18日，民航局与内蒙古自治区人民政府召开加快推进内蒙古民航发展座谈会，民航局局长李家祥与内蒙古自治区人民政府主席巴特尔签署《关于加快推进内蒙古民航发展的会谈纪要》。

8月25日，内蒙古阿尔山机场投入使用，飞行区等级4C，跑道长2400米，总投资27870万元。

8月29日，甘肃金昌金川机场通航，飞行区等级4C，跑道长3000米，总投资34313万元。

9月6日，中国民用航空局局长李家祥会见韩国新任驻华大使李揆亨，双方就加强中韩两国民航关系等交换了意见。

同日，大连周水子国际机场三期航站楼竣工。

---

① 《"十二五"青海将加快构建青藏高原区域中心机场》，《青海日报》，2011年8月14日，http://www.gov.cn/gzdt/2011-08/14/content_1925192.htm。

9月7日,更名为库车龟兹机场的库车新机场正式通航,飞行区等级4C,跑道长2600米,总投资33099万元。

9月16日,中国民用航空局局长李家祥会见贝宁总统亚伊,双方就相互关心的问题交换了意见。

9月17日,中国民用航空局局长李家祥会见法国交通运输部部长蒂埃里·马里亚尼(Thierry·Mariani)。

9月27日,中国民用航空局与俄罗斯联邦运输部共同发布声明,反对欧盟就航空排放采取任何单边、强制性、未经双方同意的做法。

✈ 10月9日,中国民用航空局与海南省政府在北京签署的《关于加快推进海南省民航科学发展的战略合作会谈纪要》指出,要加强海南民航发展战略和机场布局规划合作,加快海南民航基础设施建设,推进海南民航运输市场发展,共同扶持通用航空发展,大力发展海南临空经济区;民航局也将在航权、航班、时刻等资源配置上向海南倾斜,支持海南省将海口美兰国际机场打造成国内重要的干线机场、面向东南亚的区域性航空枢纽,将三亚凤凰国际机场建设成为我国旅游航空港、我国南部机场群中重要的大型机场①。

10月10日,民航局批准成立中国民用航空温州安全监督管理局、中国民用航空青岛安全监督管理局、中国民用航空桂林安全监督管理局、中国民用航空三亚安全监督管理局、中国民用航空丽江安全监督管理局、中国民用航空喀什安全监督管理局。

✈ 10月14日,宁夏回族自治区《关于加快宁夏民航事业发展的若干意见》中指出,在"十二五"期间,宁夏回族自治区将统筹规划民航基础设施建设,大力开拓航空运输市场,多渠道引进航空运力,完善航空运输网络,大力发展临空产业,依托机场建设临空经济区、综合保税区,建设航空产业园;加快宁夏回族自治区民航发展,将对转变经济发展方式、实现实现宁夏回族自治区向西开放战略、建设沿黄经济区建设起到重要的推

---

① 《关于加快推进海南省民航科学发展的战略合作会谈纪要》,《海南日报》,2011年10月10日,http://www.gov.cn/gzdt/2011-10/10/content_1965362.htm。

动作用,努力把银川河东机场打造成西北重要的航空港①。

同日,国家发改委和民航局联合发文,调整完善民航国内航线旅客运输燃油附加与航空煤油价格联动机制。自 2011 年 11 月 1 日起,国内航空煤油综合采购成本累计变化幅度超过每吨 250 元/时,燃油附加最高标准方可按联动机制有关规定进行调整。

同日,民航局与江西省人民政府签署《关于加快推进江西民航发展的会谈纪要》。民航局局长李家祥与江西省代省长鹿心社在会谈纪要上签字。

10 月 17 日,中国南方航空股份有限公司引进的中国首架空客 A380 客机投入商业运营,首航执飞北京—广州航班。

10 月 24 日,中国民用航空局局长李家祥与拉美民航委员会主席罗德里格斯签署谅解备忘录。

10 月 28 日,我国首次将航空生物燃料用于客机试飞取得成功。

10 月 31 日,中国民航代表团与乌克兰国家航空署副署长 Grechko 率领的乌克兰民航代表团举行会谈,并签署谅解备忘录。

11 月 7 日,民航局发布《运输类飞机适航标准》(第 209 号令),自 2011 年 12 月 7 日起施行。同日,发布《运输类飞机的持续适航和安全改进规定》(第 210 号令),自 2011 年 12 月 7 日起施行。

11 月 19 日,中国民用航空局局长李家祥代表我国政府与东南亚国家联盟各成员国签署《中华人民共和国政府和东南亚国家联盟各成员国政府航空运输协定》及《关于各方任何地点之间无限制的第三和第四种自由业务权的第一议定书》。

11 月 23 日,中国民用航空局局长李家祥与俄罗斯运输部部长列维京在圣彼得堡签署《中华人民共和国政府和俄罗斯联邦政府航班协定》及《中华人民共和国政府和俄罗斯联邦政府航班协定议定书》。

11 月 24 日,民航局国际合作服务中心与外航服务中心合并运行,合并后的名称为中国民用航空局国际合作服务中心。

12 月 6 日,民航局与黑龙江省人民政府签署《关于进一步加快黑龙江省民航事业发展会谈纪要》。同日,民航局成立中国民用航空局运行监控

---

① 《"十二五"宁夏回族自治区民航事业将振翅腾飞》,宁夏回族自治区人民政府网站,2011 年 10 月 14 日,http://www.gov.cn/gzdt/2011 - 10/14/content_1969033.htm。

中心。

12月9日,民航局与云南省人民政府召开加快云南民航强省建设座谈会,民航局局长李家祥和云南省人民政府代省长李纪恒签署会谈纪要。

12月12日,民航局与福建省人民政府签署《加快推进海峡西岸经济区民航发展会谈纪要》。

12月13日,民航局与浙江省人民政府召开加快推进浙江民航发展座谈会。民航局局长李家祥与浙江省代省长夏宝龙签署《关于加快推进浙江民航发展的会谈纪要》。

12月14日,民航局许可河北航空有限公司实施股权重组。重组后,该公司股权结构为:河北航空投资集团有限公司持股91.72%,四川航空集团有限责任公司持股6.9%,沈阳中瑞投资有限公司持股1.38%。

12月16日,广东揭阳潮汕机场通航,飞行区等级4D,跑道长2800米,总投资406400万元。

12月20日,民航局发布了《关于推进民航东北地区国际航空运输发展的意见》。

12月22日,中共中央政治局委员、国务院副总理张德江到民航局调研。

12月26~27日,2012年全国民航工作会议暨航空安全会议召开。会议传达中共中央政治局委员、国务院副总理张德江在民航局调研时的指示精神。民航局局长李家祥作题为《实现民航安全发展要把握好八个关系》的讲话。

12月,经国务院新闻办、国家工信部批准,中国民航报社中国民航出版社旗下的"中国民航新闻信息网"正式更名为"中国民航网",原网站域名(http://www.caacnews.com.cn)保持不变。

12月,民航局在全国年旅客吞吐量500万人次以上机场全面推广"桥载设备替代飞机APU运行"专项工作。设备全面投入运行后,可为航空公司节约大量航油支出,同时减少机场区域二氧化碳排放,降低环境污染水平。

与此同时,中国民用航空局发布了《中国民用航空安全规划纲要(2011—2020年)》(民航发〔2011〕75号)。

同年，民航局联合其他34个部门共同发布了《服务贸易发展"十二五"规划纲要》（商服贸发〔2011〕340号）。

民航局发布了《民航系统法制宣传教育第六个五年规划（2011—2015年）》（民航发〔2011〕73号）。

民航局于2011年完成了《民用航空器事故征候标准》MH/T2001－2011修订工作。

民航局依据《中国民用航空发展第十二个五年规划》《中国民航安全生产"十二五"规划》以及局党组对空警队伍建设与发展的总体要求，发布了《中国民航空中警察队伍建设与发展五年规划（2011—2015年）》（民航发〔2011〕103号）。

民航局发布了《关于加强公共航空运输企业安全保卫工作的意见》（民航发〔2011〕3号）。

民航局修订了《中国民航空勤登记证管理规定》（民航发〔2011〕66号）。

民航局制定了《中国民航公务乘机通行证管理规定》（民航发〔2011〕60号）。

2012 年

1月5日，民航局向中国航空工业集团公司直升机设计研究所颁发了AC313民用直升机型号合格证，我国自主研制的亚洲最大吨位民用直升机开始投入航空市场，并填补了国内航空市场空白。

1月17日，中共中央政治局委员、国务院副总理张德江到首都机场检查指导民航春运保障工作。

2月6日，民航局与河南省人民政府召开座谈会，民航局局长李家祥与河南省省长郭庚茂分别代表双方签署《关于加快河南省民航发展的战略合作协议》。

3月1日，民航局与安徽省人民政府签署《关于加快推进安徽民航事业发展的会谈纪要》。民航局局长李家祥、安徽省省长李斌出席签字仪式。

3月7日，民航局与湖北省人民政府签署《关于加快湖北民航发展的会谈纪要》。民航局局长李家祥、湖北省委书记李鸿忠、湖北省省长王国生出席签字仪式。

3月24日，西安咸阳国际机场二期扩建工程竣工。5月3日，该工程正式投入运营。

4月1日，财政部颁布《民航发展基金征收使用管理暂行办法》，于4月1日起正式实施。

4月5日，民航局与上海市人民政府签署《关于加快上海民航发展的战略合作协议》。民航局局长李家祥、上海市市长韩正出席签字仪式。

4月8日，中国东方航空集团公司与武汉市人民政府签署战略重组东航武汉公司协议，双方共同增资17.5亿元。

5月8日，江苏扬州泰州机场举行通航仪式。

5月9日，上海民航职业技术学院成立大会举行。该学院是在民航上海中专的基础上组建的。

5月16日，中国民用航空局令第213号公布《民用航空人员体检合格证管理规则》（CCAR－67FS－R2），自2012年8月1日起施行。

5月18日，北京航空有限责任公司开航。

✈ 5月24日，广西壮族自治区召开第106次常务会议，会议审议并原则通过《中国－东盟南宁空港经济区发展规划》，指出要大力发展空港经济，带动具有临空指向特点的战略性新兴产业和现代服务业集聚，把中国－东盟南宁空港经济区建设成南宁－新加坡经济走廊的北轴心、中国－东盟自贸区空港经济合作的创新示范平台、北部湾空港经济中心、广西临空产业发展集聚区和南宁市经济发展的新引擎。

6月7日，民航局与西藏自治区人民政府召开促进西藏民航跨越式发展座谈会。双方签署《关于促进西藏民航跨越式发展的会谈纪要》。

6月11～12日，国际航空运输协会第68届年会暨世界航空运输峰会在北京举行。国务委员兼国务院秘书长马凯出席开幕式并致辞，民航局局长李家祥出席开幕式。

6月26日，昆明长水国际机场举行竣工典礼仪式，民航局局长李家祥为新机场颁发机场使用许可证并讲话。6月27日晚开始转场，28日昆明长水国际机场正式启用，昆明巫家坝机场正式关闭。昆明长水国际机场历时近4年建设，总投资达230亿元，是我国第一座按照"绿色机场"理念修建的，荣获国家最高等级的"三星绿色设计认证"。

6月28日，零时起，京广分流航线和昆明地区空域结构优化方案开始正式实施。

7月6日，国务委员兼国务院秘书长马凯接见"6·29"中国民航反劫机英雄机组全体成员。同日，民航局隆重举行"6·29"反劫机斗争表彰大会，表彰奖励"6·29"中国民航反劫机英雄集体和个人。

7月8日，《国务院关于促进民航业发展的若干意见》正式印发，这是新中国成立以来第一部全面指导民航业发展的纲领性文件，标志着发展民航业上升为国家战略。

➡ 7月9日，贵州省政府第63次常务会议，指出要抓紧制定全省临空经济发展专项规划，加快发展航空运输和现代物流服务业，积极推进以航空运输为指向的航空物流辅助加工制造、航空工具和用品制造等产业发展。加快贵阳机场空港经济区、物流园区和保税区建设①。

➡ 7月12日，《国务院关于促进民航业发展的若干意见》（国发〔2012〕24号）指出，民航业是我国经济社会发展重要的战略产业。要加强机场规划和建设，着力把北京、上海、广州机场建成功能完善、辐射全球的大型国际航空枢纽，培育昆明、乌鲁木齐等门户机场，增强沈阳、杭州、郑州、武汉、长沙、成都、重庆、西安等大型机场的区域性枢纽功能。整合机场资源，加强珠三角、长三角和京津冀等都市密集地区机场功能互补。注重机场配套设施规划与建设，配套完善旅客服务、航空货运集散、油料供应等基础设施，大型机场应规划建设一体化综合交通枢纽。同时，大力推动航空经济发展。通过民航业科学发展促进产业结构调整升级，带动区域经济发展。鼓励各地区结合自身条件和特点，研究发展航空客货运输、通用航空、航空制造与维修、航空金融、航空旅游、航空物流和依托航空运输的高附加值产品制造业，打造航空经济产业链。选择部分地区开展航空经济示范区试点，加快形成珠三角、长三角、京津冀临空产业集聚区②。

---

① 《贵州省研究加快贵州省民用航空业发展问题》，贵州省人民政府网站，2012年7月10日，http://www.gov.cn/gzdt/2012-07/10/content_2180056.htm。
② 《国务院关于促进民航业发展的若干意见》，国务院办公厅，2012年月12日，http://www.gov.cn/zwgk/2012-07/12/content_2181497.htm。

7月20日，国务院新闻办公室召开新闻发布会，邀请民航局局长李家祥、财政部副部长李勇、国家发改委基础产业司司长黄民围绕贯彻落实《国务院关于促进民航业发展的若干意见》，回答了中外媒体记者的提问。

7月25日，贯彻落实《国务院关于促进民航业发展的若干意见》座谈会在湖北武汉召开，来自发改委、财政部、公安部、海关总署、质检总局、国家空管委等国家相关部门、各地方政府、民航行政机关和企事业单位的200余名代表共商如何贯彻落实该《意见》，促进民航业发展。

7月28日，成都双流国际机场2号航站楼投入使用，进入试运行的第一阶段。

8月1日，零时起，在国家相关部门的大力支持下，经过军民航有关单位反复研究出台的临时航线使用"主动释放"机制开始试行。这是我国空域资源使用方式的一次重大改革。

8月3日，广州白云国际机场扩建工程开工仪式在广州白云机场举行，中共中央政治局委员、广东省委书记汪洋出席仪式并宣布工程开工，民航总局局长李家祥、广东省省长朱小丹出席仪式并致辞。

8月8日，中日两国在北京签署了关于扩大两国航空运输安排的会谈纪要。新增航点后各航空运输企业在对方境内通航点数量达25个。

8月16日，中国国家主席胡锦涛、哥斯达黎加共和国总统劳拉·钦奇利亚·米兰达在北京人民大会堂出席中哥民航当局合作文件签字仪式。中国民用航空总局局长李家祥与哥斯达黎加旅游部长艾伦·弗洛雷斯签署《中国与哥斯达黎加民航当局关于便利建立中哥航班联系的谅解备忘录》。

8月20日，民航总局与浙江省人民政府深化合作座谈会召开。民航总局局长李家祥分别与浙江省委书记赵洪祝、省长夏宝龙进行了会谈，双方就局、省合作深入交换了意见，达成了共识。

8月22日，民航总局与青海省人民政府深化合作座谈会在青海省西宁市召开。民航总局局长李家祥分别与青海省委书记强卫、省长骆惠宁、常务副省长徐福顺、副省长骆玉林进行了会谈。双方就完善青海省机场布局、加大民航专业人才培养力度、完善支线机场配套设施等问题深入交换意见并达成共识。

8月28日，民航系统贯彻落实《国务院关于促进民航业发展的若干意见》电视电话会议在北京召开。

9月28日，11时，中国南方航空股份有限公司CZ3596航班平稳降落在广州白云机场，标志着南航连续保证了219个月的空防安全纪录，平安运输旅客5.4亿人，实现安全飞行1000万小时。民航总局局长李家祥发来贺电，民航局副局长李健向南航颁发了"飞行安全钻石奖"和"保障飞行安全先进单位"奖牌。

10月5日，外交部部长杨洁篪、交通运输部部长杨传堂、商务部部长陈德铭、国家质检总局局长支树平、国家旅游局局长邵琪伟、国家海洋局局长刘赐贵、国家食品药品监督管理局局长尹力等部委领导，在民航总局局长李家祥的陪同下，参观空管局运行管理中心，了解"双节"长假期间民航整体运行情况。

10月17日，"8·30"编造虚假恐怖信息案在湖北省襄阳市高新区法院开庭审理。公诉机关认为，犯罪嫌疑人熊毅故意编造爆炸威胁恐怖信息的行为，造成航班备降，严重扰乱了社会秩序，社会危害性较大，应依据《中华人民共和国刑法》第291条的相关规定，予以从重处罚，提出对熊毅判处5年以上有期徒刑。

10月18日，零时起，民航飞行高度层与航路航线灵活使用方案，银川—乌鲁木齐航路和京沪航路北端优化方案正式实施。

10月23日，海航集团在巴黎宣布完成对法国蓝鹰航空48%股权的收购，成为仅次于法国GoFast集团的蓝鹰航空第二大股东，这也是国内航空公司首次投资欧洲航空公司。

10月24~25日，民航局和山东省人民政府召开座谈会，民航局与山东省省人民政府签署《关于加快推进山东民航发展的会谈纪要》。

11月6日，加拿大蒙特利尔当地时间11月5日，国际民航组织第197届理事会作出决定，将国际民航组织亚太地区分办事处设在北京。这是国际民航组织设立的第一个地区分办事处。

12月12日，中国民用机场协会联合广西壮族自治区发展和改革委员会、南宁市人民政府、崇左市人民政府、广西民航机场管理局在前三届论坛受到广泛关注的基础上，共同举办"第四届中国临空经济论坛"。本届论坛以"临空经济与区域经济发展"为主题，将邀请国家发展和改革委员会、国家民航局、国务院发展研究中心、国务院研究室等有关部门领导,国内外相关行业组织与研究机构,机场运营高管、空港城市及临空经济区领导出席并发表演讲和研究成果,擘画临空经济如何快速稳定的发展并推动地方经济的发展。

2013 年

全年完成运输总周转量671.7亿吨公里、旅客运输量3.54亿人、货邮运输量561.3万吨,同比分别增长10.1%、10.8%和3.0%;航线结构进一步优化,国内航空公司新开辟和恢复国际航线107条;加强航班延误治理,航班正常得到提升,航班正常率比治理前提高9.4个百分点;民航实力进一步增强,截至2013年底,全行业完成固定资产投资1452.2亿元,新增10个机场,颁证运输机场达193个,飞机达3664架①。

1月14日,国务院办公厅印发了《促进民航业发展重点工作分工方案》(国办函〔2013〕4号)1(以下简称《分工方案》),将《国务院关于促进民航业发展的若干意见》(以下简称《若干意见》)的各项目标和任务进行了细化和分解,进一步明确了各省(自治区、市)人民政府及国务院有关部门贯彻落实《若干意见》的具体责任,内容涉及16大项的56个方面。

✈ 1月25日,国务院办公厅印发《促进民航业发展重点工作分工方案的通知》(国办函〔2013〕4号),明确地提出要大力推动航空经济发展,通过民航业科学发展促进产业结构调整升级,带动区域经济发展。鼓励各地区结合自身条件和特点,研究发展航空客货运输、通用航空、航空制造与维修、航空金融、航空旅游、航空物流和依托航空运输的高附加值产品制造业,打造航空经济产业链。同时,发展改革委、商务部和民航局选择部分地区开展航空经济示范区试点,加快形成珠三角、长三角、京津冀临空产业集聚区②。

3月1日,民航局发布《关于2013年民航小机场补贴方案的公示》,年

---

① 《2013年度中国民用航空政策报告》,中国民航局,http://www.caac.gov.cn/XXGK/XXGK/ZFGW/201601/t20160122_27684.html。
② 《国务院办公厅关于印发促进民航业发展重点工作分工方案的通知》,国务院办公厅,http://www.gov.cn/zwgk/2013-01/25/content_2319333.htm。

内对134座小型民用机场补贴，每座机场获得200～700万元不等的资金支持，此项补贴的累积资金高达5.2423亿元。

✈ 3月7日，国务院正式批复了《郑州航空港经济综合实验区发展规划（2013—2025年）》。这是全国首个上升为国家战略的航空港经济发展先行区。批复指出，"建设郑州航空港经济综合实验区，对于优化我国航空货运布局，推动航空港经济发展，带动中原经济区新型城镇化、工业化和农业现代化协调发展，促进中西部地区全方位扩大开放具有重要意义"。①

✈ 同日，中国银行河南省分行与郑州新郑综合保税区（郑州航空港区）管委会签订全面战略合作协议，未来将为航空港经济综合试验区建设提供金融综合服务、融资服务以及财务顾问服务等。

✈ 5月23～24日，由中国城市临空经济研究中心主办的首届"中国临空经济发展研讨会"在京召开。本届研讨会以"临空经济——新兴经济形态"为主题，重点围绕"临空经济与国家产业布局""临空经济与区域经济""我国临空经济发展的现状"和"临空产业选择"等，由"官、产、学、研"各方专家进行了深入探讨，并实地考察了北京顺义临空经济区。

✈ 7月11日，河南省人力资源和社会保障厅、中国民航大学、河南日报报业集团在省人才交流中心签署三方合作协议，并举行"中国民航大学河南教育中心"揭牌仪式，标志着郑州航空港经济综合实验区首个有关人才培养、人才引进的合作项目正式实施，这也是河南省与中国民航大学的首次合作②。

7月16日，民航局发布《中国民用航空气象工作规则》（民航局令第217号）和《公共航空运输企业航空安全保卫规则》（民航局令第219号）。

7月23日，国务院正式印发了《"十二五"综合交通运输体系规划》，该《规划》指出，"十二五"时期是我国交通基础设施网络完善的关键时期，是构建综合交通运输体系的重要时期，也是深化交通运输体制改革的攻坚时期。完善区际交通网络，积极推进民用航空发展。优化空域资源配

---

① 《郑州：全国首个航空港经济发展先行区正式启航》，《河南日报》，2013年3月11日，http://www.gov.cn/gzdt/2013-03/11/content_2351318.htm。
② 《"中国民航大学河南教育中心"7月11日揭牌》，《河南日报》，2013年7月12日，http://www.gov.cn/gzdt/2013-07/12/content_2445717.htm。

置,提升空中交通网络运行能力。加强机场建设,形成层次清晰、功能完善、结构合理的机场布局①。

9月22日,民航局发布《中国民用航空危险品运输管理规定》(民航局令第216号)。

✈ 10月30~31日,由中国民用机场协会主办,四川省机场集团公司协办的第五届中国临空经济论坛在成都举行。本届论坛以"临空经济—空港城市—未来生活方式"为主题,相关机场、航空公司、研究机构、咨询机构、金融机构和临空经济区代表参会,民航西南地区管理局局长周毅洲出席论坛并致辞。

11月4日,民航局发布《民用航空导航设备开放与运行管理规定》(民航局令第220号)。

11月18日,中国人民解放军总参谋部、中国民用航空局联合发布《通用航空飞行任务审批与管理规定》,自新中国成立以来首次明确把通用航空飞行任务审批工作交由民航局负责,为特殊通用航空任务申报的行政许可事项完善了规章依据,该《规定》于12月1日开始执行。

11月19日,民航局局长李家祥在北京会见了厄瓜多尔外交部部长帕蒂尼奥一行,双方就加强中厄两国民航合作交换了意见。会后,双方共同签署了《中华人民共和国政府和厄瓜多尔共和国政府航空运输协定》。

截至2013年底,航空公司国内航线许可共计3269条,其中登记航线许可占比达到88%,管理局管理的航线许可占比达到78%,中国已与115个国家(地区)签署航空运输协定,其中12个协定为草签协定临时实施②。

2014 年

2014年中国民航共完成包括延安、黎平机场公共RNPAR在内的33个机场PBN飞行程序设计。截至2014年底,全国已有145个机场具备PBN运行能力,66个机场全面实施PBN运行。全年完成运输总周转量748.1亿吨

---

① 《"十二五"综合交通运输体系规划》,基础产业司子站,2012年7月23日,http://www.ndrc.gov.cn/fzggz/nyjt/fzgh/201207/t20120723_493135.html。
② 《2013年度中国民用航空政策报告》,中国民航局,http://www.caac.gov.cn/XXGK/XXGK/ZFGW/201601/t20160122_27684.html。

公里、旅客运输量 3.9 亿人、货邮运输量 594.1 万吨,同比分别增长 11.4%、10.7% 和 5.9%;航线结构进一步优化,我国航空公司新开辟和恢复国际航线 131 条;民航整体实力进一步增强,截至 2014 年底,全行业共完成固定资产投资 1508 亿元,新增 9 个机场,颁证运输机场达 202 个,飞机总数 4168 架①。

1 月 11 日,宁夏首条国际直航货运航班,银川至哈萨克斯坦国际货运包机开通。

1 月 21 日,银川 - 长春航线正式开通,标志着银川机场实现与全国所有省会城市通航,成为全国第 5 个、西北地区第 2 个实现航线"省会通"的机场。

1 月 28 日,《贵阳市物流园区中长期发展规划(2014—2020 年)》获准批复实施,规划打造修文生产资料物流园等 5 大物流园和白云等 4 个物流基地,构建贵阳区域商贸物流中心。

2 月底,民航局出台《关于促进低成本航空发展的指导意见》,该《意见》提出发展低成本航空要坚持市场配置和政府引导相结合,坚持迅速发展与持续安全相结合,坚持优势互补和协同发展相结合的三项基本原则。

3 月 8 日,由吉隆坡国际机场飞往北京首都国际机场的马来西亚航空公司航班 MH370 失联。

3 月 21 日,中国民用航空局发布了《中国民用航空监察员管理规定》(CCAR - 18 - R3)(民航局令第 222 号),7 月 1 日起施行。

✈ 3 月 28 日,江西省人民政府正式批复《南昌临空经济区发展规划(2014—2025 年)》。

✈ 4 月,民航局与河南省政府签署了《关于共同推进郑州航空港经济综合实验区建设的合作备忘录》,提出"建设大枢纽、发展大物流、培育大产业、塑造大都市"的总体思路。

✈ 4 月 10 日,南昌市人民政府召开南昌临空经济区发展规划新闻发布会,公布了《南昌临空经济区发展规划》,根据《南昌临空经济区发展规划(2014—2025 年)》,临空经济区以南昌昌北国际机场及周边服务区为核

---

① 《2014 年度中国民用航空政策报告》,中国民航局,http://www.caac.gov.cn/XXGK/XXGK/ZCFB/201511/t20151103_10676.html。

心，按照中部地区重要航空枢纽和对外开放门户、长江中游高端产业集聚区和绿色智慧空港、鄱阳湖生态经济区先导区和改革创新示范区、昌九一体化发展的战略支点和强力引擎等4大战略定位进行建设①。

4月13日，中国邮政航空公司开通"济南—首尔"国际货运航线。

4月22日，中国民用航空局发布了《民用航空财经信息管理办法》（CCAR－243－R1）（民航局令第223号），自6月1日起施行。

➡ 5月1日，广西壮族自治区发布《关于促进民航业发展的意见》，根据《意见》，广西将从财税和土地扶持政策等方面进一步加大对民航业发展的支持力度，培育壮大民航市场，着重加快通用航空发展，发展临空产业，构建临空经济区。根据规划，到2020年，全区运营通航干支线机场将达到10个，机场旅客吞吐量达到3500万人次。南宁机场建成面向东盟的门户枢纽机场和有竞争力的航空货运枢纽，桂林机场成为国内重要旅游机场和西南地区旅游枢纽机场，形成以南宁、桂林两大干线机场为骨干，柳州、北海机场为辅助，其他支线机场为补充的层次清晰、功能合理的民航机场体系②。

➡ 5月9日，由湖北民营经济研究院、长江日报传播研究院联合主办，CMD新华光华中国际空港高新区、创业e家共同承办的"中部临空经济区发展高峰论坛"在武汉欧亚会展国际酒店成功举行。本次论坛还特别举办了"巅峰对话"。众专家将临空经济区升级破题的引擎指向了产业园区。

➡ 7月27日，民航局发布《关于进一步促进西藏民航发展的意见》，提出完善机场布局，加快基础设施建设，提高运行保障能力；完善航线网络，鼓励中外航空公司开辟连接西藏的国际航线，支持国航、川航新开及加密拉萨至加德满都航线航班。鼓励和引导航空公司开辟西藏区内机场至对口援藏的17个省市主要城市的直飞和经停航线航班的要求。

➡ 7月31日，重庆市渝北区召开了第十三届委员会第五次会议，发布了《关于加快建设临空都市区的决定》。临空经济区以机场为中心，规划

---

① 《我委联合南昌市人民政府召开南昌临空经济区发展规划新闻发布会》，江西省发展和改革委，2014年4月10日，http://drc.jiangxi.gov.cn/art/2014/4/10/art_14750_620870.html。
② 《广西出台关于促进民航业发展的意见》，《广西日报》，2014年5月3日，http://www.gov.cn/xinwen/2014－05/03/content_2670455.htm。

了方圆 1000 余平方公里"临空都市区"。

✈ 8 月 7~8 日，由中国民用机场协会主办，《民用机场》杂志、北京百则国际商务咨询有限公司承办，鄂尔多斯空港物流园区管理委员会、鄂尔多斯机场管理集团有限公司协办的"第六届中国临空经济论坛"在鄂尔多斯市举办。论坛以"协作、分享、创新"为主题，论坛邀请国家有关部门领导、国内外相关行业组织与研究机构专家、机场运营高管、临空经济区及空港城市领导出席，以论文征集、专题演讲、对话论坛、小组讨论等形式，分析最新趋势、分享成功经验，交流合作成果。

8 月 15 日，中国民航局发布了《中国民用航空局关于修改〈定期国际航空运输管理规定〉、〈中国民用航空国内航线经营许可规定〉和〈公共航空运输企业经营许可规定〉的决定》（民航局令第 225 号），自 2014 年 10 月 26 日起施行。

8 月 21 日，中国民航局发布了《民用航空器驾驶员和地面教员合格审定规则》（民航局令第 224 号），在 9 月 1 日起正式实施。

✈ 8 月 27 日，《2014 重庆临空经济发展高层研讨会》在重庆渝北区举行。

✈ 9 月 12 日，天津市政府批准设立天津航空物流区，园区由天津空港经济区管委会负责开发、建设和管理，并成立了由海航等航空物流领军企业与天保控股公司合资的园区开发公司。园区以航空物流的综合产业体系为主导，大力发展航空运输、邮件快递、电子商务、航空金融、商务服务、航空维修、教育培训、综合服务等产业，是推动建设北方航空物流中心的重要载体。

✈ 10 月 13 日，海关总署、财政部、国家税务总局、国家外汇管理局四部委联合发文批复设立陕西西咸空港保税物流中心，形成中国最具区位优势的以服务国际航空物流产业为主的海关监管场所。

10 月 28 日，中国民航局发布了《民用航空通信导航监视工作规则》（CCAR-115TM-R1）（民航局令第 226 号），自 2015 年 1 月 1 日起施行。

✈ 11 月，民航局、国家发展改革委就曾联合下发了《关于进一步完善民航国内航空运输价格政策有关问题的通知》，全面放开民航国内航线货物运价，进一步放开相邻省份之间与地面主要交通运输方式形成竞争的短途航线旅客票价,由航空公司自主确定具体价格水平。

 11月21日,由商务部投资促进事务局、武汉临空港经济技术开发区管委会、武汉市东西湖区人民政府、武汉市商务局、《民用机场》杂志主办,商务部中国国际投资促进中心、北京百则国际商务咨询有限公司、武汉临空港投资有限公司、武汉临空港经济技术开发区临空经济管理处、武汉临空港经济技术开发区保税物流中心、武汉临空港经济技术开发区食品工业园区、武汉临空港经济技术开发区海峡科技产业园、武汉临空港经济技术开发区台商工业园区承办的"中国临空经济国际高峰(武汉)论坛"在武汉召开。以主旨演讲、主题论坛、对话论坛、展览展示等内容丰富、形式多样的方式,分析最新趋势、分享成功经验,交流合作成果。

12月15日,国家发改委发布了关于北京新机场工程可行性研究报告的批复:为满足北京地区航空运输需求,增强我国民航竞争力,促进北京南北城区均衡发展和京津冀协同发展,以及更好服务全国对外开放,同意建设北京新机场。根据批复内容,北京新机场飞行区等级指标为4F——根据飞行区等级划分,4F是国内规格最高的民用机场标准,飞行区配套设施必须保障空中客车A380等配备四台发动机的远程宽体超大客机起降需要①。

12月18日,民航局航行新技术应用与发展工作委员会正式成立。

 12月19~20日,由商务部投资促进事务局、武汉临空港经济技术开发区管理委员会、武汉市东西湖区人民政府等单位联合主办"中国临空经济国际高峰(武汉)论坛"在武汉举行。论坛以"临空经济与城市融合发展"为主题,旨在为机场、航空公司、临空经济区及空港城市发展提供经验借鉴,为政府主管部门提供决策参考,提升我国临空经济产业的发展水平。

12月24日,民航局公布了《关于进一步促进新疆民航发展的意见》(以下简称《意见》),《意见》提出,将进一步加强新疆民航基础设施建设。完善新疆民用机场布局,强化乌鲁木齐机场门户枢纽功能,加密支线机场和通用机场,形成覆盖全疆、功能完善的机场体系。2010年第一次中央新疆工作座谈会召开后,民航局及时出台了16条促进新疆民航事业发展

---

① 《北京新机场获批复 新机场快轨预计2018年完工》,《北京日报》,2014年12月16日,http://www.gov.cn/xinwen/2014-12/16/content_2791729.htm。

的措施，并与新疆维吾尔自治区人民政府签署了关于加快新疆民航跨越式发展的会谈纪要，新疆民航事业取得了快速发展和长足进步。2010~2013年，全疆旅客吞吐量、货邮吞吐量和飞机起降架次均保持两位数增长，增长速度远高于全国平均水平。2014年1~11月，新疆民航共安全保障飞机起降23.8万架次，完成旅客吞吐量2012.3万人，货邮吞吐量16.3万吨，同比增长20.5%、9.8%、8.8%。截至目前，新疆民航共有16个运输机场、4家基地航空公司、7家通用航空公司和15家服务保障单位，共有46家国内外航空公司运营着184条航线，连接国内57个大中城市和国际24个城市，是全国拥有机场最多、航线最长的省区[①]。

✈ 12月25日，在全国民航工作会议上提到，目前全国共有62个城市依托54个机场，规划了63个临空经济区，郑州航空港经济综合实验区全面提速。截至今年11月，运输航空公司达51家，通用航空公司238家；运输飞机2334架，通用航空器1621架。运输颁证机场数量增至202个，其中旅客吞吐量千万级机场达24个，旅客吞吐量三千万级机场达7个[②]。

✈ 同日，山东航空公司获准使用HUD在济南、青岛两机场实施RVR200米低能见度起飞，这对提高航空公司航班放行正常性很有价值，该经验有望进一步推广至更多航空公司和机场。

2015年

1月4日，中国民航局和国家发改委发布《关于进一步完善民航国内航空运输价格政策有关问题的通知》，提出将进一步放开相邻省份之间与地面主要交通运输方式形成竞争的部分短途航线旅客运输票价，由现行政府指导价改为实行市场调节价。

1月5日，石家庄国际机场首条新开航线：大庆—石家庄—三亚航线。

1月10日、11日，西藏航空有限公司（以下简称"西藏航"）开通两条全新航线：成都—南京航线和重庆—深圳航线。

[①] 《民航局出台关于进一步促进新疆民航发展的意见》，民航局网站，2014年12月4日，http://www.gov.cn/xinwen/2014-12/24/content_2795801.htm。

[②] 《我国24个机场旅客吞吐量超千万》，新华社，2014年12月25日，http://www.gov.cn/xinwen/2014-12/25/content_2796342.htm。

1月14日，成都新机场建设获得国家批准立项。

1月16日，银川河东国际机场开通直飞曼谷旅客包机。

2月4日，兰州中川国际机场 T2 航站楼正式启用，与 T1 联合运行。

2月5日，广州白云国际机场第 3 跑道开始启用。

2月6日，天津滨海国际机场和天津港（集团）有限公司签署战略合作协议。

2月28日，首都机场集团公司与湖北机场集团公司解除联合重组，湖北机场集团公司产权和武汉天河机场二期扩建资产正式移交湖北省，与湖北机场集团公司有关的经营管理责任、国有资产保值增值责任和安全生产责任及其他法律责任一并移交。

➢ 3月15日，"十三五"时期航空港产业发展研讨会在郑州工业应用技术学院举行。

➢ 3月19日，《南宁吴圩空港经济区重点产业发展规划》（以下简称《规划》）获南宁市政府批准，在包括南宁吴圩国际机场、南宁市吴圩镇和明阳工业区，区域面积达到 120 平方公里的南宁吴圩空港经济区，重点发展空港物流、航空维修制造、临空高新和空港商务四大产业集群，规划期限为 2013～2020 年。

➢ 3月28日，国家发展改革委、外交部、商务部经国务院授权，联合发布了《推动共建丝绸之路经济带和 21 世纪海上丝绸之路的愿景与行动》，对"一带一路"进行了系统性阐述，明确了 2 个核心区、4 大区域及包括长沙在内的 8 个高地。

➢ 4月，中国民用航空局批复同意天津航空有限公司以乌鲁木齐国际机场为基地设立新疆分公司。

4月5日，国务院批复《长江中游城市群发展规划》（以下简称《规划》），其中，着重强调了武汉城市圈、湖南长株潭城市圈、江西鄱阳湖生态经济区"三圈"中三个"核心"武汉、长沙、南昌建设高效便捷的空运网络。

➢ 4月9日，四川现代物流新装备推介会上，四川省政府口岸与物流办公室和资阳市签订战略合作框架协议，将优先支持资阳发展现代物流业。

➢ 4月10日，贵州省商务厅下发《关于将双龙临空经济区列入贵州省外商投资管理体制改革先行先试区的通知》(黔商发〔2015〕65号),赋予贵州双龙临空经济区管委会省级外商投资审批管理权限。江西省政府正式批复《南昌临空经济区发展规划(2014—2025年)》,临空经济区以南昌昌北国际机场及周边服务区为核心,占地约223平方公里。

5月13日,在国家快递业信息标准研讨会期间,国家邮政管理局向海航货运有限公司颁发《快递业务经营许可证》(代理国际快递),海航货运有限公司成为第一家拥有国内、国际快递资格的航空货运企业,成为总部设在海南的第一家拥有国际、国内业务资格的快递企业。

✈ 5月13~15日,由博闻集团(UBM)主办、四川省机场集团有限公司承办的2015世界机场城市大会(亚太)以"为推动临空经济,共筑航空大都市"为主题,围绕亚太地区乃至全球地区大力发展临空经济区和机场周边区域经济等热点议题展开讨论。

5月17日,第三届"国家级经济技术开发区对话500强"在湖北省武汉市举行。

5月20日,银川河东国际机场总体规划修编工作正式启动。

✈ 5月21日,在第19届西洽会暨丝博会前夕,西咸新区空港新城联合西部机场集团共同举办以"港城协同、创新驱动,合力建设空中丝绸之路新起点"为主题的"西安国家航空城和现代综合交通枢纽建设发展大会"。

5月22日,潍坊机场新引入顺丰航空全货机,新增开长春—潍坊—浦东—长春航线,执飞机型为737-300。

5月29日,中航工业南京机电液压工程研究中心为C919项目101架机配套的液压系统装机件正式交付。

6月1日,宁夏回族自治区政府与四川省政府、川航集团进行会谈,签署银川—迪拜航线开航合作协议。

同日,民航局发布了《关于为杭州圆通货运航空有限公司(筹)颁发公共航空运输企业经营许可证的公示》。

✈ 6月5日,由海南省通用航空协会、四川省通用航空协会、北京航空航天大学通用航空产业研究中心主办的《2015中国通用机场与通航产业发展论坛》在北京举行,并举行了中国通用航空产业联盟发起成立仪式。

➢ 6月10日,发改委批复新建新疆莎车民用机场、新疆若羌民用机场、黑龙江五大连池民用机场,批复海口美兰国际机场二期扩建工程和中国民航科学技术研究院航空安全实验基地工程。

➢ 6月11日,国家民航局为宁夏货运航空公司颁发了《公共航空运输企业经营许可证》,宁夏历史上第一家航空公司获准成立,自治区建设"中阿空中丝绸之路"的战略构想迈出了关键一步。

➢ 6月13日,在第3届中国—南亚博览会暨第23届中国昆明进出口商品交易会经贸合作签约仪式上,云南机场集团分别与厦门航空公司、深圳市腾讯计算机系统有限公司、支付宝(中国)网络公司、合肥飞友网络科技有限公司、北京智慧图科技有限公司等5家企业达成合作意向,并签订了战略合作协议。

6月18日,邯郸机场航空货运正式通航。

➢ 同日,长宁区企业联合会虹桥临空经济园区分会正式成立。

➢ 6月19日,河南民航发展投资有限公司与卢森堡国际货运航空公司就在郑州成立中国合资货运航空公司、郑州合资飞机维修公司签署两项合作协议。

➢ 6月21日,由中国《民用机场》杂志主办,天津市东丽区人民政府、海大百则国际文化传媒(北京)有限公司承办,中国民航大学、天津滨海国际机场、海航物流协办的第十一届中国临空经济(天津东丽)论坛在天津东丽湖恒大酒店会议中心盛大召开。

➢ 6月24日,国家发展和改革委员会、中国民用航空局联合颁布了《关于临空经济示范区建设发展的指导意见》,标志着我国临空经济即将进入科学规范的可持续发展之路。《指导意见》提到,临空经济区是依托航空枢纽和现代综合交通运输体系,提供高时效、高质量、高附加值产品和服务,集聚发展航空运输业、高端制造业和现代服务业而形成的特殊经济区域,是民航业与区域经济相互融合、相互促进、相互提升的重要载体。《指导意见》明确了临空经济示范区包括航空港经济综合试验区、航空经济示范区等类型及临空经济示范区的设立条件[①]。

[①] 《发展改革委、民航局关于临空经济示范区建设发展的指导意见》,发展改革委网站,2015年7月5日,http://www.gov.cn/xinwen/2015-07/05/content_2890443.htm。

6月26日，我国首条低空航线"珠海—阳江—罗定"航线正式通航，我国低空空域改革进入实际阶段。

✈ 7月3日，国家发改委、民航局发布《关于临空经济示范区建设发展的指导意见》。

7月6日，中科院重庆绿色智能技术研究院和重庆金泰航空公司在巴南签署协议，双方将共建无人飞机研究所。

✈ 7月17日，由民航局国际司主办的《推动东北地区国际航空运输市场开放研讨会》在哈尔滨召开。

7月24日，吉祥航空与北京速派得物流信息技术有限公司宣布达成战略合作关系。

7月29日，贵州省机场集团有限公司与中国通用航空发展协会战略合作协议签字仪式在贵阳举行。

7月31日，厦航今年引进的第七架新飞机抵达厦门，正式加盟厦航机队，这架波音737-800的注册号为B-6483。

8月7日，泉州晋江国际机场的国际货运业务正式启动。

8月18日，德威航空恢复银川—首尔航线航班。

8月21日，北京首都航空有限公司杭州基地项目战略合作协议签约仪式在瓜沥镇举行。

8月24日，驻马店市人民政府与郑州航空港经济综合实验区管委会多领域战略合作框架协议签字仪式，在郑州航空港区电子口岸服务中心举行。

✈ 9月8日，由郑州航院牵头，郑州航空港经济综合实验区、中航工业经济技术研究院、中国城市临空经济研究中心、机科发展科技股份有限公司联合申报的"郑州航空产业技术创新研究院"获批组建。

9月11日，河南省机场集团有限公司与阿塞拜疆丝绸之路西部航空公司（以下简称"阿塞拜疆丝路航空"）合作协议签约仪式在河南省人民政府会议室举行。

✈ 9月17日下午，合肥—六安空港区域联合招商合作框架协议签约仪式在寿县蜀山现代产业园举行。

9月21日，四川国际航空发动机维修有限公司航空发动机保税维修基地（一期），在成都高新综保区双流园区奠基。

9月24日,在天津举办的第四届中国航空金融发展(东疆)国际论坛上,奥凯航空有限公司(OKAIR)、ATSG西部有限公司(ATSG West Limited)、唯品会(VIPSHOP)等中外五方宣布合资组建国际快运航空公司,服务国内(含港澳台)及周边国际航线。

9月25日,华夏航空在成立九周年之际进行了全新品牌发布,宣布将以"通达性"为发力点,致力于通达的航空立体网络建设。

9月30日,注册号为B-2763的波音787飞机平稳降落在厦门高崎国际机场,标志着厦航第六架波音787飞机正式落户。

✈ 10月13日,合肥空港经济示范区发展战略规划评审会在商务部研究院召开。

10月20日,由上海民用航空青浦园区主办的"2015上海民用航空产业园区发展论坛"在上海青浦国家会计学院国际会议中心召开。

✈ 10月30日,中国南方航空公司货运部与广州白云机场海关在南航广州货站联合举办了以"关企携手,便利通关,推进空港物流发展"为主题的座谈会。

✈ 10月31日,新疆维吾尔自治区发展改革委对《喀什临空经济区发展规划》进行了批复,自治区首个临空经济区发展规划获批。

11月2日,中国商用飞机有限责任公司(以下简称中国商飞)将在上海举行中国大飞机首次下线仪式,正式宣告中国可以自主生产大型客机。

11月12日,河南机场集团与西部航空公司在郑州签署战略合作协议,双方同意将合作提升至战略层面,共同探寻中国低成本航空运营及保障新模式、试点低成本航站楼、加大运力与航线投入、共同开发和拓展河南民航市场等方面进行全面合作。

11月13日,南航新开银川—长沙—吉隆坡航线。

✈ 11月19日,由《民用机场》杂志主办,北京临空经济核心区、百则咨询联合承办、北京天竺综合保税区协办的第八届中国临空经济论坛在北京举行。

12月1日,《宁夏回族自治区民用机场保护办法》全面实施。

12月3日,2015航空产业发展圆桌会议在广州白云国际会议中心召开。

12月9日,广东龙浩航空集团有限公司与顺丰航空有限公司在广州签署战略合作协议,双方将在航空货运、物流园建设等方面开展合作。

12月11日,重庆机场集团与重庆交运集团共同签署了重庆市快件集散中心项目合资协议,成立合资公司重庆空港物流发展有限公司。

12月24~25日,2016年全国民航工作会议暨航空安全工作会议在北京召开。

2016年

1月14日,民航局发布《轻小型民用无人机系统运行管理暂行规定》《使用民用无人驾驶航空器系统开展通用航空经营活动管理暂行办法》(征求意见稿)。

3月24日,交通部发布《通用航空经营许可管理规定》(2016年第31号令),于2016年6月1日起施行。

3月,《国务院关于深化泛珠三角区域合作的指导意见》(国发〔2016〕18号)中提出,统筹泛珠三角区域空域资源管理使用,明确区域内各机场分工定位,实现机场群健康有序发展。进一步推动区域内各国际机场航权开放,打造国际航空枢纽和门户机场。完善枢纽节点集疏运体系,畅通"最后一公里",统筹航路航线安排,加强香港国际机场与内地九省区机场的合作,打造具有国际影响力的临空经济带。

4月14日,交通运输部公布《民用航空运输机场航空安全保卫规则》(交通运输部令第48号),自2016年5月22日起施行。

4月15日,民航局关于依托支线机场定位、加快中小城市机场建设的建议(第8542号)的答复,鼓励航空公司构建中枢辐射式的航线网络,配合基地航空公司优化枢纽机场时刻安排,构建航班波,建设中枢辐射式的航线网络①。

5月4日,国务院办公厅印发《关于促进通用航空业发展的指导意见》。

5月19~20日,由上海市航空学会、上海机场集团、上海士研传媒有限公司主办的第六届机场建设发展国际峰会围绕"寻求节点交通价值与城市功能价值的平衡,聚焦机场与航空城产业的核心动力"为主题,在

---

① 《民航局关于依托支线机场定位、加快中小城市机场建设的建议(第8542号)的答复》(摘要),http://www.caac.gov.cn/XXGK/XXGK/JYTNDF/201604/t20160415_30308.html。

上海召开。

5月25日，民航局发布《关于进一步深化民航改革工作的意见》。

6月6日，发改委、交通部印发《关于推动交通提质增效提升供给服务能力的实施方案》。

7月11日，民航局飞行标准司发布《民用无人机驾驶员管理暂行规定》，对原《民用无人驾驶航空器系统驾驶员管理暂行规定（AC-61-FS-2013-20）》进行的第一次修订。

9月21日，民航局发布《民用无人驾驶航空器系统空中交通管理办法》。

✈ 10月11日，北京市发改委公布，经国务院批准同意，国家发展改革委印发了《北京新机场临空经济区规划（2016—2020年）》，北京市新机场临空经济区是围绕北京新机场，跨京冀两地，是推动京津冀协同发展的重要战略支点和区域合作的关键切入点。为充分发挥北京新机场大型国际航空枢纽辐射作用，北京市将与河北省合作共建新机场临空经济区，促进京冀两地深度融合发展①。

✈ 10月20日，国家发展改革委和民航局联合印发了《关于支持青岛胶东临空经济示范区建设的复函》（发改地区〔2016〕2208号）和《关于支持重庆临空经济示范区建设的复函》（发改地区〔2016〕2209号），积极支持青岛胶东和重庆临空经济示范区建设②。

✈ 11月14日青岛市政府印发实施《青岛胶东临空经济示范区总体方案》，青岛胶东临空经济示范区位于胶州湾北岸，总规划面积149平方公里，包括核心区和北区两部分。其中核心区位于胶州市域，规划面积139平方公里，规划范围东至大沽河胶州段，西至沈海高速、胶平路，北至青银高速，南至胶济铁路、兰州东路，包括李哥庄镇部分区域。北区位于平度市南部，规划面积10平方公里，接受示范区产业功能辐射，拓展示范区发展空间③。

---

① 《北京新机场临空经济区规划获批》，新华社，2016年10月12日，http://www.gov.cn/xinwen/2016-10/12/content_5118064.htm。
② 《青岛、重庆临空经济示范区建设有序推进》，地区经济司子站，2016年12月1日，http://www.ndrc.gov.cn/gzdt/201612/t20161201_828960.html。
③ 《青岛胶东临空经济示范区新闻发布会举行》，胶东政务网，http://www.jiaozhou.gov.cn/n530/n1680/n1681/161115085352429515.html。

11月3日，民航局印发《关于鼓励社会资本投资建设运营民用机场的意见》。

11月8日，国家体育总局印发《航空运动产业发展规划》。

11月15～17日，由英国博闻公司（UBM）、青岛市人民政府主办、青岛国际机场集团有限公司承办的2016年世界机场城市大会（Airport Cities Conference & Exhibition，ACE）在中国青岛举办。

12月22日，民航局制定完成《中国民用航空发展第十三个五年规划》及9个专业规划。

12月24日，民航局党组会议审议并原则通过《提升通用航空服务能力工作方案》。

2017年

✈ 1月4日，国家发展改革委、国家民航局近日联合下发《关于支持广州临空经济示范区建设的复函》，同意广州设立临空经济示范区。国家发展改革委、国家民航局近日联合下发《关于支持广州临空经济示范区建设的复函》，同意广州设立临空经济示范区。示范区的获批，有利于提升广州白云国际机场作为全球航空枢纽的国际竞争力；有利于带动珠三角地区在更高层次和更宽领域参与全球产业分工。据悉，示范区规划总面积共135.5平方公里，其中机场区域面积41.64平方公里。示范区内的广州白云国际机场是我国三大国际枢纽机场之一，已入驻南方航空、九元航空等70多家航空公司，开通国际航线136条，通达全球216个航点。2020年，预计旅客吞吐量近8000万人次、货邮吞吐量250万吨。

✈ 1月6日，国家发展改革委和民航局批准设立上海虹桥临空经济示范区。上海虹桥临空经济示范区规划范围北起天山西路、苏州河，东临淞虹路、外环线，南至沪青平公路，西迄七莘路，占地面积13.89平方公里，其中虹桥机场运营作业区7.15平方公里。上海虹桥临空经济示范区建设将重点依托上海虹桥机场，着力优化发展环境，深化开放合作和改革创新，遵循临空经济发展规律，坚持绿色发展、生态优先，实行最严格的环境保护制度，引导和推进临空指向性强的现代服务业、高端制造业集聚发展，着力构建以航空运输为基础、航空关联产业为支撑的产业体系，推动产业与城市融合协调发展,把上海虹桥临空经济示范区建设成为国际航空枢纽、全球航空企业总部基地、高端临空服务业集聚区、全国公务机运营基地和低碳绿色发展区,为促进区域经济社会发展和经济发展方式转变提供有力支撑。

2月15日,中国民用航空局、国家发展和改革委员会、交通运输部印发了《中国民用航空发展第十三个五年规划》(民航发〔2016〕138号)①。

✈ 2月28日,国务院关于印发《"十三五"现代综合交通运输体系发展规划》(国发〔2017〕11号)提到,"十三五"时期,我国交通运输发展正处于支撑全面建成小康社会的攻坚期、优化网络布局的关键期、提质增效升级的转型期,将进入现代化建设新阶段。完善运输机场功能布局。打造国际枢纽机场,建设京津冀、长三角、珠三角世界级机场群,积极引导交通运输新消费。促进通用航空与旅游、文娱等相关产业联动发展,扩大通用航空消费群体,强化与互联网、创意经济融合,拓展通用航空新业态。建设北京新机场、郑州航空港等临空经济区,聚集航空物流、快件快递、跨境电商、商务会展、科技创新、综合保障等产业,形成临空经济新兴增长极②。

✈ 3月3日,国家发展改革委、中国民航局正式批复设立成都临空经济示范区。这是继郑州航空港、青岛胶东、重庆、广州、上海虹桥后又一个获批的国家级临空经济示范区。成都临空经济示范区位于成都市双流区内,规划范围以双流国际机场为中心,管理面积约100.4平方公里,主要包括航空港功能区、临空高端制造产业功能区、航空物流与口岸贸易功能区、临空综合服务功能区、生态防护功能区等五大功能分区。围绕示范区"临空经济创新高地、临空高端产业集聚区、内陆开放先行区、新型生态智慧空港城"的战略定位,示范区建设的近期目标是至2020年,国际航空枢纽地位凸显,空港口岸功能和开放门户功能进一步提升,临空高端产业体系基本成型,初步建成引领西部、影响全国的临空经济示范区,地区生产总

---

① 《中国民用航空发展第十三个五年规划》,中国民航局,2017年2月15日,http://www.caac.gov.cn/XXGK/XXGK/TZTG/201702/t20170215_42529.html。
② 《国务院关于印发"十三五"现代综合交通运输体系发展规划的通知》,国务院,2017年2月28日,http://www.gov.cn/zhengce/content/2017-02/28/content_5171345.htm。

值达到 600 亿元以上。

✈ 5月，重庆市人民政府印发了《重庆临空经济示范区建设总体方案》，以十二个功能平台为支撑，着力构建"一核五区"的产业空间和"一主、三核心、九廊道"的生态空间格局[①]。

✈ 5月11~12日，以"寻求节点交通价值与城市功能价值的平衡，聚焦机场与航空城产业的核心动力"为主题的第七届机场建设发展峰会在上海召开。

5月5日，自主研发的国产大飞机C919首飞成功，第二种国产大飞机飞上蓝天。

✈ 5月17日，国家发展改革委民航局《关于支持长沙临空经济示范区建设的复函》（发改地区〔2017〕0873号）。长沙临空经济示范区获批设立，成为全国第7个国家级临空经济示范区。这是湖南由"内陆大省"迈向"开放强省"的华丽转身，具有重大的里程碑意义。长沙临空经济示范区规划面积140平方公里，规划范围包括长沙县、雨花区、芙蓉区所辖的10个镇（街道），包含国家级长沙经济技术开发区、长沙黄花国际机场航空产业功能区、黄花综合保税区、高铁新城等平台载体。示范区将按照"一轴两核三组团"的总体空间布局进行规划建设，包括空铁联动发展轴，航空与高铁运输服务"双核心"，空港枢纽、临铁新城、星马创新三组团。

✈ 5月18日，贵阳临空经济示范区获批。规划以龙洞堡国际机场为中心，东起黔南州龙里谷脚镇中铁大道，西至贵阳市南岳山脉，南起贵阳市南明区小碧乡，北至贵阳市南明区永乐乡，为贵阳临空经济示范区，管理面积148平方公里，其中机场区域面积15.6平方公里。复函提出，贵阳临空经济示范区要全面贯彻落实党的十八大和十八届三中、四中、五中、六中全会精神，深入贯彻落实习近平总书记系列重要讲话精神，统筹推进"五位一体"总体布局和协调推进"四个全面"战略布局，牢固树立和贯彻落实新发展理念，适应把握引领经济发展新常态，着力优化发展环境，深化开放合作和改革创新，遵循临空经济发展规律，坚持绿色发展、生态优先，实行最严格的环境保护制度，引导和推进临空指向性强的现代服务业、

---

① 重庆市发展和改革委员会，http://fzggw.cq.gov.cn/c/2017-05-25/522617.shtml。

高端制造业集聚发展，着力构建以航空运输为基础、航空关联产业为支撑的产业体系，推动产业与城市融合协调发展，把贵阳临空经济示范区建设成为西部内陆地区对外开放重要门户、西南航空客货运枢纽、特色高端临空产业基地、智慧型生态化临空示范区，为促进区域经济社会发展和经济发展方式转变提供有力支撑。

→ 5月22日，中国商用飞机有限责任公司（COMAC）与俄罗斯联合航空制造集团（UAC）的合资企业"中俄国际商用飞机有限责任公司"（CRAIC）在上海正式挂牌成立，中俄将联合研制新一代CR929远程宽体飞机。

→ 5月23日，杭州临空经济示范区获批成为继郑州、北京、青岛、重庆、广州、上海、成都后的新一批国家级临空经济示范区。杭州临空经济示范区位于杭州市萧山区东部，西至杭州绕城高速东线，东至头蓬快速路，北至大江东产业集聚区边界及钱塘江水域，南至萧山区瓜沥镇行政边界，管理面积142.7平方公里，其中萧山国际机场面积16.6平方公里，示范区的获批意味着杭州新增一个国家级对外开放平台，另对于带动萧山经济转型升级、有效承接国际化资源、提升区域整体竞争力等方面具有里程碑式意义。

5月27日，以"创新空港，联接全球"为主题的2017国际空港枢纽城市（广州）临空经济发展论坛在广州举行。

→ 6月27~28日，由海航集团主办、海航临港与《民用机场》杂志承办的首届中国临空经济"一带一路"发展论坛在海口举办。本届论坛以"生态丝路、魅力空港"为主题，以主旨演讲、主题论坛、对话论坛、展览展示等方式，分析了国内外临空经济最新趋势及分享最新研究成果。论坛期间，还成立了中国临港产业园区发展联盟，该联盟是我国的第一个临港产业园区运营商联盟。

8月，民航局正式印发《关于加快东北地区民航全面发展的实施意见》（以下简称《意见》），助力东北地区等老工业基地全面振兴。

8月29日，重庆机场T3航站楼正式启用，内含诸多"黑科技"。其中包含RFID（无线射频识别）技术的行李分检系统，使行李自动识别率由95%提高至99.5%，大幅提高行李分拣效率。该系统系国内首次使用。

10月17日，中国民用航空局与美国联邦航空局就《适航实施程序》达成协议，实现了中美航空产品的全面对等互认，对中国制造的大飞机C919拿到美国以及欧盟的适航许可意义重大。

11月13~14日，由上海航空协会主办的"第五届中国机场创新发展国际峰会"在上海召开。

12月13日，ARJ21国产飞机正式执飞首条国内支线航线：成都至上饶。

✈ 12月22日，国际城市论坛京津冀协同发展2017年会在北京举行。论坛发布了北京国际城市发展研究院和京津冀协同发展研究基地重要研究成果《临空经济蓝皮书——中国临空经济发展报告（2016—2017年）》。

12月24日，我国自主研发的大型水陆两用飞机AG600"鲲龙"陆地首飞成功①。

2018年

1月2日，三大航东航、国航、南航全部完成改名，改名后分别叫：中国东方航空集团有限公司、中国航空集团有限公司、中国南方航空集团有限公司。

1月17日，海南航空宣布，从即日起开放便携式电子设备的使用，海南航空成为中国民航业内，最早落实机上开放便携式电子设备使用的航空公司。

2月23日，湖北鄂州机场获国务院、中央军委批复建设。京东自主研发的全球首个无人智慧配送站，在陕西西安国家民用航天产业基地落成并投入使用。

✈ 4月19日，杭州市国土资源局发布公告，圆通速递以3.04亿元的价格拍得杭州萧山空港物流园航空总部基地地块，计划用于建设圆通航空总部、航空分拨转运中心。

✈ 5月3日，宁波临空经济示范区获国家发改委、民航局正式批复，成为继杭州之后全国第11个国家级临空经济示范区，浙江成为全国唯一拥

---

① 2017编年体航空大事记，https：//www.sohu.com/a/213882529_100014862。

有两个国家级临空经济示范区的省份。根据批复，国家发改委对宁波临空经济示范区提出了"五个着力"建设要求，即着力提升全球资源配置和服务能力；着力培育发展新动能；着力促成港产城融合发展；着力加快构建以临空经济指向性产业为核心，以航空贸易物流、临空智能制造为主导的现代临空产业体系；着力推动经济发展质量变革、效率变革、动力变革。5月11日，民航局出台了《民航局关于促进航空物流业发展的指导意见》。

✈ 5月13日，西安临空经济示范区获批。国家发展改革委、民航局正式批复设立西安临空经济示范区，示范区位于西咸新区空港新城，面积144.1平方公里。这是西北地区首个国家级临空经济示范区，也是西安又一国家级对外开放平台，对于增强大西安对外辐射能力，提升城市发展能级具有里程碑式的意义。根据国家批复文件，西安临空经济示范区将加快构建国际航空枢纽，主动服务和积极融入"一带一路"建设等国家战略，为陕西省乃至西北内陆地区开放发展提供有力支撑和典型示范，并形成可复制可推广的有益经验。示范区建设将重点推进三项任务：推进体制机制创新，培育壮大临空特色产业体系；推进绿色发展，深化示范区与周边地区的合作互动和协同发展；推进军民融合，探索临空经济发展新路径、新模式。其中，"军民融合"在已获批的国家级临空经济示范区中首次被提及，也是西安临空经济示范区承担的特色使命。

5月14日，中国国际货运航空有限公司获得局方批复，成为国内首家拥有高高原运行资质的货运航空公司。

5月15~16日，上海市航空学会主办的"第八届机场建设与发展（上海）国际峰会"在上海巴黎春天新世界酒店举行。

✈ 5月19日，2018中国临空经济（廊坊）论坛在廊坊国际饭店举行。本次论坛以"北京新机场是国家发展新的动力源——协同创新、国家动力、助力发展"为主题，分析国内临空经济最新趋势、分享成功经验、交流合作成果。

6月21日，民航局发布《中国民用航空局政府购买服务指导性目录》。

9月14日，民航局在月度例行新闻发布会上披露，依据《地名管理条例》和《民用机场使用许可规定》等规定，并报经党中央、国务院审批同意，北京新机场名称确定为"北京大兴国际机场"。

✈ 9月28日首届临空经济时代新文旅产业投资峰会以"临空经济时代文旅产业发展新机遇"为主题在北京召开。北京市大兴区委副书记、区长王有国在会上指出，北京大兴国际机场定位于"国际交往中心功能承载区、国家航空科技创新引领区和京津冀协同发展示范区"。临空经济区作为国家战略的重要支撑，确立了"打造以人才和创新为驱动的国际化空港4.0标杆"的发展目标，将建设国际一流的临空经济区。

同日，民航局发布《低空飞行服务保障体系建设总体方案》。

10月20日，湖北荆门漳河机场，中国首款大型水陆两栖飞机"鲲龙"AG600水上顺利起飞，9时5分完美着陆水面，成功完成水上首飞。

10月24日，南航集团在广州宣布正式组建南方航空货运物流有限公司。

11月26日，民航局发布《新时代民航强国建设行动纲要》。

12月15日，中国商飞公司与美国波音公司在舟山共同合资的737完工和交付中心交付首架飞机，飞机由中国国际航空公司接收。

12月26日，海南省政府在三亚召开促进快递物流业发展座谈会，围绕如何打造海南国际物流枢纽中心，服务海南自贸试验区和中国特色自由贸易港建设，征求国内龙头邮政快递企业的意见及建议。

12月28日，国航CA932法兰克福—北京航班在北京首都国际机场平稳落地。至此，北京首都国际机场年旅客吞吐量突破1亿人次。首都机场成为中国第一个年旅客吞吐量过亿人次的机场，也是继美国亚特兰大机场后，全球第二个年旅客量吞吐量过亿人次的机场。

2019 年

✈ 1月5日，由中国民航大学临空经济研究中心主办的"第二届中国民航大学临空经济研究中心智库建设研讨会暨学术委员会会议"，在中国民航大学成功举行，本次会议以"中国临空经济发展的新动力与新趋势"为主题进行专题研讨。

1月7日，2019年全国民航工作会议在北京召开。民航局局长冯正霖作题为《以新发展理念为引领推动民航高质量发展》的工作报告。

✈ 1月10日，广州市人民政府公布了《广州综合交通枢纽总体规划

（2018—2035 年）》（以下简称：《规划》）。《规划》提出，统筹构建机场体系，支撑外围新城发展。扩大规模，拓展功能，依托广州白云国际机场，建设国际航空枢纽港，大力发展临空经济，建设成为国际领先的空港经济示范区。

→ 1 月 11 日，西咸新区管委会主任康军主持召开临空经济示范区发展规划专题会，会上，中国民航大学临空经济研究中心汇报了《西安临空经济示范区发展规划》主要内容。

→ 1 月 11 日，国家发改委正式批复西安咸阳国际机场三期扩建工程项目建议书（发改基础〔2019〕52 号），标志着西北民航有史以来最大的基础设施项目前期工作取得重大进展。

→ 1 月 18 日，青岛胶东临空经济示范区首个通用航空项目—青岛天时迅腾通用航空有限公司，取得中国民航局的运行合格证，企业正式投入运营。

→ 1 月 24 日，青海机场有限公司与新疆机场集团公司在乌鲁木齐签署战略合作协议。

→ 2 月，长沙市人民政府办公厅印发关于《关于促进长沙临空经济示范区发展的若干意见（试行）》。

→ 2 月 15 日，乌鲁木齐机场改扩建工程机场工程初步设计及概算获民航新疆管理局批复，乌鲁木齐机场改扩建工程正式进入建设实施阶段。

→ 2 月 18 日，航空港实验区 2019 年第一批重点项目集中开工仪式在华润电力郑州航空港天然气分布式能源项目现场举行。

→ 2 月 21 日，由俄罗斯艾菲航空执飞的"三亚—茹科夫斯基"定期航线在三亚凤凰国际机场（以下简称"三亚机场"）完成首航。

→ 2 月 27 日，国家发展改革委和民航局联合印发了《关于支持首都机场临空经济示范区建设的复函》（发改地区〔2019〕375 号），为深入贯彻落实《国务院关于促进民航业发展的若干意见》（国发〔2012〕24 号），大力推动临空经济示范区健康有序发展，按照《国家发展改革委　民航局关于临空经济示范区建设发展的指导意见》（发改地区〔2015〕1473 号）有关要求，近日，国家发展改革委和民航局联合印发了《关于支持首都机场临空经济示范区建设的复函》（发改地区〔2019〕375 号），指导北京市有序推进首都机场临空经济示范区（以下简称"示范区"）建设。复函提出，首都机场临空经济示范区建设要以习近平新时代中国特色社会主义思想为指导，全面贯彻党的十九大和十九届二中、三中全会以及中央经济工作会议精神，统筹推进"五位一体"总体布局，协调推进"四个全面"战略布局，坚持稳中求进工作总基调，坚持新发展理念，坚持推动高质量发展，坚持以供给侧结构性改革为主线，以体制机制创新和扩大航空服务开放为突破口，以服务京津冀协同发展为重点，进一步增强国际航空枢纽、国际交往门户和国家经贸口岸功能，提升投资与贸易便利化水平，优化营商环境，积极引导国际航空资源和高端服务功能集聚，加快构建现代化经济体系，推动产业与城市融合协调发展，全面打造港城融合的国际航空中心核心区，引领我国临空经济区转型升级和创新发展。复函明确，顺义区人民政府作为示范区规划建设管理主体，要切实加强对示范区建设的组织领导，完善工作机制，落实工作责任，严格防范地方债务风险，扎实推进各项建设任务。坚持统筹规划、生态优先、临空导向、节约集约、集聚发展，积极开展先行先试，着力探索体制机制创新。严格遵守相关土地利用总体规划、城乡规划，落实净空和电磁环境保护，涉及规划调整和重大项目建设要按规定程序另行报批。

复函要求，北京市发展改革委尽快核定并印发《首都机场临空经济示范区总体方案》，抓紧组织编制示范区发展规划并报市政府批复实施，规划编制过程中要做好与国家总体规划、有关区域规划和专项规划的衔接。要加强对示范区建设发展情况的跟踪分析和督促检查，积极总结可复制可推广的有益经验，重要事项及时向国家发展改革委、民航局报告。3月，国家发展改革委和民航局联合印发了《关于支持首都机场临空经济示范区建设的复函》（发改地区〔2019〕375号）和《关于支持南京临空经济示范区建设的复函》（发改地区〔2019〕376号），指导北京市和江苏省有序推进首都机场临空经济示范区和南京临空经济示范区。

✈ 3月4日，由美国亚特兰大航空城联盟和北京新航城控股有限公司（以下简称"新航城公司"）联合举办的美国亚特兰大航空城商业机遇推介会在北京大兴成功举办。

✈ 3月12日，顺丰航空有限公司（以下简称"顺丰航空"）第7架

B767-300型全货机飞抵深圳市宝安区国际机场，正式加入顺丰航空全货机机队，至此，顺丰航空机队规模增长至53架。

 3月14日，郑州航空港实验区召开招商引资暨重点项目建设会。

 3月17日，国家发展改革委和民航局联合印发了《关于支持南京临空经济示范区建设的复函》（发改地区〔2019〕376号），为深入贯彻落实《国务院关于促进民航业发展的若干意见》（国发〔2012〕24号），大力推动临空经济示范区健康有序发展，按照《国家发展改革委　民航局关于临空经济示范区建设发展的指导意见》（发改地区〔2015〕1473号）有关要求，复函提出，南京临空经济示范区建设要以习近平新时代中国特色社会主义思想为指导，全面贯彻党的十九大和十九届二中、三中全会以及中央经济工作会议精神，统筹推进"五位一体"总体布局和协调推进"四个全面"战略布局，坚持稳中求进工作总基调，坚持新发展理念，坚持推动高质量发展，坚持以供给侧结构性改革为主线，坚持深化市场化改革、扩大高水平开放，着力推进创新性发展、引领性发展、探索性发展，加快形成航空业全产业链和价值链，构建现代化临空经济产业体系，建设面向全国、联接世界的航空枢纽，打造国际性、现代化、生态化、智慧型临空经济示范区。复函明确，南京市人民政府作为示范区规划建设管理主体，要切实加强对示范区建设的组织领导，完善工作机制，落实工作责任，严格防范地方债务风险，扎实推进各项建设任务。坚持统筹规划、生态优先、临空导向、节约集约、集聚发展，积极开展先行先试，着力探索体制机制创新。严格遵守相关土地利用总体规划、城乡规划，落实净空和电磁环境保护，涉及规划调整和重大项目建设要按规定程序另行报批。复函要求，江苏省发展改革委尽快核定并印发《南京临空经济示范区总体方案》，抓紧组织编制示范区发展规划并报省政府批复实施，规划编制过程中要做好与国家总体规划、有关区域规划和专项规划的衔接。要加强对示范区建设发展情况的跟踪分析和督促检查，积极总结可复制可推广的有益经验，重要事项及时向国家发展改革委、民航局报告。指导江苏省有序推进南京临空经济示范区（以下简称"示范区"）建设。

 3月25日，海口市规划委公示了《海口临空产业园区（南区）控制性详细规划》。

3月29日，四川航空股份有限公司（以下简称"川航"）与成都交通投资集团有限公司（以下简称"成都交投"）签署协议，双方将共同对四川川航物流有限公司（以下简称"川航物流"）进行增资，增资后川航和成都交投将分别持有川航物流66%、34%的股权。

4月3日，由广州市政府主办，广州空港经济区管委会、广东省机场管理集团有限公司共同承办，广东省翼通商务航空服务有限公司协办的粤港澳大湾区通用航空发展论坛在广州举行。该论坛是2019年"中国广州国际投资年会"的组成部分。

4月5~7日，2019镇江新区第三届航空体验节在镇江大路通用机场隆重举行。

4月10日，中国国旅发布公告称，其全资子公司中国免税品（集团）有限责任公司（以下简称"中免公司"）与北京首都机场商贸有限公司签署了《北京大兴国际机场国际区免税店（标段一）项目合同》和《北京大兴国际机场国际区免税店（标段二）项目合同》（以下简称"《合同》"）。

4月16日，民航北京大兴国际机场建设及运营筹备领导小组第四次全体（扩大）会议在京召开。

同日，民航局计划司和陕西省发改委组织召开了西安国际航空枢纽战略规划编制启动会，西安国际航空枢纽战略规划编制工作全面启动。

4月18日，成都航空与川航股份签署战略合作协议，双方将在机队管理、基地保障、机务维修、空勤资源、航线网络、航空物流、服务营销、品牌宣传、信息技术、学习交流等十个方面开展深度合作。

5月5日，民航局西南地区管理局发布了《2019重庆江北国际机场容量调整航班时刻配置方案》（以下简称《方案》），根据《方案》，重庆江北机场时刻从每小时47架次扩容到每小时48架次。

➡ 5月8日，中国（陕西）自由贸易试验区临空法律服务中心与第五航权法治推进办公室在西咸新区空港新城同台揭牌，由西咸新区空港新城管委会和西北政法大学联合建设，以多学科融合、多团队协同、政产学研用相结合的智库服务模式共同推进自贸区法治建设，服务临空自贸发展。

➡ 5月10日，中国民航局于印发《关于加快海南民航业发展支持海南全面深化改革开放的实施意见》（以下简称《实施意见》），指出民航局将进一步深化航空运输供给侧改革，充分发挥航空运输业在海南经济社会发展中的比较优势和独特作用，把海南打造成面向太平洋、印度洋的航空区域门户枢纽。

➔ 5月15～16日，由贵州双龙航空经济区管理委员会主办，中国民航大学临空经济研究中心承办的"2019贵州双龙航空港经济区产业发展研讨会"在贵州双龙航空港经济区顺利举办。

5月16～17日，2019中国民航发展论坛在北京举行。

➔ 5月18日，第二届中国国际临空经济发展论坛在2019年中国·廊坊国际经济贸易洽谈会开幕当日召开。作为"5·18"经洽会的主论坛，大会围绕"临空经济带动区域高质量发展"主题，就临空经济区的发展趋势和发展模式进行探讨、案例解析和成功经验分享，推动一批临空产业项目落地。

5月20日，中欧双方在比利时布鲁塞尔共同签署《中华人民共和国政府和欧洲联盟民用航空安全协定》（下称"中欧民用航空安全协定"）和《中华人民共和国政府和欧洲联盟关于航班若干方面的协定》（下称"中欧关于航班若干方面的协定"）。

➔ 5月30日，北京大兴国际机场临空经济区路演发布会在北京国家会议中心举行。同日，在2019年中国国际服务贸易交易会（以下简称"京交会"）现场，北京大兴国际机场（以下简称"大兴机场"）临空经济区接连对外发布了产业规划、城市规划和招商计划等多个顶层蓝图。

➔ 5月30～31日，由上海市人民政府外事办公室批复、上海市航空学会主办、士研咨询承办的第九届机场建设与发展（上海）国际峰会，在上海召开。

➔ 5月31日，由中国国际经济技术交流中心、北京临空经济核心区管委会、中国航空学会、中国口岸协会和中国城市临空经济研究中心联合主办，北京临空国际技术研究院独家承办，中国航空器材集团有限公司协办的2019年中国国际服务贸易交易会首届"空中丝绸之路"国际合作峰会在北京召开。会上，由国家发改委综合运输研究所、航空经济发展河南省协同创新中心、中国航空国际建设投资有限公司、中国城市临空经济研究中心联合课题组历时一年共同研究编制的《中国临空经济发展指数报告

(2019)》正式发布，郝爱民教授代表课题组对指数报告进行了现场解读，该指数对国内机场吞吐量超过 1000 万的临空经济区如何高质量发展进行总体评价。

✈ 6月12日获悉，甘肃省政府于近日批复，原则同意《甘肃（嘉峪关）国际空港总体规划（2018—2030年）》（以下简称《总体规划》）。批复明确，甘肃（嘉峪关）国际空港按照省级开发区进行管理和支持，享受项目审批、资金补助、产业发展、用地供给、重大项目布局等优惠政策。

✈ 同日，昆明市人民政府办公室印发《昆明市建设区域性国际物流枢纽行动计划（2019—2035年）》（下称《行动计划》）。

✈ 6月13日，CADAS 与云南机场集团共同承办的第三届中国—南亚航空趋势论坛在昆明召开。

✈ 6月18日，由烟台市政府与东航股份公司共同主办，烟台国际机场协办的"海上丝绸之路——启航烟台"航空产业发展大会在烟台举办。

✈ 6月21日，由中国《民用机场》杂志主办，天津市东丽区人民政府、海大百则国际文化传媒（北京）有限公司承办，中国民航大学、天津滨海国际机场、海航物流协办的第十一届中国临空经济（天津东丽）论坛在天津东丽召开。论坛以"协同创新、共建共享——京津冀协同发展中的都市临空经济"为主题，以主旨演讲、对话论坛、专题推介的形式，分析最新趋势、分享成功经验、交流合作成果。

✈ 6月21日，郑州航空港经济综合实验区与北京航空航天大学在郑州举行签约仪式，郑州人工智能研究院正式落户航空港实验区。

✈ 6月22日，海口临空经济区专家研讨会在北京召开。

✈ 6月25日，广东省首个经国务院批准成立的综合保税区——广州空港经济区白云机场综合保税区（简称机场综保区）二期正式通过国家验收。

✈ 6月28日，银川国际航空港综合交通枢纽工程顺利通过竣工验收。宁夏回族自治区发展和改革委、财政厅、交通运输厅、集团建设指挥部、宁夏机场公司及各参建单位参加此次验收。

6月30日，经党中央国务院同意，民航局发布《鼓励外商投资产业目录》（2019年版），自2019年7月30日起施行。

➤ 7月11日，中国民用航空局与上海市政府正式签署《关于推进新时代上海民航高质量发展战略合作协议》，加快上海国际航运中心和上海航空枢纽建设。

7月12日民航局签发了《民航局关于呼和浩特新机场总体规划的批复》（民航函〔2019〕583号），呼和浩特新机场总体规划正式获民航局批复。

7月15日，国家发改委发布《关于新建新疆于田机场工程可行性研究报告的批复》公告。

➤ 7月17日，长龙航空与西部机场集团、西咸新区空港新城管委会"一带一路"航线战略合作签约暨长龙航空西北分公司成立仪式在西安举行。

➤ 7月18日，全国临空经济示范区建设工作座谈会暨首届临空经济示范区联席会议在郑州召开，国家发展改革委地区经济司副司长于合军、中国民航局发展计划司副司长董法鑫出席会议并讲话。郑州、北京、广州、上海、成都等12个国家级临空经济示范区所在地省（市）发展改革委及临空经济示范区管理机构负责同志参加会议。委党组成员、副主任邓长金和成都市发展改革委、双流区人民政府负责同志参加会议。会议审议通过《全国临空经济示范区建设联席会议制度》，签署了《全国临空经济发展郑州倡议》。会议要求各示范区密切横向联系和交流，加强互利合作，促进全国临空经济区共同繁荣，打造全球较强竞争力的临空经济区集群。

➤ 8月23日，民航局局长冯正霖和北京市市长陈吉宁在北京签署《关于推动北京民航高质量发展的战略合作协议》。

同日，西安航空基地综合保税区投资环境说明会成功举办。会上，首批10个外向型重点项目现场签约，正式入驻西安航空基地综合保税区。

➤ 8月28日，2019首届临空经济时代新文旅产业投资峰会在北京大兴区举行，本届峰会以"临空经济时代文旅产业发展新机遇"为主题。

9月5日，丽水机场空域规划军民航协调会在南京召开，会议形成了《浙江丽水机场空域规划军民航协调会纪要》。

9月18日，在第十八届北京国际航空展览会上，中国商用飞机有限责任公司（简称"中国商飞公司"）发布2019~2038年民用飞机市场预测年报，对未来二十年全球和中国的民用飞机市场做出一系列的分析与预测。

➔ 9月11日，国家发展改革委、交通运输部联合下发了《关于做好2019年国家物流枢纽建设工作的通知》（以下简称《通知》），郑州等23个物流枢纽入选2019年国家物流枢纽建设名单。据介绍，国家物流枢纽涵盖陆港型、空港型、港口型、生产服务型、商贸服务型、陆上边境口岸型等6种类型，其中郑州入选的空港型国家物流枢纽，主要依托航空枢纽机场，为空港及其辐射区域提供快捷高效的国内国际航空直运、中转、集散等物流服务和铁空、公空等联运服务。

➔ 9月24日，国务院新闻办公室就《交通强国建设纲要》正式印发举行新闻发布会。民航将主动作为，站在"大交通"角度，建设交通强国民航篇，推进实施民航强国战略。在经济全球化的背景下，国际航空枢纽不仅仅是一种交通基础设施，更是区域经济融入全球经济的窗口和参与国际分工与竞争的有力手段，同时也是提升城市国际竞争力、影响力的重要载体和参与全球资源配置的一个重要平台。特别是在交通保障国家倡导的以构建人类命运共同体为目标的"一带一路"行动计划中，国际航空枢纽具有广范围、长距离、高时效的通达服务这个独特优势，发挥着不可替代的重要作用。民航局主动服务国家对外开放战略，提出了以三大世界级机场群、十大国际航空枢纽为核心，29个区域枢纽为骨干，非枢纽机场和通用机场为重要补充的国家综合机场体系。具体到国际航空枢纽方面，着力提升北京、上海、广州等地机场的国际枢纽竞争力，逐步提升成都、昆明、深圳、重庆、西安、乌鲁木齐和哈尔滨等机场的国际枢纽功能。他介绍说，近年来，中国国际航空枢纽在全球航空运输市场中的竞争力和影响力在不断增强。2018年，中国十大航空枢纽中，有8家机场进入全球客运的50强，其中包括了北京首都、上海浦东、广州白云、成都双流、深圳宝安、昆明长水、西安咸阳以及上海虹桥机场。特别是首都机场，成为全球第二座年旅客吞吐量过亿人次的机场。为加快推进国际航空枢纽建设，"十三五"以来，民航积极推进了京津冀、长三角、粤港澳大湾区三大世界级机场群的建设，会同各级地方政府相继制定实施了乌鲁木齐、昆明、哈尔滨、成都、重庆等5个国际航空枢纽和郑州国际航空货运枢纽的战略规划。现在，正在推进北京"双枢纽"和西安航空枢纽战略规划的编制工作。未来，民航还将主动作为，站在"大交通"的角度，加强互联互通，坚持全球视野，从服务全方位对外开放战略的高度，以世界级机场群和国际航空枢纽为核心，构建多向立体、内联外通、覆盖全球的快速运输通道，建设交通强国民航篇，推进实施民航强国战略，为人民出行和货邮运输提供更安全舒适、便捷高效的服务，为国家发展战略发挥更大的交通支撑作用。

后　记

郑州航空工业管理学院于 2012 年 4 月启动实施协同创新工作,以郑州航空港经济综合实验区建设为创新服务对象,培育成立了"航空经济发展河南省协同创新中心",并先后与省发改委、省工信厅、省民航办、省机场管理集团、省航投公司、中国临空经济研究中心组成协同创新联盟,签订了协同创新战略合作协议。这项工作受到了河南省政府相关部门领导的高度重视,尤其是教育厅主要领导的认可和支持。2012 年 12 月 15 日,河南省教育厅发文(豫教科技〔2012〕220 号)同意依托郑州航空工业管理学院组建河南航空经济研究中心。

国家航空经济区历经 10 余年的建设和积累已经步入"二次创业"阶段,作为一种新的经济形态和区域经济的重要内容,航空经济区示范区正不断发挥交通衔接、对外交流、产业聚集等功能,不仅是各地政府、企事业单位营商与投资工作的热点,更是我国实现区域协调发展、高质量发展的重要方向。其发展历程折射着中国经济社会不断探索经济发展新动能的变迁。为全面把握我国现有已批复和在建的航空经济区发展的现状,总结发展的经验和存在的不足,国家发改委综合运输研究所、航空经济发展河南省协同创新中心、中国航空国际建设投资有限公司、中国城市临空经济研究中心组成联合课题组展开研究,由郝爱民等执笔完成了《中国航空经济发展指数报告(2019)》。

国家发改委综合运输研究所汪鸣所长、郑州航空工业管理学院党委书记付强教授、院长李勇教授多次激励我们,并多方面予以及时指导和有力支持。

本书的出版，既得益于郑州航空工业管理学院宽松的学术氛围，也得益于学院领导、同人、朋友的关心和帮助。郑州航空工业管理学院副校长李广慧教授、科研处程少华处长、金真副处长等对于本研究及其最终成书，始终予以热情关注和支持。本书在撰写过程中参阅了国内理论界的一些研究成果，在出版过程中还得到了社会科学文献出版社的关心和大力支持，在此一并致以最诚挚的谢意。

本书是我们集体合作研究的成果。执笔人员有航空经济发展河南省协同创新中心专家组成员郝爱民、金真、陈晓燕、贺书平、刘党社、薛贺香、宗方、吴莉、魏亚飞、余月圆。写作提纲由国家发改委综合运输研究所、航空经济发展河南省协同创新中心、中国航空国际建设投资有限公司、中国城市临空经济研究中心共同拟定。最后由郝爱民做了全书的审稿、定稿工作。由于作者理论水平所限和数据可得性等原因，本书评价内容还存在着相当大的改进空间。在此，敬请广大读者予以谅解并予以指正。

图书在版编目(CIP)数据

中国航空经济发展指数报告. 2019 / 郝爱民等著. -- 北京：社会科学文献出版社，2020.4
（航空技术与经济丛书. 智库报告）
ISBN 978-7-5201-5679-0

Ⅰ.①中… Ⅱ.①郝… Ⅲ.①航空运输-运输经济-经济发展-研究报告-中国-2019 Ⅳ.①F562.3

中国版本图书馆 CIP 数据核字（2019）第 213965 号

航空技术与经济丛书·智库报告
中国航空经济发展指数报告（2019）

著　　者 /	郝爱民 等
出 版 人 /	谢寿光
责任编辑 /	陈凤玲　李肖肖
出　　版 /	社会科学文献出版社·经济与管理分社（010）59367226 地址：北京市北三环中路甲29号院华龙大厦　邮编：100029 网址：www.ssap.com.cn
发　　行 /	市场营销中心（010）59367081　59367083
印　　装 /	三河市尚艺印装有限公司
规　　格 /	开　本：787mm×1092mm　1/16 印　张：17　字　数：265千字
版　　次 /	2020年4月第1版　2020年4月第1次印刷
书　　号 /	ISBN 978-7-5201-5679-0
定　　价 /	128.00元

本书如有印装质量问题，请与读者服务中心（010-59367028）联系

▲ 版权所有 翻印必究